4차 산업혁명시대를 위한 경영학 신서

인적자원 개발론

신 형 재

三 英 社

머리말

4차산업혁명 시대에 접어들면서 국내외 모든 기업들은 변화하는 경영환경에 능동적으로 대처하고 조직의 경쟁력을 강화하기 위하여 새로운 경영패러다임을 모색하고 있다. 조직의 경쟁력 관점에서 볼 때, 과거 산업사회에서는 경쟁의 원천이 자본력을 기반으로 하는 생산성이나 품질, 원가절감 능력에 있었다면 지식사회를 지나 4차 산업혁명 시기에 들어선 지금은 경쟁의 원천이 구성원의 창의력을 기반으로 한 조직혁신능력에 달려 있기 때문에 창의적인 인재의 양성 및 개발이 어느 때 보다 중요한 시점이다. 본 서는 이러한 시대적 흐름을 반영하여 새로운 인적자원개발 방향을 제시하고자 인적자원개발의 개념 및 필요성에서 출발하여 인적자원개발의 역사, 개발요소, 그리고 개발 단계에 이르기까지 인적자원개발에 관한 이론 및 실무적 지식을 총 망라하여 포괄적으로 다룸으로써 독자들에게 인적자원개발에 대한 전체적인 안목을 높일 수 있도록 저술을 시도하였다.

그 동안 인적자원개발은 교육학 분야에서 집중적으로 연구되어 왔으며, 경영학에서도 인적자원관리의 하위시스템으로서 별도의 학문적인 영역으로 다루어져 왔다. 그러나 대부분의 인적자원개발 저서들이 교육학 관점에서 출간이 되어왔고 교육공학적인 접근을 하고 있기 때문에 경영학을 전공으로 하는 학생들이 쉽게 이해하기 어려운 학문으로 인식되어 왔고, 특히 기업의 인적자원개발 담당자 들이 현장에서 직접 활용할 수 있는 실무적 지침서 역할을 할만한 책이 부족했던 것이 사실이다. 본 서는 교육학이나 경영학에서 연구되어 왔던 인적자원개발에 대한 제 이론과 더불어 그 동안 필자가 수십 년 동안 기업현장에서 경험했던 실무적 지식을 결합하여 저술하였다. 또한 본 서는 인적자원개발 전반에 대하여 학생들이 한 학기 동안 어려움 없이 공부할 수 있도록 하는데 주안점을 두었으며, 본 서의 내용구성은 다음과 같이 3부로 하여 총 13장으로 되어 있다.

1부는 인적자원개발에 대한 기초적 이론과 지식을 담았다. 본 파트에서는 인적자원개발의 정의에서부터, 개발 요소, 개발 절차 등 인적자원개발에 대한 이론적인 기초를 살펴보고, 인적자원개발의 출발점이라 할 수 있는 인적자원 경쟁력의 의미와 개발방향에 대하여 상세하게 제시하였다. 특히 최근 들어와서 학계 및 기업에서 급격히 중요성이 부각되고 있는 전략적 인적자원개발 및 역량기준 인적자원개발에 대한 이론 및 개발 방법에 대하여 실무적으로 상세히 다루었다.

Preface

2부는 인적자원개발의 4대 구성요소로서 개인개발, 경력개발, 수행관리, 그리고 조직개발에 대한 이론적인 핵심을 다루었다. 특히 본 파트에서는 인적자원개발 요소에 대하여 단순히 이론적인 지식을 제공하는 것을 탈피하여 인적자원개발 담당자 들이 실무에 적용할 수 있도록 하는데 주안점을 두고 저술하였다.

3부는 인적자원개발 과정을 기술한 파트로서 인적자원개발 요구분석부터 설계, 실행, 그리고 인적자원개발 평가까지 인적자원개발 단계별 주요내용들을 다루었다. 특히 본 파트에서는 인적자원개발 단계 별로 그 동안 많은 학자들이 연구하고 개발한 이론을 제시하였을 뿐만 아니라, 기업의 인적자원개발 담당자들이 인적자원개발을 추진하는데 있어서 반드시 알아야 할 실무적 사항들을 추가로 제시하였다.

인적자원개발 연구는 단순히 이론중심적인 학문이 아니라 제 이론이 현실에 적용될 때 비로소 그 가치를 발휘하는 실용적 학문이라는 특성을 가지고 있다. 따라서 본 서는 인적자원개발의 기초적 이론을 충실히 다루되, 이러한 학문적 특성을 고려하여 필자가 십 수년 동안 현장에서 인적자원개발 및 경영컨설턴트로서 활동하는 과정에서 몸소 체험했던 실천적 경험을 담아서 저술함으로써 인적자원개발 담당자에게 실제적인 도움이 될 수 있도록 주안점을 두었다. 그러나 이 책에서 필자가 계획했던 내용을 충분히 반영시키지 못한 점과 서술 면에서 미흡한 점이 많을 것으로 생각되며, 이러한 점에 대해서는 앞으로 계속 연구하여 보완할 것을 다짐한다. 끝으로 이 책이 출간되는 동안 성원을 아끼지 않으신 제작자 여러분과 학문과 실무의 지침서로 구독해 주신 독자 여러분께 감사를 드린다. 아울러 출판을 허락해 주신 삼영사에게도 감사를 드린다.

살피재 연구실에서

저자 드림

Contents

| 제 1 부 | 인적자원개발의 기초

Contents

| 제 2 부 | 인적자원개발 구성요소

Chapter 5 개인개발 / 117

Chapter 6 경력개발 / 149

Contents

Chapter 9 학습조직 / 213

Contents

| 제3부 | 인적자원개발 과정

Contents

Human Resources Development

PART 1

인적자원개발의 기초

1

인적자원개발 기초

Chapter

1 인적자원개발 기초

학습목표

1. 인적자원개발의 정의 및 중요성을 설명할 수 있다.
2. 인적자원개발의 구성요소를 알 수 있다.
3. 인적자원개발의 학문적 위치를 이해할 수 있다.

모든 조직은 목표를 가지고 있다. 일반적으로 조직이란 '목표를 달성하기 위한 2인 이상의 사회적 집합체'를 말한다. 그런데 조직이 성장 및 발전하고 추구하는 목표를 달성하기 위해서는 반드시 자원이 필요하게 되는데, 일반적으로 경영자원은 유형자원, 무형자원, 인적자원으로 나누어진다.

유형자원에는 기계, 설비, 토지, 원자재와 같은 물적자원과 자본금이나 부채와 같은 재무자원이 있고, 무형자원에는 특허, 브랜드, 조직의 명성, 고객의 충성도와 같이 눈에는 보이지 않으나 조직의 목표달성에 크게 영향을 미치는 자원이다. 한편 인적자원이란 조직이 보유하고 있는 구성원을 의미하며, 이는 단순히 조직 내 구성원 수가 의미가 있는 것이 아니라 그들이 보유하고 있는 지식이나 기술, 역량 등이 중요한 의미를 가지고 있다.

과거 산업사회에서 조직의 경쟁력의 원천이 자본력을 기반으로 하는 생산성이나 품질, 원가절감 능력에 있었다면, 지식사회를 지나 4차 산업혁명 시기에 들어선 지금 조직의 경쟁력의 원천은 구성원의 창의력을 기반으로 한 조직혁신능력에 있다고 할 수 있다. 따라서 조직의 경영자원 중 인적자원이 매우 중요한 이유는 인적자원이 조직이 갖고 있는 각종 경쟁우위의 원천이기도 하지만, 인적자원은 경쟁우위가 되는 기술이나 노하우를 축적하고 관리하는 근본적인 주체이기 때문이다.[1] 본 장에서는 인적자원개발의 의미와 중요성을 살펴보고, 인적자원개발 구성요소와 인적자원개발 과정에 대하여 개략적으로 살펴보고자 한다.

제 1 절 인적자원개발 개요

1 인적자원개발 개념

인적자원개발(Human Resource Development)의 개념을 정의하라고 하면 대부분의 경우 조직 내 교육훈련을 가장 먼저 떠올리게 된다. 그러나 여러 학자들에 의하면 인적자원개발은 단순히 교육훈련을 제공하는 것보다도 그 이상의 폭넓은 가치를 지향하고 있다. 인적자원개발이란 용어를 처음 사용한 것은 내들러(Nadler)이며, 그는 인적자원개발이란 '특정기간 내에 직무성과 향상의 가능성을 높이기 위한 조직화된 학습경험'이라고 정의를 내림으로써 다분히 교육훈련에 정의의 초점을 두고 있다.[2] 그 후 〈표 1-1〉에서 보는 바와 같이 많은 학자들에 의해 인적자원개발 패러다임이 다양화되고, 인적자원개발의 영역에 경력개발 및 조직개발이 포함됨으로써 그 개념이 확장되었는데, 대표적인 몇 명의 정의를 살펴보기로 하자.

맥라간(McLagan)은 '인적자원개발이란 개인, 집단, 조직의 효과성 증진을 위하여 훈련과 개발, 경력개발 그리고 조직개발을 통합적으로 활용하는 활동'으로 정의하였으며[3], 인적자원개발의 대표적인 학자인 길리(Gilley)는 '인적자원개발이란 직무와 개인, 그리고 조직의 개선을 목적으로 직무수행과 개인적 성장을 개선하기 위해 조직 안에서 수행되어지는 조직화된 학습활동'이라고 정의하고, 개인개발, 경력개발, 조직개발의 세 가지 구성요소 사이의 공통영역이 인적자원개발이라고 하였다.[4] 한편 우리나라 인적자원개발 기본법에서는 인적자원개발에 대하여 다음과 같이 정의하고 있다.

〈표 1-1〉 인적자원개발의 개념적 정의

학 자	개념적 정의	패러다임
Nadler(1970)	행동 변화를 위해 설계되어 정해진 시간내에 행해지는 조직화된 일련의 활동	훈련
McLagan(1983)	훈련 및 개발이란 개인이 현재 또는 미래의 직무를 수행할 수 있는 핵심역량을 계획된 학습을 통해 개발할 수 있도록 인식하고 평가하고 도와주는 것	학습
Nadler & Nadler(1989)	성과 향상 및 개인의 성장 가능성을 끌어내기 위해 특정 기간 동안 제공되는 조직화된 학습경험	성과
Smith(1990)	조직과 개인의 목표를 상호 성취할 수 있도록 훈련, 교육, 개발, 리더십을 통해 성과 및 생산성을 체계적으로 향상시키는데 가장 적합한 방법을 결정하는 과정이다. 또한 조직의 인적자원을 개발하고 향상시키는 최적의 방법을 결정하는 과정	성과
Swanson(1995)	성과 향상을 목적으로 조직개발과 개인훈련 및 개발을 통해 인간의 전문성을 개발하고 발현하는 과정	성과

'인적자원이라 함은 국민 개개인·사회 및 국가의 발전에 필요한 지식·기술·태도 등 인간이 지니는 능력과 품성을 말한다. 그리고 인적자원개발이라 함은 국가·지방자치단체·교육기관· 연구기관·기업 등이 인적자원을 양성·배분·활용하고, 이와 관련되는 사회적 규범과 네트워크를 형성하기 위하여 행하는 제반 활동을 말한다.'

상기와 같은 우리나라 법률상의 인적자원개발에 대한 정의에서 주목할 점은 인적자원 개발이 단순히 성과의 향상을 위해 필요한 능력이나 품성을 개발하는 것 뿐만 아니라 배치 및 활용을 포함하고 있다는 점이다. 이는 조직에서 인적자원을 개발하는 것은 단순히 교육훈련 등을 통하여 업무성과의 창출에 필요한 지식, 기술과 태도를 양성하는 것뿐만 아니라 조직 내 인적자원의 적절한 배치 및 활용을 포함하는 포괄적인 활동이라는 것을 의미한다.

조직적 관점에서 보면 인적 자원 개발을 단순히 피고용자의 지식, 기술, 업무수행 능력을 증진시키고 그들의 행동을 개선하는 것이라고만 설명할 수는 없다. 이러한 조직적 지식, 기술, 업무수행 능력 증진 등을 위한 노력들은 조직의 경쟁력과 효율성을 증진시키는 결과를 수반할 때 의미가 있다. 따라서 인적자원개발은 조직 내에서 직원들의 업무개선을 통해 조직의 유효성과 능률을 높여 경쟁력을 강화시키는 학습이나 조직변화를 촉진하는 과정인 것이다.

이상과 같이 학자들의 정의와 우리나라 기본법상의 정의를 종합하여 살펴볼 때, 인적자원개발이란 '조직 내 구성원의 지식, 기술, 역량 등을 증진시키고 그들의 행동을 개선을 도모하며, 이를 통하여 조직의 성과향상 및 변화를 추구하는 자기 주도적이며 조직적인 활동'이라고 정의할 수 있다

2 인적자원 개발의 중요성

인적자원은 조직의 가장 중요한 경영자원이다. 조직의 장기적인 성패는 인적자원의 능력 수준과 이의 효과적인 활용에 달려 있다고 해도 과언이 아니다. 따라서 모든 조직은 구성원들의 잠재 능력을 최대한으로 개발하도록 하여야 하고, 개발된 잠재능력이 조직체의 성과 달성 과정에서 직접적으로 발휘되도록 해야 한다.

〈표 1-2〉 중소기업의 성공 요인과 실패 요인

성공 원인	실패 원인
1) 우수 전문인력의 양성	1) 방만한 지금관리
2) 기술개발을 위한 R&D 투자	2) 무리한 사업확장
3) 인간적 노무관리 및 노사공감대 형	3) 경영자의 지식·경험 부족
4) 신제품 개발을 통한 제품고급화	4) 경영자의 독단적 기업경영
5) 경영자의 뛰어난 선견력 및 사업안목	5) 기술개발노력 부족
6) 정부정책적 지원 혜택의 활용	6) 유통망 관리의 실패
7) 사업부장 중심의 사업부제 운영	7) 경영환경 변화에 대비 부족
8) 경영자의 원만한 대인관계	8) 노사관계의 악화
9) 경영자의 성실성 및 근면성	9) 경영자의 부정
10) 수출위주의 전략으로 해외시장 다변화	10) 마케팅전략의 부재

자료 : 월드인재교육원, 중소기업의 성공과 실패요인, 2017.

인적자원 개발의 중요성은 조직이 성장하고 발전할수록 더 커진다. 우수한 조직일수록 인적자원의 개발을 중요시하고, 이를 경영이념에 반영하고 있으며, 모든 관리자들이 조직 내 직무를 성공적으로 수행하기 위한 핵심요소로서 이를 강조한다. 최근 국내기관의 연구에 의하면 〈표 1-2〉에서 보는 바와 같이 성공한 조직과 실패한 조직의 사례를 분석한 결과 우수 전문인력의 양성이 가장 중요한 성공 요인인 것으로 나타나 인적 자원 개발의 중요성을 통계적인 결과로 보여주고 있다.

인적자원개발이 조직성과에 있어서 중요한 역할을 한다는 것은 이미 많은 연구자들을 통해 밝혀진 사실이다. 모든 조직은 조직 내부로 유입되는 인력들에 대하여 교육훈련 등 인적자원개발 활동을 통하여 필요로 하는 인재로 성장해 나갈 수 있도록 한다. 인적자원개발의 중요성을 몇 가지 살펴보면 다음과 같다.

첫째, 인적자원개발은 조직의 경영에 투입되는 모든 자원을 최적화하여 활용할 수 있도록 하는 기능을 수행한다. 시스템 관점에서 보면, 모든 조직은 인적자원, 물적자원, 재무자원, 정보, 기술 등 조직 내 다양한 자원을 투입하고, 경영활동을 통하여 이를 변환시켜서 제품이나 서비스 등의 산출물을 창출한다.

이와 같이 많은 투입자원 중 인적자원은 조직 환경으로부터 받아들여지는 물적 자원, 재무적 자원, 정보자원 등을 능률적이고 효과적인 활용을 하도록 하는데 판정, 결정을 해주는 가장 중요한 기능을 수행한다. 즉, 조직의 경영관리에 있어서 시설이나 원재료, 자금, 기술, 정보 등과 같은 경영자원을 활용하는 것은 결국 인간이고 그 활용 정도가 조직의 성공 여부를 결정한다는 볼 때 인적자원개발은 이와 같은 자원을 효율적이고 최적화하여 활용할 수 있도록 하는 기능을 수행하다는 점에서 그 중요성을 찾아볼 수 있다.

둘째, 인적자원은 다른 자원에 비해 능동적이고, 개발가능성이 높으며, 전략적 판단능력을 갖고 있기 때문에 다른 어느 자원보다도 많은 부가가치를 창출해 낼 수 있다. 따라서 인적자원개발을 통하여 이와 같은 인적자원의 특수성을 잘 활용하면 조직력이 강화되고 경쟁우위를 확보할 수 있다.

셋째, 인적자원개발은 조직의 구성원으로 하여금 각자의 능력을 극대화하도록 하고 이를 조직성과에 연결시키도록 하는 통합적 기능을 수행한다. 즉, 인적자원개발 과정을 통하여 조직 내에서 개개인에게 필요로 하는 지식, 기능, 태도를 갖추도록 함으로써 성장 및 조직의 성과향상을 가져다준다. 또한 인적자원개발은 단순히 조직의 성과향상 만을 가져다주는 것이 아니라 개개인이 조직 내에서 만족스런 생활을 하고 근로생활의 질(quality of working life)을 높이는데 기여한다는 측면에서도 그 중요성을 찾아볼 수 있다.

3 인적자원개발 구성요소

인적자원개발의 궁극적인 목적은 업무성과의 개선과 조직의 변화에 있다. 조직 내 인적자원개발 프로그램이 성공적이기 위해서는 구성원의 능력 향상 및 동기부여를 통한 업무성과의 개선과 조직변화를 지원할 수 있도록 재구성되어야 한다.

인적자원개발은 구성원의 자기주도적인 노력과 조직의 과학적이고 체계적인 프로그램의 개발에 의하여 성패가 좌우된다. 따라서 조직이 성공적인 인적자원개발이 이뤄지기 위해서는 직원과 조직 모두의 협력체계의 구축이 필수적이다. 개인의 입장에서는 조직의 인적자원개발 프로그램에 적극적으로 참여하여 새로운 지식과 기술을 습득함으로서 업무성과를 개선하여야 한다. 그리고 조직의 입장에서는 조직의 환경과 동기부여 시스템을 통하여 구성원의 업무성과 개선과 조직변화가 일어날 수 있도록 지원하여야 한다.

인적자원개발 구성요소에 대한 학자들의 견해를 보면, 맥라간(McLagan)은 인적자원개발의 구성요소를 훈련 및 개발, 조직개발, 경력개발로 구분하였고[5] 이는 학자들 사이에서 이견 없이 인정되고 있다. 그리고 미국산업교육협회(American Society for Training and Education : ASTD)는 1980년대에 들어와 인적자원개발 개념을 과거의 교육훈련의 개념을 확장하면서 인적자원관리의 영역으로 훈련 및 개발, 조직개발, 경력개발로 구분하였는데, 이는 개발의 초점을 개인에서부터 조직으로 확대시킨 것이다.

그 후 길리(Giley)는 인적자원관리의 영역을 미국산업교육협회의 세 영역에 〈그림 1-1〉과 같이 수행관리를 추가하였다.

개인개발과 수행관리는 즉각적인 결과의 산출이 요구된다는 점에서 단기적 접근방법이며, 경력개발과 조직개발은 그것에 필요한 활동들이 개인과 조직이 오래도록 영향을 미치기 때문에 장기적인 접근방법이다. 그리고 개인개발과 경력개발은 개인의 성장과 발달에 초점을 두는 개인적 접근방법이지만, 조직개발과 수행관리는 조직의 유효성에 초점을 두는 조직 전체적인 접근방법이라고 할 수 있다.

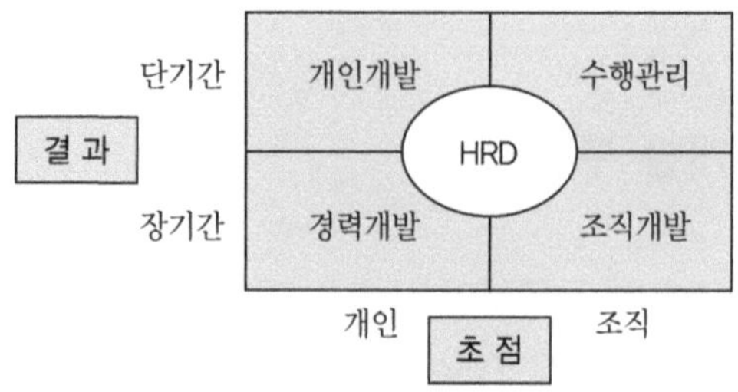

자료 : Giley, J. W. & Eggland, S.A.(1989) Principles of Human Resource Development, cambridge, Mass : Preseus Book.

〈그림 1-1〉 인적자원개발의 구성요소

가. 개인개발

개인개발(individual development)은 개인의 지식, 기술, 역량을 강화하기 위한 공식적·비공식적 학습을 말한다. 개인개발은 개인의 단기적 업무의 성과를 증진시키는데 목표가 있으며, 개인개발을 통하여 현재 업무를 개선하여 구성원과 조직의 요구를 동시에 충족시킬 수 있다. 또한 조직 내 구성원들은 개인개발을 통하여 개인의 자기성장을 도모하고 전문성을 향상시키게 된다.

나. 경력개발

경력개발(career development)이란 개인이 조직 내에서 경력목표를 잘 달성할 수 있도록 개인과 조직이 협력하는 활동을 말한다. 개인이 조직 내에서 체계적인 경력개발을 하기 위해서는 개인의 역할과 조직의 역할을 잘 인식하고 역할을 잘 수행하여야 한다. 개인은 조직 내에서 경력목표를 정하고 이를 달성하기 위한 경력계획을 수립하여야 한다.

한편 조직은 개인이 경력목표에 잘 도달할 수 있도록 경력경로(career path)를 마련하여야 하고, 경력상담체계를 갖추어 개인과 조직 간의 경력상담을 지원함으로써 개인이 경력계획을 잘 세울 수 있도록 도와주며, 개인이 희망하는 대로 체계적으로 경력을 쌓아갈 수 있도록 경력관리(career management) 활동이 이루어져야 한다.

다. 수행관리

수행관리(Performance Management)는 단기적으로 개인이 수행하고 있는 직무에 대하여 높은 성과를 낼 수 있도록 조직차원에서 이루어지는 체계적인 관리활동으로서 수행공학 이론에 기초를 둔다. 수행공학은 개인이나 조직의 이상적인 수준과 현재 수준의 차이(gap)를 발견하고, 차이점을 유발하는 원인을 분석하며, 바람직한 해결책을 찾아내는 체계적인 접근방법이다.

수행관리를 위한 핵심요소에는 직무분석, 과업분석, 직무설계가 있다. 직무분석은 조직 내 개개인이 맡고 있는 업무의 내용 및 요건을 파악하는 과정이고, 과업분석은 직무별 과업의 내용 및 절차를 확인하고, 구성원이 과업을 수행함에 있어서 필요로 하는 지식, 기술 능력 등 역량요인을 찾아내어 구성원들의 역량을 진단하고 평가하여 훈련 및 개발에 연결시키기 위하여 수행되어지는 활동이다. 그리고 직무설계는 조직내 업무에 대하여 조직의 성과 증대 및 직무만족을 높이기 위한 가장 적합한 업무 배분 방식을 결정하는 것을 말한다.

수행관리에 있어 관리자의 주요 역할은 조직 구성원들과 상호작용을 위한 훈련, 경력지도, 멘토링 등이 있으며 구성원의 역할은 중요한 변화시점을 인식하고 목표달성을 위해 자신을 증진시키며, 자신의 학습을 계획하여 조직에 기여하는 것이다.

라. 조직개발

조직개발(organization development)은 경영 내외적 환경변화에 대응하여 경영자의 주도하에 조직과 개인을 지속적·계획적으로 변화시키는 장기적 노력이라고 할 수 있다.[6] 조직개발은 개인의 행동변화를 근간으로 하며 이를 통하여 조직의 목표, 전략, 조직구조, 관리시스템, 조직문화 등 조직 내 모든 분야에서 바람직한 변화를 추구하며, 이를 위하여 시스템적인 접근이 이루어지고 과학적인 조직개발 도구를 사용한다. 결국 조직개발은 장기적인 결과에 초점을 두어 조직의 구조, 체계, 문화를 변화시키는 것이, 조직개발의 목적은 조직의 지속적인 효과성 증대, 구성원들의 업무수행능력 및 태도의 향상, 조직 경쟁력 강화 및 조직의 지속적인 성장에 있다.

4 인적자원개발 과정

인적자원개발은 조직 내에서 이루어지는 일련의 학습과정으로서, 조직의 변화를 이끌어내고 성과증진이나 목표를 달성하기 위하여 조직에 의해 주도적으로 실시되며 구성원들의 협력에 의하여 완성이 된다.

인적자원개발의 과정은 〈그림 1-2〉에서와 같이 필요성 분석, 교수설계, 프로그램 실시, 교육성과평가의 순서로 진행되며 각 단계별 활동내용을 간략히 살펴보면 다음과 같다.

가. 인적자원개발 요구분석

요구분석이란 현재 또는 미래에 발생할 것으로 예상되는 문제점에 대하여 인적자원개발 프로그램을 통하여 타개하여야 할 필요가 있는지를 진단하는 것을 말하며, 요구분석은 조직분석, 직무분석 및 개인분석 순으로 이루어진다.

조직분석이란 교육훈련이 조직의 목표 달성을 위하여 필요한 것인지를 평가하는 것이다. 예를 들어 한 기업이 수익극대화라는 목표를 달성하기 위한 기업전략으로서 신제품 개발전략을 수립하였다고 하자. 그러면 이 전략을 잘 수행하기 위해서는 신제품개발에 대한 전략업무를 수행할 담당자의 직무역량 강화를 위한 교육이나 훈련이 필요할 것이다. 그 밖에 기업내부에 있어서 제품의 불량률이 높은 경우나 구성원의 사기가 떨어져 있거나 동기부여가 어려운 경우에도 이에 대한 개선책으로 서 직무교육이나 교양교육이 필요하다. 이와 같이 조직분석이란 조직의 환경변화에 잘 대응하고 조직의 비전이나 목표를 달성하기 위하여 조직차원에서 요구되어지는 인적자원개발 영역을 도출하기 위하여 실시하는 분석을 말한다.

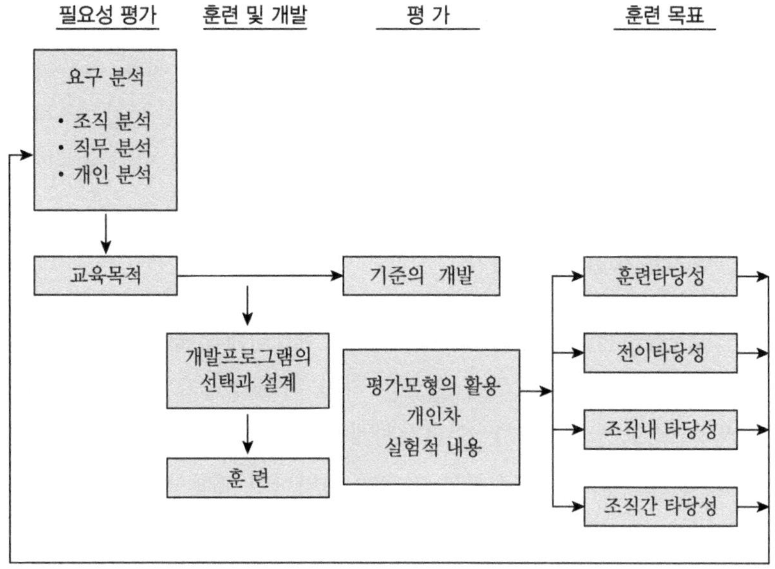

자료 : Z.L. Golestein(1993). Training in Organization : Needs Assessment, Development and Eraluation, in 황규대(2002), p. 123에서 수정인용

〈그림 1-2〉 인적자원개발 과정

직무분석이란 부서나 팀 등의 집단 내 직무별 업무내용을 파악하고 업무를 효과적으로 수행하기 위하여 필요로 하는 교육 훈련의 내용이 무엇인지를 파악하는 것을 말한다. 직무분석의 방법에는 첫째, 직무 기술서와 같은 직무 분석의 결과를 이용하는 방법과, 둘째, 직무 수행과 관련하여 교육을 필요로 하는 구성원을 대상으로 희망하는 교육 내용을 조사하는 방법이다.

한편 개인분석이란 교육 대상의 선정이 적절한 것인가를 평가하는 것으로 구성원 각자에게 요구되는 바람직한 역량수준과 실제 역량을 비교하여 차이를 분석함으로써 이루어진다.

나. 인적자원개발 설계 및 실행

요구분석을 통하여 훈련 및 개발이 필요한 과제가 도출이 되면, 과제의 성격에 따라 장기 개발과제와 단기 훈련과제로 나눈 다음 장기과제는 경력개발계획에 반영하고 단기과제는 조직 내 교육훈련 프로그램에 반영이 된다. 그리고 단기 교육훈련 프로그램에서는 교수설계 과정을 통해서 프로그램의 목적 및 목표, 전략, 프로그램의 대상 및 훈련의 방법 등의 구체적인 설계가 이루어진다. 그리고 훈련 프로그램 설계가 완성이 되면 교재의 개발, 강사의 설정, 매체의 선정 등 프로그램 개발활동이 이루어지고 조직의 교육훈련계획에 따라 훈련이 실시된다.

다. 인적자원개발 성과평가

인적자원개발의 성과평가란 여러 인적자원개발 활동의 효과를 측정하고, 그 수정과 관련된 효율적인 의사 결정을 하기 위해서 필요한 정보를 체계적으로 수집하는 과정이라고 할 수 있다. 인적자원개발을 위한 교육훈련의 효과는 당장 나타나는 것이 아니고 장기간에 걸쳐서 미래에 나타나기 때문에 평가하기란 쉽지가 않다.

인적자원개발을 위한 교육훈련의 대표적인 평가 방법으로는 커크패트릭(Kirk-patric)이 제시한 모델로서 반응, 학습, 행동, 그리고 결과평가가 있는데 이에 대한 자세한 내용은 13장에서 다루기로 한다. 그리고 교육훈련의 성과여부를 판단하기 위한 평가에는 크게 총괄평가와 형성평가로 나누어진다.

총괄평가란 훈련프로그램의 비용대비 효과를 판단하여 프로그램의 지속 여부를 판단하기 위한 평가이다. 이에 비해 형성평가는 프로그램의 지속을 전제로 하는 평가로서 보통 두 단계로 이루어진다. 먼저 훈련 프로그램이 어느 정도의 비용으로 소정의 교육목적을 달성하였는지 프로그램의 효율성을 평가한다. 그 다음 인적자원개발 계획의 수립 시 설계된 전반적 목적을 성공적으로 달성하였는지를 평가하고 프로그램의 문제점 및 개선점을 찾아서 차기 교육프로그램 설계 시 반영한다. 이때 사용되는 훈련의 목표들은 다음과 같이 여러 가지 타당성을 확보하는데 있다.[7)]

- 훈련의 타당성(training validity) – 훈련생이 훈련 중에 학습한 내용이 훈련의 목표에 부합하는가?
- 전이의 타당성(transfer validity) – 훈련에서 학습한 지식, 기술, 능력 등이 업무성과를 얼마나 증진시켰는가?
- 조직 내 타당성(intra-organizational validity) – 훈련 프로그램을 개발한 동일 조

직 내에서 새로운 피훈련자 집단의 성과가 최초의 훈련생 집단의 성과와 얼마나 유사한가?
- 조직 간 타당성(inter-organizational validity) - 한 조직에 적절한 훈련 프로그램이 다른 조직에서도 성공적으로 활용될 수 있는가?

제 2 절 인적자원개발 연구

인적자원개발에 대한 연구는 그 동안 여러 학문 가운데 이루어져 왔다. 특히 최근 들어와 조직경쟁력의 원천이 인적자원이라는 인식 하에 조직들의 체계적인 인적자원개발에 대한 관심이 증대하였으며, 이러한 시대의 흐름에 맞추어 인적자원개발 연구 또한 다양한 관점에서 이루어졌다.

그 동안 인적자원개발에 대한 학문적 연구는 주로 경영학 및 교육학에서 이루어졌다. 경영학에서는 인적자원관리의 하위시스템으로서 인적자원개발을 다루고 있고, 교육학에서는 교육공학의 관점에서 주로 성인교육 및 교수설계에 대한 연구를 중심으로 오늘에 이르고 있다. 본 절에서는 경영학적인 관점에서 인적자원관리와 인적자원개발과의 관계에 대하여 살펴보고 인적자원개발 연구 방향에 대하여 살펴보기로 한다.

1 인적자원관리와 인적자원 개발

가. 인적자원관리의 정의

현대경영에서 조직의 목표를 효과적으로 달성하기 위해서는 인적자원관리(human resource development)의 역할이 실로 막중하다. 오래전부터 '기업은 사람이다'라는 말을 자주 해왔다. 이는 조직의 성과를 좌우하는 가장 큰 요인은 사람이며, 조직이 직면하고 있는 가장 큰 문제는 사람을 잘 관리하는 것, 인적자원관리에 있다는 사실을 강조하는 말일 것이다.

인적자원관리(HRM : human resources management)란 개인과 조직의 목표를 달성하기 위해 장·단기적인 인적자원을 계획(planning)하고, 조직화(organizing)하면서, 지도(leading)하고, 통제(controlling)하는 총체적 관리행위를 뜻한다. 이를 구체적인 활동 측면에서 살펴보면 인적자원관리란 조직의 목표를 달성하기 위한 인적자원계획, 채용 및 배치, 훈련 및 개발, 인사평가, 보상 등의 인적자원에 대한 제반 관리활동을 말한다. 또한 인적자원관리에는 인적자원의 평가 과정에 따라 최적인력을 요원화시키고, 구성원이 높은 사기로서 열심히 일하도록 하는 동기부여 기능을 수행하며, 조직에 머무르는 동안 노사간의 갈등을 해소하고 건강한 조직생활을 할 수 있도록 하는 유지기능이 포함된다.

나. 인적자원관리와 인적자원개발

인적자원개발은 인적자원관리의 부분이면서도 그 자체가 하나의 독립적인 기능을 가지고 있고 인적자원관리에서 중요한 역할을 한다.

인적자원개발은 현재의 직무능력 및 성과를 향상시키기 위한 훈련과 미래의 업무수행에 필요한 능력을 개발하는 활동이다. 이러한 인적자원개발 활동은 〈그림 1-3〉과 같이 조직의 인적자원관리 활동에 영향을 미친다. 즉, 조직에서 수행하는 인적자원개발 활동은 구성원의 지식, 기술, 행동 등의 변화를 가져오고 이러한 변화는 구성원의 배치, 이동, 평가, 보상 등 인적자원관리 활동에 영향을 미침은 물론 미래에 필요로 하는 인적자원의 모집 및 선발을 위한 인적자원계획에도 영향을 미친다.

한편 윌슨(Wilson)은 인적자원관리와 인적자원개발과의 관계를 〈그림 1-4〉와 같이 인적자원관리 컴퍼스 모형을 통하여 제시하였다.[8)]

그는 인적자원관리와 인적자원개발과의 관계를 인적자원개발 영역, 인적자원관리와 인적자원개발의 공동영역, 인적자원관리 영역으로 나누어 설명하고 있다. 공동영역에는 조직설계, 직무설계, 인적자원계획, 성과관리, 모집 및 선발이 해당한다. 그리고 인적자원관리의 고유영역은 노사관계, 종업원 지원, 인사정보시스템, 보상관리 등이며, 인적자원개발 고유 영역은 개인개발, 직업 및 집단개발, 조직개발로 나누어진다.

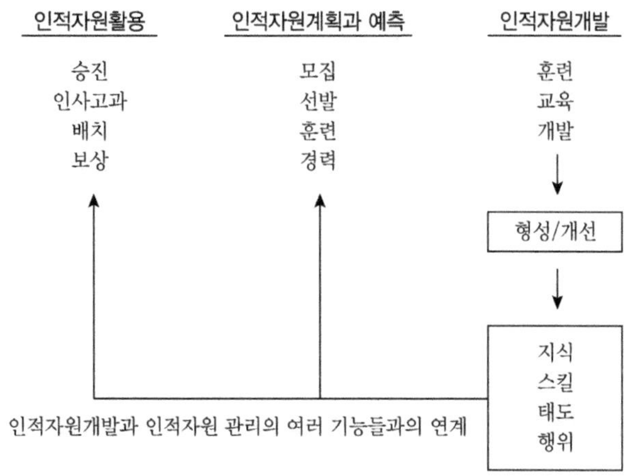

자료 : 박주희(2008). 전게서, p. 34

〈그림 1-3〉 인적자원관리와 인적자원개발 연계

자료 : Wilson, J. P. (2012). International human resource development : Learning, educating and training for individuals and organizations(3rd ed.). PA : Kogan Page Publishers.

〈그림 1-4〉 인적자원개발 컴퍼스모형

2 인적자원개발 연구의 특성 및 연구 방향

가. 인적자원개발 연구의 학문적 특성

인적자원개발에 대한 연구는 그 동안 경영학이나 교육학 분야의 많은 학자들에 의하여 꾸준히 진행되어 왔다. 인적자원개발의 학문적인 영역에 대하여 성인교육이나 평생교육에서는 독자적 학문영역으로 인정해야 하는가의 문제에 대해서 비판적인 시각도 있어왔으나, 인적자원개발은 경영학이나 심리학과 같이 하나의 독자적 학문영역으로 보아야 한다는 것이 다수의 견해이다.[9)]

인적자원개발 연구의 학문적 특성은 종합과학적 학문(inter-disciplinary science)으로서 시스템이론, 교육학, 심리학, 경제학, 경영학 등의 인접 학문분야에서 연구한 다양한 이론들을 활용하고 있다는 점이다.

첫째, 인적자원개발은 시스템이론의 영향을 받고 있다. 일반적으로 시스템이란 '목표를 달성하기 위한 상호작용하는 개별요소들의 집합체'를 의미한다. 시스템의 예로서는 자동차를 들 수 있다. 자동차는 원하는 장소로 이동하기 위한 목표를 가지고 있고, 이를 위하여 엔진, 변속기, 핸들, 바퀴 등 자동차 전체를 구성하는 제 요소들이 상호작용하며 목적을 달성하게 된다. 이런 측면에서 볼 때 조직도 수익극대화를 위해 단위조직들이 상호간에 서로 협력하며 기능을 수행한다는 점에서 하나의 시스템이다. 인적자원개발은 조직의 목표를 달성하기 위하여 인적자원을 문제를 해결하고 해결방안을 파악하는 과정이기 때문에 투입-과정-산출이라는 시스템적 접근이 매우 유용한 이론적 토대가 된다.

둘째, 인적자원개발은 교육학의 중요한 영역이며 인적자원개발에 대한 연구 또한 교육학의 많은 이론을 토대로 연구되어지고 있다. 특히 교육학에서 연구하고 있는 성인교육이나 교수설계 이론은 인적자원개발에서도 활발히 연구되고 있는 분야이다.

셋째, 인적자원개발은 심리학의 연구결과를 많이 활용하고 있다. 심리학의 연구 중 인적자원개발에 활용되고 있는 대표적인 이론은 산업심리학과 조직심리학이다.

넷째, 인적자원개발은 경제학의 학문적 이론도 활용하고 있다. 이에 대한 대표적인 이론으로서 교육성과평가를 위한 중요한 기법인 교육 투자수익율(ROI) 평가는 경제학의 투자수익률을 교육성과평가에 적용한 이론이다.

다섯째, 인적자원개발은 경영학의 하위영역으로서 경영학의 이론을 많이 활용하고 있다. 특히 경영학의 연구분야 중에서도 조직행동론은 인적자원개발 연구에 많은 영향을 미치고 있는데 학습이론, 동기부여 이론, 집단역학(group dynamic) 등이 그 예이다.

나. 인적자원개발 패러다임

인적자원개발 연구자나 담당자가 인적자원개발을 바라보는 시각을 패러다임이라 한다.[10] 모든 학문은 외부환경 변화에 대응하면서 각기 그 분야의 패러다임을 형성하면서 발전하게 되는데, 인적자원개발 분야의 연구는 학습패러다임과 성과패러다임으로 나누어 발전되고 있다. 스완손(Swanson)은 〈표 1-3〉과 같이 인적자원개발 분야의 패러다임을 크게 학습패러다임과 성과패러다임 두 가지로 제시한 바 있다.[11]

〈표 1-3〉 스완손의 학습패러다임과 성과패러다임 비교

구분	학습 패러다임			성과 패러다임	
	개인 학습	성과중심 학습	총체적 시스템 학습	개인 성과 향상	총체적 시스템 성과 향상
주요 결과물	• 개인학습 향상	• 학습을 통한 개인성과 향상	• 학습을 통한 다수준의 성과 향상	• 개인의 성과 형상	• 다수준의 성과 향상
주요 개입	• 개인학습	• 개인학습 • 개인학습을 지원하는 조직 시스템	• 개인학습, 팀학습, 조직학습 • 다양한 수준의 학습을 지원하는 조직 시스템	• 비학습적 개인수행 시스템 개입 • 적절한 학습	• 비학습적 다양한 수준의 수행 시스템 개입 • 다양한 수준의 적절한 학습
대표적 연구	• 성인학습 • 교수설계	• 성과중심 교수 • 학습전이	• 학습조직	• 수행공학	• 성과향상

자료 : Swanson, Richard A.(2010), p. 180.

학습패러다임은 인적자원개발의 목적이 개인과 조직수준에서 학습의 증진을 통해 성과를 향상하는데 기여하고자 하며, 인적자원개발 담당자의 1차적 관심은

개인과 조직수준의 학습촉진과 학습능력을 높이는데 있다. 이 패러다임에서는 학습을 통해 조직경쟁력을 가질 수 있다는 믿음을 가지고 있으며 학습이 인적자원개발의 핵심이 된다.

반면에 성과패러다임은 인적자원개발의 목적이 직접적인 조직의 성과향상에 있으며, 인적자원개발 담당자의 관심은 개인과 조직수준의 학습뿐만 아니라 다양한 HRD 전략의 개발에 관심을 둔다. 이 패러다임에서는 먼저 성과를 유지하거나 증진하는데 문제가 되는 요소들을 찾고 이를 해결하기 위한 인적자원개발 측면에서의 전략 및 방안수립에 주안점을 두며, 학습의 중요성은 인정하지만 항상 필수적인 요소가 아니라고 생각한다.

성과패러다임은 이론적 배경으로 인간수행공학(Human Performance Technology : HPT)에 기초를 둔다. 수행공학은 조직시스템 내의 개인의 수행문제의 원인을 분석하여 궁극적으로 조직효과성을 제고하기 위한 해결책을 제안함으로써 인간수행문제의 해결에 과학적 방법 및 절차를 적용하는 학문이다.[12] 현재 국내 인적자원개발 패러다임도 학습에서 성과 패러다임으로 전환되고 있다. 이미 10여 년 전부터 수행공학(Human Performance Technology : HPT)이 소개되면서 인적자원개발 분야에서 성과는 관심의 대상이 되었고, 그 영향으로 퍼포먼스 컨설턴트 등의 역할이 강조되어 왔다.

인적자원개발에 있어서 어느 패러다임이 더 적합한지 단정하기는 어렵다. 다만 조직의 관점에서 볼 때 인적자원개발의 목적이 단순히 개인의 지식, 기술 태도 등의 학습을 통한 개인적 변화에만 있는 것이 아니라 조직의 성과와 연결될 때 인적자원개발의 의미와 가치가 배가된다는 점에서 조직의 인적자원개발에 대한 관점을 성과패러다임적 시각으로 전환할 필요가 있다.

다. 인적자원개발 연구방향

지식사회를 지나 4차 산업혁명 시대로 접어든 지금 조직들은 조직경쟁력강화를 위하여 그 어느 때보다 인적자원개발의 필요성이 증대하고 있다. 조직이 보유하고 있는 인적자원은 그 자체로 무한한 잠재력과 성장의 가능성이 있으며, 특히 희소가치가 있고 모방하기 어려운 역량을 가진 인적자원의 개발 및 육성은 타 조직과의 경쟁에서 지속적 우위를 결정짓는 중요한 요소로 인식하고 있다.

따라서 오늘날의 인적자원개발의 역할은 기존의 역할, 즉 교육훈련, 조직개발, 경력개발 등의 관리차원의 역할에서 벗어나 변화하는 환경에 대응하기 위한 조직의 목표와 전략을 가장 잘 수행할 수 있는 인재를 육성하고 개발하는 전략적 인적자원개발 역할이 확대되고 있다. 전략적 인적자원개발은 3장에서 자세히 다루기로 하고, 이와 같은 조직 내 인적자원개발의 변화 추세를 전통적 관점과 최근 동향으로 제시하면 〈표 1-4〉와 같다.

〈표 1-4〉 조직 내 인적자원개발의 변화 추세

구분	전통적 관점	최근 동향
주요영역	• 교육훈련	• 일터학습 및 성과중심
	• 조직개발	• 학습조직 구축 • 지식경영
	• 경력개발	• 인재경영
HRD 부서의 역할	• 조직 및 개인차원의 역량 개발 • 전통적 교육훈련부서	• 전략적 파트너 • 퍼포먼스 컨설턴트 • 차세대 리더 양성
주요고객	• 종업원 중심	• CEO, 경영자, 리더, 종업원, 고객
주요현안	• 능력개발, 생산성 향상	• 미래/글로벌 인재 육성 • 핵심가치 • 조직변화와 혁신
교육방법	• 전통적인 Off line 교육 • 이벤트적(간헐적) 요소	• 혼합학습 • 지속적인 과정

자료 : 송영수(2007). 국내 대기업의 인적자원개발(HRD) 동향. p. 155 재구성.

〈부록〉

인텔 – 기술로 흥한 '50년 제국', 기술에 존폐위기 몰려

인텔이 사상 초유의 중앙처리장치(CPU) 보안 결함 파문을 일으킨 가운데 비난의 화살이 브라이언 크르자니크 인텔 CEO를 향하고 있다. 이 사실이 들통나기 전 자신이 보유했던 자사주를 대량으로 매각한 사실이 드러나면서 도덕적 해이 논란에 휩싸였다.

또 크르자니크 CEO 체제에서 연구개발(R&D) 조직이 크게 약화되고 인텔을 이끌어 오던 핵심 설계자, 엔지니어들이 잇달아 인텔을 떠나는 일이 반복됐다는 점도 크르자니크 사장의 경영 방식에 대한 비판의 목소리가 높아지는 중요한 원인 중 하나다.

애플에 이어 인텔마저 세계 각지에서 집단소송에 몰릴 가능성도 조심스레 제기된다. 인텔의 CPU 설계 결함을 해결하기 위해 패치를 설치해야 하는데 이 경우 데이터를 읽어들이는 속도 등 성능에 직접적인 영향을 준다. CPU 속도 저하의 폭이 어느 정도냐에 따라 소송을 당할 수 있다.

◆ '외계인 서식지' 인텔이 어쩌다 이렇게 됐나

브라이언 크르자니크 CEO가 구설수에 오른 건 이번이 처음이 아니다. 크르자니크 CEO 재임기간 동안 모바일 SoC 시장 철수, 핵심 설계 인력들의 잇단 퇴사, 실적 악화로 인한 구조조정 등 인텔 50여년 역사의 오점으로 기록될만한 일들이 잇달아 반복되고 있다.

인텔은 '외계인을 고용해 CPU를 만든다'는 유머 섞인 표현이 통용될 정도로 세계 최고의 기술력을 자랑하는 기업이다. 인텔이 내놓는 CPU는 세대마다 혁신을 반복했고 일부 CPU의 경우 성능을 100% 발휘할 만한 게임이나 프로그램이 없을 정도로 IT 업계에서 가장 빠른 속도로 진화하는 기업이었다.

하지만 브라이언 크르자니크 CEO 체제에서 이 같은 혁신의 속도가 현저히 둔해졌다. 2015년 내놓은 스카이레이크(Skylake) 아키텍처 이후에는 성능 향상 속도가 눈에 띄게 느려지면서 소비자들 사이에서는 불만의 목소리가 나오기 시작했다. 이는 지난해 경쟁사인 AMD의 라이젠(Ryzen) CPU가 시장점유율을 1%대에서 10%대로 늘리는데 일조하기도 했다.

업계에서는 오랜 기간에 걸쳐 진행되어온 기술 경쟁력 약화가 이번 CPU 설계 결함의 배경이라는 해석을 내놓는다. 반도체업계 관계자는 "지난해 20여년 인텔에 몸담으며 핵심 프로젝트를 진두지휘했던 수석 아키텍트(설계자) 프랑수아 피에노엘이 퇴사했다"며 "이는 인텔 내부적으로 기술 인력을 어떻게 대우하는지 추측할 수 있는 대목"이라고 지적했다.

◆ 애플에 이은 집단소송 가능성도 대두

현재 인텔은 '멜트다운' 버그를 방지할 수 있는 패치를 배포한 상태다. 주요 벤치마크 사이트에 올라오는 테스트 결과를 살펴보면 아직까지 패치 이후 급격한 성능저하가 나타난 사례는 거의 없지만 아직 초기인만큼 상황을 지켜봐야 할 것으로 보인다.

일각에서는 이로 인해 미국 등에서 소비자들의 집단 소송으로까지 이어질 가능성에도 주목하고 있다. 특히 이번에 인텔이 배포한 보안 패치가 본질적으로 문제를 해결하기보다는 문제가 된 커널 메모리의 일부 기능을 막는 수준이기 때문에 CPU가 데이터를 읽는 속도에 지장을 줄 가능성이 높다.

또 문제가 되는 지점은 인텔 CEO인 브라이언 크르자니크 사장이 지난달 중순께 1100만달러(약 117억원) 규모의 회사 주식을 처분했다는 점이다. 아직 보안 취약점 문제가 널리 알려지기 이전 시점으로, 주가가 떨어지기 전에 내부 정보를 이용해 거래를 한 것 아니냐는 의혹이 제기되고 있다.

자료 : 조선비즈, 황민규 기자, 2018.1.8.

참고문헌

1) Hiroyuki Itami(1987), Mobilizing Invisible Assets, Boston : Harvard University Press, p. 125.
2) Nadler, L.(1970), Developing human resources. San Francisco : Gulf Publishing.
3) McLagan, P. A.(1983). Models for excellence. Alexandria, VA : American Society for Training and Development,
4) Gilley, J. W. & Eggland, S. A.(1989). Principles of Human Resources Development, Cambridge, Mass : Preseus Book,
5) McLagan,P.A.(1989).Models for HRD practice. Training & Development, 53(9), pp. 49-59.
6) Bennis, W. G. (1969), Organizational transition (2nd ed.). Reading, MA : Addision-Welsley.
7) 박주희(2008), 신인적자원개발, 대학서림, p. 30.
8) Wilson, J. P. (2012). International human resource development : Learning, educating and training for individuals and organizations(3rd ed.). PA : Kogan Page Publishers.
9) 조대연(2006), 국내 성인교육훈련의 요구분석 연구동향 : 1990년-2005년 관련 문헌을 중심으로. Interdisciplinary Journal of Adult& Continuing Education,9(1), pp. 85-106.
10) 권대봉, 조대연(2013), HRD Essence, 시스템적 기반, 박영사, pp. 7-9.
11) Swanson, R. A.(2010), 인적자원개발론.(오헌석,이현응 역). 학지사.
12) 강정범, 송해덕(2009). 전략적 인적자원개발의 성숙도와 수행공학 실천가 역할간의 관계연구. HRD연구, 11(2).

2

인적자원 경쟁력과 인적자원개발 방향

Chapter

2 인적자원 경쟁력과 인적자원개발 방향

학습목표

1. 인적자원개발의 역사적 변화과정을 시대별로 설명할 수 있다.
2. 인적자원 경쟁력향상방안에 대하여 체계적으로 설명할 수 있다.
3. 인적자원 경쟁력 향상을 위한 정부, 조직, 개인 및 인적자원담당자의 역할에 대하여 이해할 수 있다.

4차 산업혁명시대에 접어들면서 모든 조직들은 조직경쟁력 강화를 위하여 인적자원개발이 어느 때 보다도 중요해졌음을 인식하고 있다. 사실 인적자원개발에 대한 체계적인 연구가 이루어진 것은 그리 오래된 일이 아니다. 미국은 2차 세계대전 전만 하더라도 체계적인 인적자원개발 연구를 위한 인프라가 전혀 갖추지 못하고 있다가 1943년 미국산업교육협회(American Society for Training & Development : ASTD)의 전신인 미국훈련담당자협회가 제 2차 세계대전 중에 설립됨으로써 본격적인 인적자원개발 연구가 이루어지게 되었다. 우리나라의 경우 해방 이후에 국내자본을 기반으로 하는 기업들이 본격적으로 생겨났으나 인적자원개발을 위한 사회적인 기반을 마련하지 못하다가, 1950년대 후반부에 들어서면서 한국생산성본부, 한국표준협회, 그리고 한국능률협회 등의 산업 교육 전문기관이 등장하면서 본격적인 경영관리기술 및 교육 훈련이 시작되었다.

지식사회에서 조직이 경쟁력을 갖추려면 급변하는 환경에서 기회를 선점하기 위한 혁신능력이 필요하며, 이러한 혁신능력은 조직 내 인적자원의 창의력에 달려있다는 것을 피터 드럭커를 비롯한 많은 학자들이 그동안 주장해왔다. 그러나 이제는 4차 산업혁명 시대에 접어들면서 지식사회와 또 다른 비즈니스 패러다임을 요구하고 있다. 그러면 4차 산업혁명 시대에 요구하는 인재상은 무엇인가. 최근의 학술연구에 따르면 4차 산업혁명 시대의 인재는 과학기술 변화에 걸맞은 교양, 직업 기초능력, 글로벌 마인드, 자기계발 능력 등을 갖춘 인재 양성 교육이 필요하며, 이를 위한 인적자원개발 담당자의 역할이 더욱 중요해지고 있음을 강조하고 있다.[1] 따라서 본 장에서는 인적자원개발의 역사를 살펴보고, 글로벌 시대 및 4차 산업혁명 시대의 도래에 따른 인적자원개발 방향을 모색해보기로 한다. 이와 더불어 인적자원경쟁력을 확보하기 위한 개인, 기업, 국가의 역할 및 인적자원개발 담당자의 역할에 대하여 살펴보기로 한다.

제 1 절 인적자원개발 역사

인간은 살아가는데 있어서 혼자서는 살 수 없고 반드시 사회 속에서 다른 사람들과 협력을 하며 살아가야 한다. 따라서 인적자원개발 역사는 인류의 탄생과 함께 시작되었다고 해도 과언이 아니다. 그러나 오늘날과 같은 인적자원개발을 위한 본격적인 연구는 제2차 세계대전이 일어나면서부터이다. 2차 세계대전 중에 미국은 공장, 농장 등 일터의 근로자들을 병사로 모집했으며. 이들에게 빠른 시간 내 필요한 군사훈련을 제공할 수 있는 시스템이 필요했다. 그리고 장교 또한 빠른 시간 내에 장교로서 필요한 리더십을 함양하기 위한 교육훈련 프로그램이 필요했는데, 이를 위하여 장교 대상 훈련에서 등장한 것이 오늘날의 기업체에서 실시하는 리더십 교육훈련의 시작이다.

또한 기업체에는 군대에 간 노동력을 대신할 수 있는 신규인력이 유입되고, 이들에게도 역시 빠른 시간 내에 훈련이 제공될 필요성이 증대하면서 체계적인 교육훈련에 대한 관심이 높아지게 되었다. 이러한 역사적 배경 속에 1943년 미국훈련담당자협회(American Society for Training Directors)가 설립되었으며, 이를 계기로 본격적인 산업교육 및 훈련에 대한 연구가 시작되었다.

그러면 고대부터 현재에 이르기까지 인적자원개발에 대한 시대적인 흐름을 개략적으로 살펴보고, 미국, 유럽 및 우리나라의 인적자원개발 역사를 집중적으로 살펴보기로 한다.[2]

1 고대의 인적자원개발 역사

교육과 훈련의 역사는 인류의 탄생과 더불어 원시시대부터 시작되었다. 원시시대의 교육과 훈련은 생존을 위하여 필요로 하는 경험적 지식과 기술을 전수하기 위한 실생활 중심의 활동이었다. 교육과 훈련의 형태는 가족이나 부족 등에 국한되었으며, 우두머리나 가장 등의 행동을 그대로 모방하는 형태로 진행되었다. 그러다가 불을 사용하게 되고 금속 도구를 제작하는 등 인류의 능력이 확대되고 정착 생활을 하게 되면서 인류는 비로소 그것들을 자손에게 전수하게 되었고, 이전의 무의식적인 모방과는 달리 의식적인 모방의 형태로 발전을 이루게 되었다.

이와 같이 교육 및 훈련을 통하여 부족이나 씨족의 원시적인 전통이 유지되고 후손에게 전승이 되다가 국가의 출현과 더불어 지배자계층과 피지배자 계층으로 나뉘어 사회적 계층이 형성이 되면서 계층 간 노동형태가 분리되게 되었다. 당시의 지배계층은 노동을 하지 않고 피지배계층이 육체노동을 전담함에 따라 지배계층은 교양교육을 중시하고 육체노동을 천시하는 풍조가 생겨났다. 고대 그리스 로마 시대에도 상위 계층을 위한 교육에는 육체노동 과목이 편성되지 않았고 하위 계층만이 육체노동에 종사하였다. 그리스인들은 교양 교육을 개인의 자아실현 도구로 간주하였지만 노예나 상인에게는 생산과 관련된 직업 교육만이 행해졌다. 로마인들도 역시 제국의 인프라를 개발하기 위해 노예와 상인에 의존하였지만 그들도 역시 육체노동은 경시되었다.

2 중세의 인적자원개발 역사

중세의 유럽은 기독교의 영향으로 교육과 훈련에서 교회의 역할이 증대되었다. 노예와 피정복민 같은 하위 계층의 저항이 거세지면서 봉건제도라는 경제적 생산관계와 기독교라는 사상적 가치체계는 초기 유럽 중세를 대표하는 사회경제적 특징이 되었다. 이후 자급자족적 경제 단위를 가졌던 봉건제가 무너지고 국가가 경제활동의 주된 주체로 되면서 중상주의(mercantilism)가 채택되었다.

가. 도제제도

도제제도(apprenticeship system)는 일정한 기간에 걸쳐서 숙련된 기능인이 자신의 기능과 지식을 초보자에게 가르쳐주는 제도이다. 도제제도는 고대로부터 시작하여 근대까지 이어졌다. 도제제도에 대한 기록은 기원전 2100년에 제정된 함무라비 법전에서 찾아볼 수 있으며 그리이스, 로마시대에 가장 잘 발달한 제도이다. 도제제도는 전문 영역에 대한 경력이나 정교성의 수준에 따라 도제공(apprentice), 직장(forman), 장인(master)의 3단계로 구분하여 신분적인 차이를 나타냈다. 도제공은 특정 전문영역에서 공인된 장인 아래에서 약 7년 동안 무보수로, 혹은 매우 적은 보수를 받으면서 교육과 훈련을 받았다. 기본적인 기술을 익히고 도제과정을 끝내면 전문가로 인정을 받고 고정된 소득을 얻는 직업을 가질 수 있다. 직장(foreman)은 몇 년간 경험을 쌓고 실력과 재량을 보여 장인들에게 인정을 받으면 장인의 명칭을 얻는다. 도제 제도는 직공을 장인으로 만드는 것에 한정된 것만은 아니었다. 이 제도를 통하여 교회는 종교와 예술을 가르쳤고, 군대는 군인들을 책임지고 훈련시켰다. 도시가 형성되고 화폐를 중심으로 한 개방적인 교환경제가 확립됨에 따라 수공 기능자들은 물품을 제조하여 상업적으로 판매하기 시작했다.

도제 제도는 오늘날의 인적자원개발 위한 교육과 훈련에 중요한 발자취를 남겼다. 수공업과 같이 정교한 기능을 오랜 기간에 걸쳐 체득하여야 하는 작업의 경우에는 도제방식은 유용한 가치가 있으며, 오늘날에도 기업과 노동조합의 협력하에 도제훈련을 실시하는 경우도 많이 있다.

나. 길드제도

길드(guild)는 중세 후기에 형성된 동업조합의 형태로서, 상인이나 수공업 기술자가 모여서 상호보호와 협조 및 이익 추구를 위해 만든 단체이다. 여기에는 장인, 직장, 도제가 모두 가입하였으며 공동의 목적을 위해 협력체제를 유지했다. 길드는 자금지원, 교육활동 등을 통하여 조합원에게 혜택을 제공하였고, 이에 따라 길드의 이익도 증대되고 영향력도 강화되었다. 길드에서는 도제 교육 이외에 조합원과 그들의 자녀를 위한 교육도 실시하였다.

3 근대 이후의 인적자원개발

17세기부터 시작된 산업 혁명과 함께 20세기에 들어와 두 차례의 세계대전으로 인해 세계의 경제 및 정치 판도에 새롭고 복잡한 지각변동이 일어났다. 이와 관련하여 특기할 만한 사실은 전통적인 도제 제도가 점차 쇠퇴하고 직업교육(vocational education)의 필요성이 대두되었다는 것이다.[3] 본 서에서는 경제와 사회뿐 아니라 학문적 발전에 있어서도 주류를 형성하고 있는 미국을 중심으로 해서 한국의 근대 이후의 교육에 대해서 살펴보도록 한다.

가. 미국의 인적자원개발

인적자원개발이 미국에서 보편적인 용어로 자리 잡게 된 것은 지금부터 불과 50년도 채 되지 않는다. 미국은 시장자본주의 메카로서 세계경제의 주류를 형성하면서 현대적인 정의로서의 인적자원개발을 생성시키기까지 다양한 역사적, 문화적 자취를 간직하고 있다.

미국의 초기 직업 교육 프로그램은 최초의 사립 직업학교로서 1809년에 뉴욕에 수공예 학교가 설립되면서 부터이다. 이 학교의 주된 역할은 실업자나 전과자들 중 숙련되지 않은 젊은이들에게 직업 훈련을 제공하는 것이었다. 이는 탈선한 젊은이들을 위해 무엇을 해야 하는지에 대한 공식적인 해결책이 되었기에 인기가 높았다. 이러한 초기의 직업 교육 프로그램은 현대 직업 교육의 원형을 확립하였다. 1917년에 미국은 스미스-휴스법(Smith-Hughes Act)을 통과시켜 농업, 가정관리교육, 산업교육, 교원연수 등을 위한 정부 프로그램에 국가 보조금을 지급함으로써 직업 교육을 처음으로 인정한 것이었다. 이로 말미암아 오늘날의 직업 교육은 공교육시스템에서 중요한 부분으로 자리 잡게 되었다.

산업 혁명이 성숙화함에 따라 기업들은 직공들의 수공 대신 기계로 대체하기 시작했다. 기계를 이용하는 반숙련공이 가내공장의 숙련공보다 더 많은 생산을 할 수 있게 됨에 따라 공장에서는 기계의 수요와 활용이 증가하였다. 이는 동시에 기계를 설계, 제작, 수리할 수 있는 엔지니어나 기계 기술자의 필요성을 야기시켰다. 이를 위해서 공장들은 기계 조작에 능숙한 사람과 전문 기계공을 양성하기 위한 훈련 프로그램으로서 공장학교(factory school)를 만들게 되었다. 1872년에 뉴욕의 호앤컴퍼니(Hoe& Company)에 최초의 공장 학교가 설립되었으며, 이후 차츰 웨스팅하우스(Westing House), 제너럴 일렉트릭(General Electric), 포드자동차(Ford), 굿이어(Goodyear) 등으로 확산되었다. 포드자동차는 직무숙련도를 높이기 위한 훈련프로그램인 포디즘(Fordism)을 통하여 반숙련공을 대상으로 훈련을 실시한 결과 그들의 생산성을 높이고, 현저히 낮은 생산 비용으로 생산한 제품의 가격을 낮춰서 사람들이 더 많이 구매할 수 있게 만들었다. 그 결과 경쟁관계에 있던 다른 자동차 제조업자 대부분도 포드의 생산 설계를 모방함에 따라 반숙련공을 위한 훈련프로그램은 더욱 확산되었다.

1차 세계 대전의 발발은 미국 산업 내에 전쟁을 위한 특별 훈련과 교육의 필요성을 증대시켰다. 군사 장비의 거대한 수요를 충족시키기 위해서는 군 제품을 생산하지 않던 공장들까지도 이를 위해 기계를 재편하고 반숙련공을 재훈련시켜야 했다.

2차 세계대전의 발발로 산업계는 전쟁 지원을 위해서 또다시 공장의 재편을 요구 받았으며, 이를 위하여 1차 세계대전 때와 마찬가지로 큰 규모 조직과 조합 내에 새로운 훈련 프로그램이 도입되었다. 예를 들면, 미국 연방 정부는 방위 산업에 속한 많은 회사를 위하여 TWI(training within industry) 서비스를 신설했고, 각 공장에서는 이 프로그램을 가르치기 위해 사내 강사를 양성했다. 방위산업에 속한 많은 회사는 TWI 출신의 강사들로 구성된 독자적인 훈련 부서를 신설하여 조직의 훈련을 계획하고 관리했다.

한편, 1942년에는 신흥 직업으로의 표준을 확립하기 위해 미국 훈련담당자협회(American Society for Training Directors)가 결성되었다. 당시 협회 정회원의 필수 자격 조건으로는 대졸 이상의 학력과 관련 분야에서 2년 이상의 실무 경험, 또는 관련된 분야에서 5년간의 실무경험을 요구했다.

1970년대에 들어와 산업 전체에 확산되고 있던 참여경영(management participation system)의 여파로 전문가들은 점차 자신들의 역할이 훈련에만 머물지 않는다는 것을 인식하였고, 이에 따라 기존의 미국훈련담당자협회의 이름도 미국산업교육협회(American Society for Training and Development : ASTD)로 개칭하였다.

이후 1980년대 후반부터는 내들러(L. Nadler)를 시작으로 인적자원개발의 정의에 대한 구체적인 합의가 이루어지기 시작하였고, 보다 근래에는 인적자원개발의 전략적 역할 강화와 이를 통한 고성과 작업체계(high performance work system : HPWS)의 구축에 관심을 집중시키고 있다.

21세기에 들어오면서 미국의 인적자원개발 분야에서 가장 두드러진 최근의 변화라고 한다면, 정보통신기술(IT)의 급격한 발전과 이로 인한 디지털 경제 및 지식기반 경제의 등장을 들 수 있을 것이다. 이에 대한 반응으로서 인적자원개발은 웹 기반교육(web-based training), 학습과 지식의 성과가 연계된 지식경영(knowledge management, KM), 인간수행공학(human performance technology, HPT) 등을 바탕으로 변화된 환경에 적합한 인적자원개발의 정당성을 확보해가고 있다.

나. 우리나라의 인적자원개발

우리나라의 인적자원개발 역시 기원을 찾는다면 다른 나라와 마찬가지로 고대사까지 거슬러 올라갈 것이다. 하지만 근대 이후만을 고려하게 된다면 본격적인 인적자원개발에 대한 역사는 일제 강점기 이후 경제발전과 더불어 이루어진 직업 교육이나 산업 교육에서 찾을 수 있다.

우리나라 기업 교육의 역사는 크게 태동기, 모색기, 성장기, 발전기, 성숙기 등으로 구분할 수 있으며, 각 시기의 특징을 살펴보면 다음과 같다(이명근, 2003).

1) 태동기(1946~1960년대)

우리나라는 일제 강점기를 벗어나 해방이 되었으나 곧이어 1950년에 전쟁의 발발로 인하여 1950년대에는 기업의 인적자원개발을 위한 싹을 키울 수 없었다. 그러나 미국의 경영관리 기술이 주한미군을 통해 도입되고, 국내 각종 교육단체들을 중심으로 기초적인 경영관리 교육프로그램이 시작되면서부터 본격적인 기업 교육이 발아되었다. 그 후 기업 교육의 실질적 역사는 1950년대 후반부터 경영관리기술 및 교육. 훈련에 초점을 두고 신설된 한국생산성본부, 한국표준협회, 그리고 한국능률협회 등의 기업 교육 전문기관의 등장과 함께 태동하였다고 볼 수 있다.

2) 모색기(1970년대)

이 시기는 경제개발 계획의 잇따른 성공으로 경제 발전의 기틀이 마련되면서 기업들이 보다 많은 직원을 채용하고 이들에 대한 교육훈련 수요가 넘쳐나던 시기였다. 기업들은 우수한 인재의 지속적이며 체계적인 교육, 훈련의 중요성을 인식하게 되면서 미국 및 일본으로부터 MTP(management training program) 및 TWI(training within industry) 등의 정형화된 교육과정을 도입하여 실시하였다. 이와 관련하여 일부 학자들은 우리의 본질이나 체질이 무엇인지 따져볼 겨를도 없이 미국이나 일본의 기업교육을 무분별하게 도입하는 바람에 진정한 한국적인 기업교육이 자생할 여건을 단절시켰다는 비판을 하고 있다.

3) 성장기(1980년대)

1980년대에 들어오면서 국내 유수의 기업들은 외국 프로그램에 대한 수동적인 모방에서 탈피하여 장기적인 비전에서 근거한 기업 교육으로 전환하려는 움직임이 전개되었다. 이러한 기업 교육의 추세는 우선 기업들의 자체 연수원 설립으로 나타났고, 이를 토대로 타사와 구별되는 독특한 인재육성시스템을 확립하고 인재육성관리의 특화를 도모하게 되었다. 또한 1980년대 후반부터는 기업들이 사원들의 자기개발을 실질적으로 지원하는 제도가 시작되었다. 개인의 학습 비용까지 기업이 지원함으로써 조직개발을 위한 개인들의 자기개발 지원이라는 사고의 전환이 이루어지게 되었다.

4) 발전기(1990~1997년)

1990년대는 무엇보다도 글로벌화라는 화두와 함께 기업교육이 인적개발 차원에서 논의되었다는 것이 특징이다. 즉 직무에 대한 훈련과 개인에 대한 교육, 그리고 조직에 대한 개발을 통합적으로 실시하는 '인적자원개발' 그리고 더 나아가 기업의 경영 전략과 연계된 '전략적인 교육훈련'으로 표현될 수 있다. 이러한 새로운 변화는 교수체제 설계(instruction system design : ISD), 웹 기반 훈련(web based training : WBT), 학습조직(leaning organization) 및 지식경영(knowledge management), 그리고 인간수행공학(human performance technology : HPT)을 기반으로 추진되었다.

5) 성숙기(1997년 이후)

1997년 말의 국가적 경제위기(IMF)는 기업교육에도 커다란 영향을 끼쳤다. 지난 30여 년간 성장한 기업교육은 구조조정의 우선 대상으로 전락하게 되었고, 교육관련 부서의 통·폐합, 교육기간의 단축, 외주 서비스 의존 등 그 비중이 현저하게 감소되었다. 그러나 이러한 구조조정이 기업의 체질 개선에 일조했던 것처럼, 기업 경쟁력 강화에 기여하는 기업의 핵심부서로 인적자원개발 부서가 재평가될 수 있는 기회가 되기도 하였다.

6) 4차 산업혁명 시대의 인적자원개발 방향

제4차 산업혁명 시대에 접어들면서 정보통신기술(ICT)에 기반한 주요 변화동인으로 인해 기술·산업구조가 변화하고, 일자리 지형이 변화하며, 미래사회에서 요구되는 직무역량도 변화할 것으로 전망하고 있다. 우리나라가 4차 산업혁명에 대비하기 위해서는 장기적 관점에서 과학기술 인력양성 체계를 구축할 필요가 있다. 제4차 산업혁명의 주체는 인간이라는 점에서 미래사회 변화를 주도하고 주체적으로 대응하기 위해서는 미래사회가 요구하는 역량을 갖춘 인력의 양성이 필요하다.

국가 및 우리기업이 4차 산업혁명에 대비하기 위한 인적자원개발 방향을 살펴보면 다음과 같다.[4)]

첫째, 미래기술에 대한 대응 및 활용 역량을 강화하기 위해 정보통신기술(ICT)에 기반한 "S/W에 대한 교육을 확대·강화"하고 "스마트 교육환경을 구축"할 필요가 있다

둘째, 제4차 산업혁명은 미래사회 인력이 갖추어야할 역량이 변화할 것을 요구하고 있다는 점에서 기존 교육시스템에서 벗어나 창의적이고 융합적인 역량을 갖춘 인재의 양성을 위해 "역량 키우기" 중심의 "교육시스템 전환"이 필요하다. 이미 미국 등 주요국을 중심으로 미래사회의 인재를 양성하기 위한 교육시스템 전환이 시작되고 있는 중이다. 특히 미국에서는 '미네르바 스쿨(Minerva School)

과 같은 새로운 유형의 대학이 설립·운영되고 있고, 하버드 대학교(Harvard Univ.) 및 매사추세츠 공과대학(M.I.T.) 등과 같은 세계 명문대학을 중심으로 'MOOC(Massive Open Online Course)'와 같은 새로운 교육방식이 도입되고 있다. 이와 같은 교육시스템의 변화는 기존의 지식 습득에 초점이 맞춰진 교육시스템에서 벗어나, '창의성', '융합성' 및 '문제해결능력' 등과 같은 "역량"에 초점을 맞춰진 교육시스템을 운영하고 있는 것이다. 이에 우리나라도 이공학적 소양과 디자인적 사고를 갖춘 창의적·융합적 과학기술인재의 육성을 위해 지식 중심이 아닌 "역량 키우기" 중심의 교육시스템으로 전환할 필요가 있다.

제 2 절 인적자원 경쟁력과 인적자원개발 주체별 역할

1 인적자원 경쟁력의 의미

지식사회를 넘어 4차 산업혁명 시대에 접어들면서 인적자원개발의 중요성이 더욱 높아지고 있는 지금 조직은 어떤 인재가 경쟁력이 있는 인재인가를 명확히 할 필요가 있다. 일찍이 바니(Barney)는 조직의 지속적인 경쟁우위의 창출을 가능하게 하는 자원의 요건으로 가치성(value), 희소성(rareness), 모방성(inimitability), 자원의 활용성(organization) 등을 들고 있다.[5] 그에 의하면 조직이 보유하고 있는 자원이 지속적인 경쟁력을 가지고 있으려면 〈표 1-2〉에서와 같이 가치가 있고, 희소성을 지니며, 모방이 불가능하고, 자원을 조직화하고 활용하는 능력도 포함 되어야 한다고 한다.[6] 그러면 바니가 주장하는 바와 같이 조직인 인적자원 경쟁력을 갖추기 위한 요건을 살펴보면 다음과 같다.

① 가치 있는 인적자원

조직 내 개개인의 인적자원은 각자 가지고 있는 역량은 물론 조직에 대한 공헌도에 있어서도 차이가 나는데, 가치 있는 인적자원이란 개인이 가지고 있는 역량이 커서 조직에 대한 공헌도가 많은 인적자원을 말한다.

② 희소한 인적자원

희소한 인적자원이란 직무가 요구하는 조직에 대한 공헌가치가 높은 기능을 가진 인적자원 중 타 조직에는 비슷하거나 동일한 능력을 가진 사람이 적은 경우를 말한다. 이러한 희소한 인적자원은 조직이 외부경쟁자와의 경쟁 가운데서 한시적 우위를 가져다 주는 수단이 된다.

③ 모방이 불가능한 인적자원

모방이 불가능한 인적자원이란 위에서 언급한 희소한 인적자원이 가지고 있는 역량을 다른 조직에서 쉽게 모방하기 어려운 경우를 말한다. 이러한 모방이 불가능한 인적자원을 많이 보유하고 있는 조직은 다른 조직에 비해 한시적인 우위가 아닌 지속적인 우위를 확보하기 위한 원천이 된다.

〈표 2-1〉 인적자원 경쟁력

가치의 유무	희소성의 여부	모방의 어려움	조직에 의해 지원됨	경쟁력에 대한 시사점	성과
No	–	–	↑	경쟁 열위 (competitive disadvantage)	평균 이하
Yes	Yes	–	│	경쟁적 동위 (competitive parity)	평균
Yes	Yes	No	│	한시적 경쟁우위	평균 이상
Yes	Yes	Yes	↓	지속적 경쟁우위	평균 이상

자료 : Barney & Wright(1998), p. 37 in 배종석(2006), p. 120에서 재인용.

2 인적자원 경쟁력을 위한 인적자원개발 주체별 역할

현재 인류는 지식사회를 넘어 4차 산업혁명 시대에 접어들고 있다. 21세기에 접어들기 이전 인적자원개발 연구는 산업사회 패러다임 하에 다양한 관점에서 이루어졌고, 21세기에 들어와 지식사회를 넘어 4차 산업혁명 사회로 탈바꿈함으로써 모든 조직은 시대의 변화에 따른 새로운 인적자원개발 패러다임을 요구하게 되었다. 이러한 사회적 요구 속에 불과 몇 년 전만 하더라도 지식사회에서 조직의 경쟁력 강화를 위한 인적자원개발 역할에 대한 많은 연구와 논의가 이루어졌다. 사실 미국의 사회학자인 다니엘 벨(Daniel Bell)은 미국은 1970년 초에 이미 산업사회에서 탈산업사회(post-industrial society)로 이동을 하였다고 주장하였다. 그는 종전의 산업사회에서는 자본과 노동을 기반으로 생산성 및 원가절감이 부가가치의 주된 원천이었으나, 탈산업사회에서는 지식이 부가가치의 주된 원인이 될 것이라며, 지식사회의 도래를 오래 전에 예상을 하였다.[7)]

그리고 세기의 석학자로 평가를 받고 있는 피터 드러커(Peter Drucker)는 이미 1960년대 초에 육체적 노동을 기반으로 하는 산업사회는 물러가고, 지식근로자가 조직을 지배하는 지식사회가 도래할 것이라고 예견하였다. 그는 지식사회의 조직의 경쟁력의 원천은 혁신능력에 달려 있고, 조직의 혁신능력은 사람의 창의력을 통하여 이루어지기 때문에 결국 경쟁의 원천은 사람이라는 것을 강조하였다. 그리고 지식사회에서는 기업 소유자와 근로자의 관계가 단순히 고용자와 피고용자의 관계가 아니라 경영의 파트너 관계로 바뀔 것을 주장하였다.

이와 같이 많은 미래학자 및 경영학자에 의하여 지식사회의 도래가 예견되었으며, 이와 같은 사회적 변화에 대응하기 위해서는 개인은 학습의 일상화를 통하여 지식인으로 무장하고, 조직은 학습조직을 구축하여야 하며, 국가는 개인이나 조직이 언제 어디서나 학습이 가능하도록 하는 평생학습사회를 조성하여야 한다. 따라서 본 절에서는 4차 산업혁명 시대에 있어서 국가 및 조직이 경쟁력을 갖추기 위한 개인, 조직 및 국가의 역할에 대하여 살펴보기로 한다.

가. 인적자원 경쟁력 강화를 위한 개인의 역할

지식사회와 4차 산업혁명 사회에서 조직의 경쟁력은 무엇보다도 사람이 경쟁력이 된다. 한 조직이 높은 수준의 지적 역량을 가진 근로자들이 창의, 혁신 마인드로 무장하여 일할 때 그 조직은 생산성이 높고, 지속적인 생산성 향상이 이루어져 궁극적으로 높은 조직경쟁력을 갖추게 된다.

그러나 조직 내 개인이 높은 수준의 지적 역량을 갖추기 위해서는 지속적인 학습이 필요하다. 지식사회에서 사람이 경쟁력을 갖추기 위해서는 학습을 하여야 한다. 사람이 학습을 하지 않으면 조직의 혁신과 기술발전이 이루어지지 않아 조직경쟁력 약화의 원인이 될 수 있다. 따라서 조직은 사람에 대한 투자가 지속적으로 이루어질 때 사람의 경쟁력이 강화되고 이는 조직의 경쟁력 강화로 이어진다. 결국 사람에 대한 투자와 사람경쟁력의 강화야 말로 조직과 국가의 경쟁력을 높이는 성장정책이 된다. 조직에서 사람에 대한 투자는 학교의 정규 교육과정을 통하여 이루어지기도 하고, 조직에서는 사내 교육훈련 및 자기개발 학습을 통하여 이루어지기도 하며, 평생학습체제를 통하여 이루어지기도 한다. 이와 같은 조직의 사람에 대한 투자를 통한 경쟁력의 강화의 실현은 조직의 혁신과 기술발전을 강화시키고 조직경쟁력을 높임으로써 높은 수준의 지적 역량을 지닌 인적자원에 대한 고용이 지속적으로 가능하게 된다.

나. 인적자원 경쟁력 강화를 위한 조직의 역할

위에서 살펴본 바와 같이 조직 내 인재육성을 위한 학습이 조직경쟁력의 원천임에도 불구하고 많은 조직들은 인적자원개발에 대한 인식이 부족하고 많은 재정적 투자를 하지 못하고 있는 것이 현실이다. 이와 같은 조직의 학습에 대한 장애요인은 국가 학습인프라가 충분하지 못한 것은 물론 조직 내부의 문제점도 가지고 있다. 조직의 학습을 가로막는 가장 중요한 장애요인은 직장 내 학습시스템의 부재이다. 그동안 조직들은 체계적인 학습을 위한 시스템이 부족했고, 학습에 대한 최고경영자의 인식이 부족했다. 이와 같은 문제를 해결하기 위하여 정부에서는 한국산업인력공단의 학습조직 활성화 지원사업을 통하여 조직이 학습조직을 구축할 수 있도록 지원하고 있고, 중소기업의 최고경영자에게 학습투자 마인드를 조성하기 위하여 최고경영자 학습역량 지원 사업 등을 펼치고 있다. 정부에서 지원하고 있는 기업의 학습조직 활성화 지원사업을 설명하면 다음과 같다.

먼저, 학습조의 도입의 지원이다. 현재 국내 많은 기업들이 교대조를 운영하는 경우 2교대 또는 3교대로 운영한다. 그러나 2교대 또는 3교대의 작업장에서는 현실적으로 학습이 불가능하다. 이와 같은 문제점을 개선하기 위해서는 현행의 일 중심의 근무방식에서 학습 중심의 근무방식으로 변화시켜서 학습조직을 만들어야 한다. 예를 들어 3교대의 경우 4조 3교대로 운영해서 한 조를 학습조로 운영하는 경우 학습조직의 운영이 가능하다. 따라서 정부에서는 2교대는 3교대로, 3교대는 4교대로 단계적으로 확대개편을 할 수 있도록 유도하여야 하며, 이에 따른 인건비의 추가적 부담을 정부가 지원해주는 방안의 강구가 필요하다.

다음은 조직 최고경영자의 학습투자 마인드를 높이기 위한 의식개혁 교육을 지원하는 것이다. 조직의 혁신능력은 최고경영자에 달려있다. 조직의 혁신역량은 전 직원의 학습역량에서 비롯한다는 최고경영자의 인식전환이 무엇보다도 필요하다. 이를 위해 최고경영자부터 학습을 해야 한다.

다. 인적자원 경쟁력 강화를 위한 국가의 역할

현재와 같이 무한경쟁의 시대에서 지식은 생존과 변화, 그리고 혁신을 위한 핵심적 요건이다. 지식사회에서 지속적으로 변화를 하고 혁신을 하기 위해서는 정부에서는 개인이나 조직이 평생에 걸쳐 언제, 어디서나 학습할 수 있는 평생학습사회를 구축하여야 한다. 이를 위한 정부의 사업에는 국가학습 인프라 구축사업 및 학습기업 인증제(Best HRD)사업이 있는데 이에 대하여 자세히 살펴보기로 한다.

1) 중소기업의 학습 인프라 구축 지원사업

정부에서는 중소기업의 성장과 혁심을 위한 학습인프라 지원사업을 실시해오고 있다. 중소기업은 대기업에 비히여 인적 역량의 강화를 위한 기업 내 학습인프라의 조성이 이루어지지 못한 경우가 많다. 중소기업이 성장하기 위해서는 중소기업이 사람 경쟁력의 확보를 위해 투자할 수 있도록 유도하는 국가적 학습기반이 마련되어야 하는 것이다. 이를 위해 정부는 기업 간 학습클럽을 지원하여야 한다. 이를 위하여 정부에서는 2개 이상의 기업들이 학습조직 구축 및 운영에 대한 정보 및 노하우를 공유할 수 있도록 학습조 운영에 대한 교류모임을 지원하고 있다. 그리고 전국에 있는 기업들의 학습조 경진제도를 활성화하여 학습조 운영 우수기업을 발굴하고, 그 사례를 널리 확산시키고 있다.

이와 같이 모든 산업이 학습인프라를 구축하기 위해서는 정부의 체계적인 지원이 필요하다. 현재 정부에서는 산업인력공단을 중심으로 하여 학습의 필요성도 못 느끼고 어떻게 할지를 모르는 중소기업에게 학습컨설팅을 해주거나, 학습조

운영 시 학습인력을 지원할 대체인력을 채용할 수 있도록 재정적으로 지원을 하며, 학습조 운영에 대한 전문 강사를 제공하는 등의 정책을 통하여 중소기업이 학습조직을 구축하는데 적극적인 지원을 하고 있다.

2) 학습기업 인증제의 도입

현재 정부에서는 개별 기업의 학습조직을 촉진하기 위하여 학습기업 인증제(Best HRD)를 도입하고 있다. 학습기업 인증제는 기업에서 능력을 중심으로 인재를 채용하고, 재직 중 학습을 통해 직원의 능력을 향상시키는 등 인적자원개발이 우수한 기업에 심사를 통해 인증마크를 부여하는 제도로서, 인증을 받은 기업은 'Best HRD' 마크를 홍보 및 상품에 표기해 기업의 대외적인 이미지를 높이는데 활용할 수 있다.

학습기업 인증제는 영국의 IIP(Investors in People), 싱가포르의 PD(People Developer)를 벤치마킹하여, 선진형 기업의 인적자원 관리 및 개발시스템을 유도하기 위하여 도입하였고, 현재 공공부문은 한국직업능력개발원에서, 민간부문은 한국산업인력공단에서 이것의 인증심사를 수행하고 있다. 학습기업 인증제는 네덜란드, 뉴질랜드 등 20여 개국에서 도입, 시행하고 있으며, 우리나라에서는 교육인적자원부가 이 제도를 2005년부터 도입하고 있다.

라. 인적자원개발 담당자의 역할

전 세계가 산업사회에서 지식사회로 재편되고 현재에 이르러 4차 산업혁명 사회로 전환함에 따라 조직 내 인적자원개발 담당자의 역할의 중요성이 한층 증대되었고 역할 내용 또한 변화를 요구하게 되었다. 일찍이 1970년대에 한국훈련개발학회에서 정의한 인적자원개발 담당자의 역할은 근로자들의 현재 직무수행의 효율성을 향상시키기 위한 훈련과 개발에 한정되어 있었다. 이후 〈표 2-2〉에서와 같이 많은 인적자원개발 학자들에 의하여 인적자원개발 담당자의 역할에 대한 제시가 이루어졌다.

〈표 2-2〉 인적자원개발 담당자의 역할에 대한 학자들의 견해

<table>
<tr><th>Nadler 모형
(1970, 1984)</th><th>McLagan의 우월성
모형(1983)</th><th>McLagan의 HRD
실천모형(1989)</th><th>Piskurich와
Sanders의
학습공학모형(1998)</th><th>Bernthal의
ASTD 역량모델
(2004)</th></tr>
<tr><td rowspan="2">HRD 관리자
(프로그램 관리자)</td><td>평가자</td><td>평가자</td><td>평가자</td><td>–</td></tr>
<tr><td>전이요원</td><td>–</td><td>–</td><td>–</td></tr>
<tr><td rowspan="2">학습전문가
(학습촉진자)</td><td>그룹촉진자</td><td rowspan="2">강사·촉진자</td><td>–</td><td rowspan="4">학습전략가</td></tr>
<tr><td>강사</td><td>강사</td></tr>
<tr><td rowspan="2">학습전문가
(강의전략가)</td><td>교육자료작성자</td><td rowspan="2">인적자원개발
교재개발자</td><td rowspan="2">개발자</td></tr>
<tr><td>교육매체전문가</td></tr>
<tr><td>HRD 관리자
(프로그램 관리자)</td><td>교육훈련관리자</td><td>인적자원개발
관리자</td><td>인적자원개발
관리자</td><td>–</td></tr>
<tr><td rowspan="3">학습전문가
(프로그램 설계자)</td><td>요구분석가</td><td>요구분석가</td><td>분석가</td><td rowspan="3">프로페셔널
전문가</td></tr>
<tr><td>직무분석가</td><td>–</td><td>–</td></tr>
<tr><td>프로그램설계자</td><td>프로그램설계자</td><td>설계자</td></tr>
<tr><td>HRD 관리자
(시설·재정조정자)</td><td>프로그램운영자</td><td>운영지</td><td>0</td><td>프로젝트 관리자</td></tr>
<tr><td>–</td><td>개인개발상담자</td><td>개인능력개발
상담자</td><td>–</td><td>–</td></tr>
<tr><td>–</td><td>판매자</td><td>판매자</td><td>–</td><td>–</td></tr>
<tr><td>–</td><td>전략기획자</td><td>–</td><td>–</td><td>–</td></tr>
<tr><td>–</td><td>이론가</td><td>–</td><td>–</td><td>–</td></tr>
<tr><td>–</td><td>–</td><td>조직변화촉진자</td><td>조직변화촉진자</td><td>–</td></tr>
<tr><td>–</td><td>–</td><td>연구자</td><td>–</td><td>–</td></tr>
<tr><td>–</td><td>–</td><td>–</td><td>수행가</td><td>–</td></tr>
<tr><td>–</td><td>–</td><td>–</td><td>–</td><td>비즈니스 파트너</td></tr>
</table>

자료 : 박철(2009). Web 2.0 시대의 인적자원개발 담당자의 역량과 역할 인식변화 연구. 중앙대학교, p. 28.

파커(Parker)는 인적자원개발 담당자의 역할을 훈련기능 관리자, 일반훈련담당자, 훈련설계자, 매체전문가로 구분하여 제시하였고, 내들러와 내들러(Nadler & Nadler)는 1970년의 연구에서 운영자로 제시한 역할을 인적자원개발 관리자 역할로 재조명하였다. 그리고 인적자원개발 담당자 역할 연구 분야에서 중요성을 부여받고 있는 맥라간(McLagan)의 역할 모형은 개인개발 측면에 초점이 맞추어

져 있다. 이 연구를 기초로 하여 이후 그는 인적자원개발 실천모형(models for practice, 1989)을 통하여 경력개발과 조직개발 차원까지 영역을 넓혀 인적자원개발 담당자의 역할의 범위를 제시하고, 인간수행공학에 중점을 두어 역할을 재규정하기도 하였다.[8)]

이와 같이 인적자원개발 담당자의 역할은 사회의 변화, 조직환경의 변화 등을 반영하여 계속 재조명되어 왔으며, 특히 학습이론에 공학적 기술을 활용하는 학습공학이 인적자원개발 분야에 중요한 영향을 미치고 있다. 학습공학 모형에 기반하여 피스쿠리치와 샌더스(Piskurich & Sanders)가 제시한 인적자원개발 담당자의 역할에 대한 구체적인 내용을 살펴보면 다음과 같다.[9)]

첫째, 인적자원개발 관리자의 역할이다. 조직의 복잡한 요구를 수용하기 위하여 조직이 이용해야 할 학습공학의 결정은 물론, 사용시기와 전달과정 전반을 관리하고 운영하는 것으로 인적자원개발 실천모형에서 인적자원개발 관리자의 역할과 유사하나 학습공학모형에서 학습공학 측면의 역할을 강조하고 있다.

둘째, 분석가의 역할이다. 현재의 상황과 바람직한 상황간의 수행격차를 분명하게 하고 분석하여 이러한 격차를 줄이기 위하여 수행목표에 대해 명확히 설명하고, 교육훈련이 필요한 시기와 적절한 프로그램을 제공하는 것을 말한다. 이 역할은 인적자원개발 우월성 모형에서 요구분석가와 직무분석가로 분화되어 있었고, 실천모형에서는 요구분석가의 역할에 해당하는 것이다.

셋째, 설계자의 역할이다. 바람직한 목표달성을 위하여 학습자의 요구에 적합한 내용, 교수방법, 전달매체, 프리젠테이션 매체 등을 활용하고 이를 교육내용 설계에 반영하여 교육 자료를 작성하는 것을 말한다.

넷째, 개발자의 역할이다. 다양한 프리젠테이션 매체 활용 등을 통하여 교육내용 설계 자료를 효율적으로 활용하는 것을 말한다.

다섯째, 수행가의 역할이다. 인적자원개발을 위한 학습공학을 도입, 활용하기 위하여 학습공학과 관련된 여러 기술진과 협력하고 기술지원을 하는 역할을 말한다.

여섯째, 강사의 역할이다. 학습공학 매체를 활용하여 근로자의 학습을 촉진하는 것으로 역할명칭에서는 촉진자의 역할이 생략되어 있지만 실제 강사의 역할에서 학습 촉진자·조언자의 역할을 상당히 중요하게 여기고 있다.

일곱째, 평가자의 역할이다. 프로그램 및 교육 운영 후 목적과 효과적인 측면에서 학습공학기술을 측정하고 평가하는 역할이다.

여덟째, 조직변화촉진자의 역할이다. 조직개발 차원에서 가장 중요한 역할로서 조직이 새로운 사회변화, 문화변화, 기술변화 등에 적응하도록 도와주며 그것의 가치와 이익을 볼 수 있게 한다.

이처럼 학습공학 모형은 개인개발, 경력개발, 조직개발 수준까지 확대・적용되는 것으로 학습의 장소나 시간 등에 구애됨이 없이 학습자들에게 기회를 제공할 수 있도록 인적자원개발 담당자의 역할이 확대되어 왔다.

현대에 들어와서 전략적 인적자원개발의 중요성이 부각이 되면서 이를 위한 새로운 차원의 역할 패러다임이 요구되고 있다. 전략적인 인적자원개발 기능을 수행하기 위하여 인적자원개발 담당자는 단순한 교육 운영자의 역할을 벗어나 수행성과 컨설턴트와 조직 개발자로서 내부 컨설턴트을 수행하여야 한다. 그리고 조직의 학습, 수행, 변화를 주도하는 혁신가로서 인적자원개발을 설계, 실행, 평가할 뿐만 아니라 정해진 시간과 예산 그리고 요구 수준에 맞춰 성과를 도출하고 통제할 수 있는 프로젝트 관리자의 역할까지 수행해야 한다.[10] 더 나아가 조직 구성원의 개발을 현장 관리자 및 직속 상사에게 일임해 조직의 생산성에 대한 일차적인 책임을 지도록 하고, 그들이 직접 컨설턴트의 역할을 수행할 수 있도록 지원하여 성과 개선 활동을 도모해야 한다. 이와 같이 인적자원개발 담당자는 실무 운영적인 업무만 수행하는 수동적 역할이 아닌 조직 중심에서 전략적이고 주도적인 역할을 수행하여야 한다.

〈부록〉

고용부 인적자원개발 우수기관 인증(Best HRD)사업

Best HRD 사업은 국가가 인적자원개발 및 인적자원관리의 모범적 기준을 정하고, 이를 달성한 우수 기관을 발굴하여 인적자원개발 투자 촉진 및 경쟁력을 강화하기 위한 사업으로, 민간부문은 고용노동부(수행기관 : 한국산업인력공단)에서, 공공부문은 교육부(수행기관 : 한국직업능력개발원)에서 인증을 총괄하고 있다.

이 사업은 고용노동부와 교육부가 관계 기관과 협업을 통해 범정부적으로 인적자원개발에 대한 사회적인 관심 확대와 능력중심 사회 여건 조성을 지원하는데 목적을 두고 있다.

민간부문에서는 기존 3년간 정기근로감독 면제 등 이외에도 고용창출장려금・고용안정장려금 참여 신청시 가점, 직업능력개발 정부포상 유공자 신청시 가점(사업주 부문), 인증후 2년차 기업에 대한 중간점검 컨설팅 제공 등 인증기업에게 혜택을 주고 있다.

공공부문에서는 인사・인적자원개발(HRD) 관련 비위 또는 노동관계법 등 법령 위반 기관에 대한 인증제한(3년간 신청자격 제한) 규정을 신설하여 제도의 신뢰성을 확보하고자 하였다.

공공・민간부문 모두 지난해 개선, 보완된 심사지표를 적용하여 제도의 안정성을 확보하는 한편, 공동 사업공고 및 홍보 등 관계기관 간 협업을 통하여 사업효과를 극대화할 계획이다.

인적자원개발 우수기관 인증제도(Best HRD : Best Human Resources Developer)는 기업 등 민간기관과 공공기관에서 능력을 중심으로 인재를 채용.관리하고, 재직 중 학습을 통해 개인의 능력을 높이는 등 인적자원개발이 우수한 기업 및 단체 및 공공기관

을 대상으로 심사를 통하여 정부가 인증마크를 부여하는 제도로,

2006년 시범사업 이후 총 861개(공공 372개, 민간 489개) 기관이 본 사업을 통해 인적자원개발 우수기관으로 인증 받았다.

■ 인적자원개발 우수기관 인증(Best HRD) 사업 주요 내용

(심사방법) 심사위원회를 구성하여 심사지표에 따라 심사하되, 1단계 서류심사, 2단계 현장심사로 구분하여 실시

(인증기준) 인적자원관리(400점 배점) 및 인적자원개발(600점 배점) 점수를 합산하여 700점 이상일 경우 우수기관으로 인증

(인증기관 혜택)

【공공부문】
- 유효기간 3년의 인증서·인증패 수여 및 인증 로고 활용
- 능력중심 인적자원 개발과 관리 확산을 위한 컨설팅 지원
- 최우수 인증기관 담당자 부총리 겸 교육부장관 표창 및 상금 수여
- 인증기관 담당자 국내 전문기관 연수 지원
- 인증기관 우수사례 홍보
- 인증기관 정기근로감독 3년간 면제

【민간부문】
- 유효기간 3년의 인증서 수여 및 우수기관 동판과 인증 로고 활용
- 인증기관 중 최고득점 기관의 직원에게 고용노동부장관 표창 수여
- 인증기관 담당자 연수과정 지원(국내 또는 해외)
- 인증기관 우수사례 홍보
- 중소기업 지원사업 참여시 우대
- 중소기업 학습조직화지원사업 참여 시 가점 부여(고용노동부)
- 중소기업 병역지정업체 추천 시 가점 부여(중소기업청)

- 고용창출장려금, 고용안정장려금 참여 신청 시 가점 부여(고용노동부)
- 고용노동부 직업능력개발 정부포상 유공자 신청시 '사업주 부문' 가점 부여
- 인증기업 정기근로감독 3년간 면제

자료 : 2017년 인적자원개발 우수기관 인증(Best HRD)사업 공고, 고용노동부 및 교육부

참고문헌

1) 김진하(2016), 제4차 산업혁명 시대, 미래사회 변화에 대한 전략적 대응 방안 모색, KISTEP 미래한국보고서.
2) 공우신(2010), 인적자원개발에 대한 연구, 경상대학교.
3) 교육인적자원부(2002), "국가인적자원 정책의 추진현황과 방향"
4) 김진하(2016), 제4차 산업혁명 시대, 미래사회 변화에 대한 전략적 대응 방안 모색, KISTEP 미래한국보고서.
5) 배종석, 인적자원론, 홍문사, 2006, p. 12.
6) 박주희, 신인적자원개발, 대학서림, 2014, p. 19.
7) 다니엘벨 저, 김원동, 박형신 역(2006), 탈산업사회의 도래, 아카넷.
8) McLagan, P. A.(1996). Core competency for HRD staff. Training and Development Journal, 32-33.
9) Piskurich, G. M., & Sanders, E. S.(1998). ASTD Models for Learning Tec-hnologies. Alexandria, VA : American Society for Training and Development
10) 배을규(2009), 인적자원개발론, 학위시습, p. 26.

Human Resources Development

인적자원개발

3

전략적 인적자원개발

Chapter

3 전략적 인적자원개발

학습**목표**

1. 전략적 인적자원개발의 개념 및 중요성을 설명할 수 있다.
2. 전략적 인적자원개발의 발전단계를 설명할 수 있다.
3. 조직의 전략과 인적자원의 연계방법을 설명할 수 있다.

최근에 들어와서 인적자원개발에 대한 인식은 과거 개인의 지식, 기술 향상에 초점을 둔 교육훈련의 국한된 개념에서 벗어나 조직의 성과향상과 변화추구를 위한 전략적 파트너로서의 역할을 수행하는 것으로 확장되고 있다. 모든 조직은 목표를 가지고 있고, 이를 달성하기 위하여 외부 환경과 내부 상황에 대한 분석을 기반으로 적절한 전략을 수립하고 수행하게 되는데, 조직이 만일 전략의 수행에 적합한 인적자원을 확보, 개발, 활용하기 위한 시스템이 부족하게 되면 궁극적으로 조직의 전략적 목적 달성이 어렵게 된다.

전략적 인적자원개발은 인적자원개발의 전략적 역할 수행에 대한 모색을 바탕으로 개인과 조직의 학습, 수행, 변화를 동시에 증진시키는 전략적 수준의 활동을 의미한다.[1] 전략적 인적자원개발은 조직의 장기적인 수행 개선을 위한 조직 내 학습의 총체적인 통합을 강조하고, 조직의 부분적인 변화가 아니라 총체적이고, 장기적이며, 근본적인 변화를 추구하는 활동이다. 따라서 인적자원개발 부서는 조직의 비전 및 전략의 달성을 위하여 조직 전체와 연계된 학습, 수행, 변화역량을 육성하도록 조력하며 조직 전체와 전략적인 연계성을 갖는 활동을 전개해야 한다.[2]

전략적 인적자원개발에 대한 연구들은 1990년대 이후 유럽과 북미를 중심으로 지속적으로 수행되어 왔다. 인적자원개발 분야의 이론가들과 실천가들은 전략적 인적자원개발이 현재까지 가장 이상적인 인적자원개발 패러다임으로 인정하고 있으며, 인적자원개발 분야의 새로운 주류를 형성하고 있다.[3] 따라서 본 장에서는 전략적 인적자원관리의 개념 및 중요성을 살펴보고 조직 내 전략적 인적자원 관리체계를 구축하기 위한 방안을 모색보고자 한다.

제 1 절 전략적 인적자원개발 이론적 기초

1 전략적 인적자원개발의 개념

가. 전략의 개념

전략(strategy)이라는 용어는 군사학에 그 근원을 두고 있다. 영어로 전략이라는 의미를 지니는 Strategy란 단어는 그리스어 Strategos에서 나온 것으로, 군대를 의미하는 Stratos와 이끌다(lead)라는 의미를 가진 –ag가 합쳐진 용어이다.

전략이 군사학의 영역에서 확장되어 기업경영의 중요한 일부분이 된 것은 1950년대와 1960년대에 미국의 기업들이 다양한 사업분야를 어떻게 효율적으로 운영할 것인가에 대한 문제에 직면하면서부터이다. 전략에 대한 정의는 〈그림 3–1〉에서 볼 수 있는 바와 같이 학자마다 다양하다. 챈들러(Chandler)는 전략이란 조직의 목표를 달성하기 위한 경영자원을 배분하는 활동(resource allocation)이라고 정의하였고, 경쟁전략의 대가인 마이클 포터(Michael Porter)는 전략이란 조직이 경쟁에서 우위를 점하기 위한 선택과 포기(trade–off)를 의미하는 것으로 보았다. 그리고 앤드류(K. Andrew)는 조직의 목표를 달성하기 위한 계획이나 정책으로 정의하였고, 일본의 경제학자인 오마에 겐니찌(Omae Kenichi)는 경쟁자에 비해 효율적인 방법으로 경쟁우위를 차지하기 위한 책략으로 보았다.

이상과 같이 학자들의 전략에 대한 견해를 종합해볼 때 경영전략이란 '조직의 목표를 달성하고 경쟁에서 우위를 창출하고 유지하기 위한 통합된 실행계획(integrated plan)이며 희소한 경영자원을 배분하는 활동'으로 정의 할 수 있다.

전략이란 생존에 중요한 역할을 하는 것으로서 삶과 죽음의 문제이기도 하며 안전과 존망에 영향을 미치는 것이다. 어떠한 경우라도 전략을 소홀히 여겨서는 안 된다. – 손자, 「손자병법」

전략이란 기업의 장기적인 목표의 결정과 그 목표를 달성하기 위한 행동을 결정하고 경영 자원을 배분하는 것이다. – Alfred D. Chandler Jr., *Strategy and Structure*

전략이란 기업의 목표와 그 목표를 달성하기 위한 여러 가지 계획이나 정책을 말한다. 또한 전략은 그 회사가 어떤 사업분야에 참여하고 있어야만 하고 그 회사가 어떠한 성격의 회사이어야 하는가를 결정하는 중요한 이론이다. – Kenneth Andrews, *The Concept of Strategy*

경영전략이란 한 마디로 어떻게 하면 경쟁자에 비해서 경쟁우위를 가질 것인가 하는 문제이다. … 경영전략은 효율적인 방법으로 경쟁자에 비해서 그 기업의 경쟁우위를 상승시키는 노력이라고 볼 수 있다. – Kenichi Ohmae, *The Mind of the Strategist*

〈그림 3-1〉 전략의 정의

자료 : 장세진(2015), 경영전략, 박영사, p. 8. 재인용.

나. 전략적 인적자원개발의 개념

전략적 인적자원개발은 인적자원개발의 전략적 역할 수행에 대한 모색을 바탕으로 개인과 조직의 학습, 수행, 변화를 동시에 증진시키는 전략적 수준의 활동을 의미한다. '전략적'이라는 말은 세 가지 의미로 사용된다.[4)]

첫째, 인적자원개발이 조직의 전략의 수립, 실행 및 성과에 영향을 미친다는 의미를 지니고 있다. 조직의 인적자원개발이 경영성과에 기여한다는 것은 인적자원개발 본연의 주요한 가정 중 하나이다.

둘째, 인적자원개발이 조직의 전략과 적합성을 확보할 때 조직의 전략과 연계되어 조직의 성과 개선에 기여함을 의미한다. 〈그림 3-2〉에 보는 바와 같이 '전략적'이라는 것은 인적자원개발이 조직의 전략과 한 방향으로 정렬되고 자원이 적절히 분배됨으로써 통합된 해석과 추진이 가능할 때, 전략이 목표하는 조직성과 극대화에 기여할 수 있음을 의미한다.[5)]

셋째, 인적자원이 지속적인 경쟁우위를 확보할 수 있는 전략적인 자산이 될 수 있음을 의미한다. 조직의 지속가능한 경쟁우위는 산업 내에서의 경쟁적 위치 또는 내부자원에 의해서 결정된다.[6)] 〈그림 3-3〉과 같이 인적자원개발 활동은 인적자원의 가치 자체를 상승시키거나 조직의 잠재력 강화에 활용됨으로써 조직 내부자원의 가치를 상승시켜 경쟁우위를 확보하는데 기여한다는 측면에서 인적자

원을 '전략적' 자산으로 변모시킨다.7)

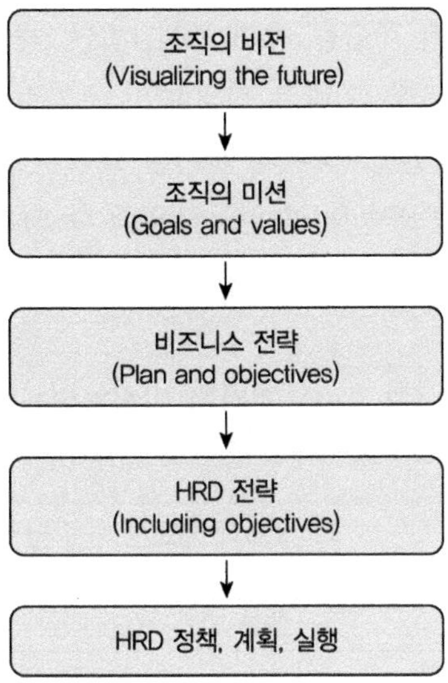

〈그림 3-2〉 조직의 가치체계와 인적자원개발의 연계

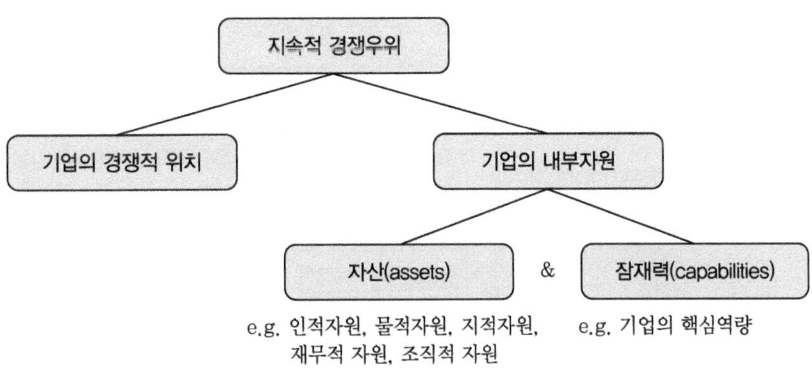

자료 : Clardy, A.(2008). Human resource development and the resource-based model of core competencies : Methods for diagnosis and assessment. Human resource development review, 7(4), p. 390.

〈그림 3-3〉 내부자원과 경쟁우위의 관계

전략적 인적자원개발에 대한 개념은 〈표 3-1〉에서 볼 수 있는 바와 같이 그동안 여러 연구자들에 의해 다양하게 정의되어 왔다. 먼저 로스웰과 카자나스(Rothwell & Kazanas)는 전략적 인적자원개발이란 요구되는 지식 및 기술을 갖추기 위해 계획된 학습을 통해 조직, 집단, 구성원 및 조직 외부의 이해관계자들을 변화시키는 과정[8]이라고 정의하였다. 갸라방(Garavan)은 초기의 연구에서 전략적 인적자원개발을 '직무와 관련된 교육훈련을 전략적으로 운영함으로서 조직 구성원의 지식과 기술을 최대한 활용할 수 있도록 해주고, 동시에 조직의 목표를 달성하는 것'이라고 정의하였다.[9]

〈표 3-1〉 전략적 인적자원개발의 개념 및 정의

학자	개념 및 정의
Rothwell와 Kazanas(1989)	미래에 필요한 지식 및 스킬을 갖추기 위해서 계획된 학습 활동을 통하여 조직, 조직 내 집단, 조직 구성원 및 조직 외부의 이해관계자들을 변화시키는 과정
Beer와 Spector(1989)	전략 기획 및 조직 문화의 변화와 연계되어 능동적으로 시스템 전반에 걸친 개입 활동
Garavan(1991)	조직 목표 달성을 위한 교육훈련, 직무 관련 교육활동의 전략적인 운영
Torraco와 Swanson(1997)	조직의 경쟁 우위를 지키기 위한 최선의 방책이며, 조직원의 역량을 조직의 성과 요구에 맞춤으로서 전략적인 역할을 수행하는 활동
Edvinsson(1997)	조직의 인적, 구조적 자본을 향상시키기 위해 학습을 촉진하는 기회를 제공하는 활동
Gilley와 Maycunich(2000)	조직의 성과향상, 역량, 경쟁 우위 및 혁신을 위해 조직화된 개입 및 경영 활동을 통하여 조직 학습, 성과 및 변화를 촉진하는 과정
Yorks(2005)	조직의 전략적 요구를 충족하고, 조직 구성원들의 직무 수행 능력개발을 위한 즉각적 개선 활동 및 장기적인 계획 활동
Garavan(2007)	교육훈련, 개발활동 및 학습전략이 조직의 전략에 부합하고 조직의 전략을 구체화할 수 있도록 학습문화를 창조하는 활동

또한 그는 조직과 조직 전략의 실현을 감안한 장기적인 조직원들의 학습 관리에도 관심을 둔다고 하였다. 이후 그는 후속 연구에서 전략적 인적자원을 교육훈련, 개발활동 및 학습전략이 조직의 전략에 부합하고 조직의 전략을 구체화할 수

있도록 학습 문화를 창조하는 활동[10]이라고 수정하여 제시하였다. 그리고 인적자원개발의 대표적인 학자인 길리(Gilley)와 매이쿠니치(Maycunich)는 조직의 성과향상, 역량, 경쟁 우위 및 혁신을 위해 조직화된 개입 및 경영 활동을 통하여 조직 학습, 성과 및 변화를 촉진 하는 과정[11]이라고 정의하였다.

이상의 학자들의 견해를 종합하여 정의해볼 때 길리와 매니쿠니치의 견해처럼 전략적 인적자원개발이란 '조직의 성과향상, 역량 강화, 경쟁 우위 및 혁신을 위해 조직의 전략과 연계한 인적자원개발 활동을 통하여 조직 학습, 성과 및 변화를 촉진 하는 과정이라 할 수 있다.

2 전략적 인적자원개발의 발전과정

가. 전략적 인적자원개발의 등장배경

그동안 조직의 인적자원개발 활동이 조직 전략과 연계되어 주도적으로 조직목표 달성에 기여해야 한다는 공통된 인식하에 인적자원개발 부서의 전략적인 역할에 대한 연구가 지속되었다

기존의 조직에서의 교육훈련 기능이 개인의 관점에서 업무환경 및 능력에 대한 요구를 충족시키는 역할을 수행했기 때문에 비즈니스 요구나 조직의 성과 차원까지 연계시키기에는 한계가 있었다. 반면에 조직경쟁력을 제고시키기 위해 구성원들의 학습의 중요성이 더욱 강조되었다. 이에 학습을 조직의 성과 창출과 직결시키기 위하여 조직 내 학습과 조직의 목표를 전략적으로 정합시키는데 초점이 맞추어진 전략적 인적자원개발 이라는 개념이 제시되었다.

나. 전략적 인적자원개발의 전개 과정

전략적 인적자원개발은 기존의 인적자원개발 활동이 교육훈련을 중심으로 하는 개인중심, 공급자 중심의 활동에서 벗어나 조직성과 향상 및 조직변화와 연계되어야 한다는 인식에서 출발하였다. 이와 같은 인식하에 전략적 인적자원개발은 맥라간(McLagan)의 인적자원 수레바퀴 모형을 시작으로 길리(Gilley)와 코펀(Coffern), 길리(Gilley)와 매이쿠니치(Maycunich) 등에 의하여 발전되었다.

1) 맥라간의 인적자원 수레바퀴 모형

1983년 미국산업교육협회(과거 ASTD, 현재는 ATD)는 인적자원개발과 인적자원관리 분야의 경계를 분명히 하고, 각 분야를 잘 이해하기 위해 〈그림 3-4〉와 같이 맥라간(Mc Lagan)을 중심으로 수월성 모형(Model for Excellent)연구를 실시하여 인적자원 수레바퀴(Human Resource Wheel)모형을 제안하였다가 이후 1989년에 재검토를 거쳐 수정된 인적자원 수레바퀴 모형을 제시했고,[12] 이를 통해 개인개발, 경력개발, 조직개발이 인적자원개발의 분야로 규정되었다.

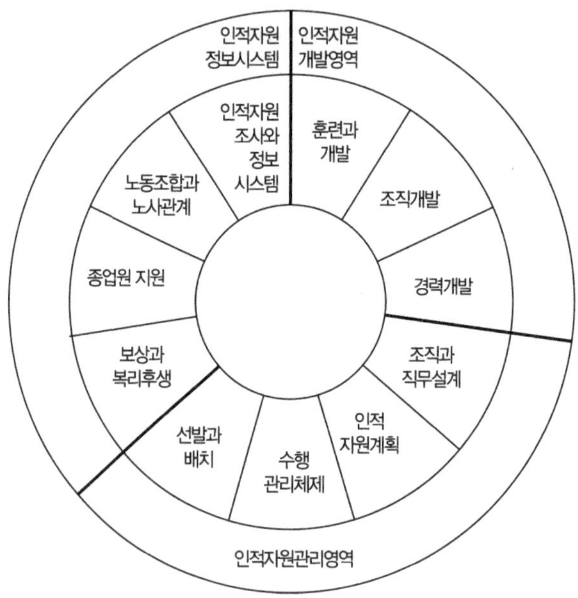

자료 : McLagan, P.A(1989), Models for HRD practice, Training & Development Journal September, 53

〈그림 3-4〉 인적자원 수레바퀴 모형

2) 길리와 코펀의 인적자원개발 발전 단계 모형

맥라간에 의해 인적자원 수레바퀴 모형이 제시된 이후 길리(Gilley)와 코펀

(Coffern)은 인적자원개발의 변화 양상에 대하여 〈그림 3-5〉와 같이 여섯 단계로 구분하여 제시하였는데, 각 단계별 구체적인 특징을 설명하면 다음과 같다.[13)]

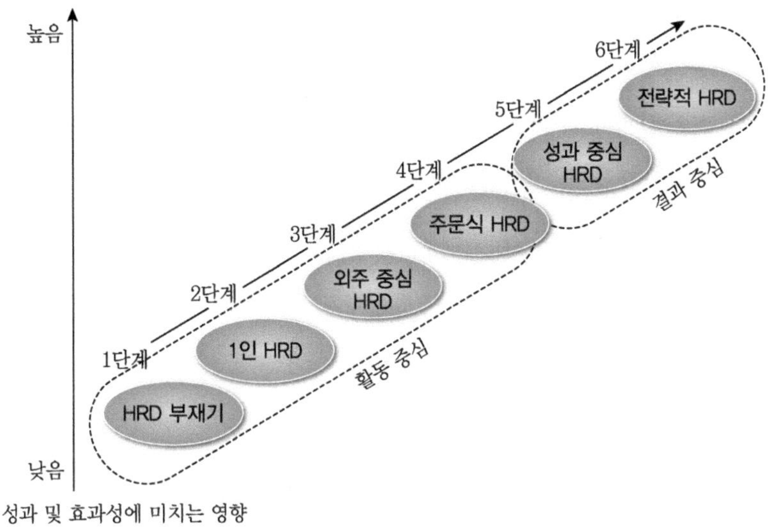

자료 : Gilley, J. W., & Coffern, A. J.(1994). Internal consulting for HRD professionals : Tools, techniques, and strategies for improving organizational performance. Chicago, IL : IRWIN.

〈그림 3-5〉 길리와 코펀의 전략적 인적자원개발 구축 단계

• 1단계 : 인적자원개발 부재 단계

이 단계는 인적자원개발 프로그램이나 활동들이 전혀 없는 상태를 의미한다. 이 단계에 해당하는 조직의 경영진들은 인적자원 개발의 가치가 전혀 없다고 생각하는 경향이 있다. 따라서 조직 구성원들에 거의 교육 활동을 제공하지 않으며, 교육이 실행된다고 해도 그것은 임시적인 것에 불과하다. 조직의 수행 개선, 학습 증진, 변화 등을 위한 인적자원개발 실행이 전혀 없으며, 단지 조직 구성원과 경영진 개개인의 개인적 노력만 있을 뿐이다. 현재 소규모의 영세 조직들은 아직도 이러한 인적자원개발 형태에 머무르고 있다.

• 2단계 : 1인 인적자원개발 단계

이 단계는 교육훈련이 조직의 성과를 개선하고, 경쟁력을 증대시키는 데 큰 도움이 될 것이라는 생각이 들면서 등장하는 단계이다. 이 단계에서 인적자원개발 부서는 매우 작은 부서이며, 교육 프로그램은 직무 중심의 비공식적인 형태의 교육훈련으로 제공된다. 인적자원개발 담당자는 조직 구성원들의 요구 분석, 교육 프로그램 설계·개발·실행 및 평가까지 혼자 모든 영역을 담당하고 있지만, 인적자원개발 분야의 전문성을 갖추고 있지 못하므로 그 효과성이나 신뢰성이 매우 낮다. 이 단계서의 인적자원개발은 조직의 전략적 파트너이자 핵심 영역과는 거리가 먼 부수적인 활동으로 간주된다.

• 3단계 : 외주 중심 인적자원개발 단계

이 단계에서는 인적자원개발이 점진적으로 독립적인 성격을 갖기 시작하지만 아직은 미약한 상태이다. 인적자원개발 분야의 예산이 점차 증가하고 있는 추세이긴 하지만 여전히 예산 삭감 최우선순위 대상으로 인식된다. 이 단계에서 교육활동은 주로 조직 구성원들의 지식, 기술을 증대시키는 것을 목적으로 하며, 비공식적인 형태의 교육에서 벗어나 공식적인 형태로 교육 프로그램을 제공한다. 인적자원개발 담당자는 여전히 교육 프로그램 제공 역할에 국한되어 있으며, 자체적인 교육 프로그램 설계, 개발이 아닌 기 개발된 외부 교육 프로그램들을 선택적으로 구매하여 조직 구성원들에게 제공한다. 이 단계의 인적자원개발은 조직의 성과나 조직 효과성을 향상시키는데 필요한 필수 영역으로 인정받지 못하고 있으며, 경영진들 역시 인적자원개발 부서를 경영 파트너로 인정하지 않는다.

• 4단계 : 주문식 인적자원개발 단계

이 단계는 외주 중심 인적자원개발 단계와 비슷한 성향을 띄지만, 조직 구성원들에게 조직 환경, 조직 문화와 연계된 교육 프로그램을 제공한다는 사실이 전단계와 중요한 차이점이다. 비록 형식적이긴 하지만 자체적인 설계 및 개발 활동을 통해 경영진들에게 새로이 교수 설계자의 역할을 각인시킨다. 더불어 인적자원개발 부서는 조직 내 독립된 부서로 인정받기 시작하고, 관리자, 교수 설계자, 컨설턴트 등 세분화된 인원이 배치된다. 이 단계의 인적자원개발 담당자는 교육의 효과성 전략을 수립하고, 성과에 초점을 둔 교육 활동을 전개하면서 조직의 문화, 직무 환경, 리더십, 정책 및 절차 등 조직 전반에 걸쳐 활동 영역을 확대해 나간다. 그러나 여전히 조직전략이나 경영 전략에는 관여하지 못하고 있어, 온전히 경영진들의 전략적 파트너라고 하기에는 무리가 따른다.

• 5단계 : 성과 중심 인적자원개발 단계

이 단계에 들어와 인적자원개발 부서는 조직성과를 향상시키는 지원 부서로서 조직 내 비중 있는 역할을 담당한다. 규모 측면에서 볼 때 하위 조직 단위가 조직 전체에 배치되는 등 이전 보다 더 발전된 형태로 조직 내에 위치한다. 이처럼 성과 중심 인적자원개발은 조직 내 각 계열사에 배치되어 조직의 성과 개선에 대한 책임을 지게 된다. 따라서 기존의 지식, 기술 향상과 같은 단편적인 목적에서 벗어나 궁극적으로 조직의 성과를 극대화하고 조직을 효과적으로 개선하는 데 그 목적을 두고 있다. 또한 인적자원개발은 수행성과 컨설팅이라는 중요한 역할을 담당하게 된다. 인적자원개발 담당자들은 내부 컨설턴트, 변화 관리자로서 조직의 성과를 극대화하는데 주력하며, 경영진들을 도와 수행성과를 개선하기 위해 변화를 주도하고 관리한다. 인적자원개발 담당자는 이제 더 이상 교육훈련 담당자가 아닌 독립된 부서의 일원으로서 조직의 성과와 경영에 책임을 지는 전략적 파트너이다.

• 6단계 전략적 인적자원개발 단계

이 단계에서 인적자원개발 담당자는 조직의 수행성과 개선을 위해 타 부서와의 협업뿐이 아니라 핵심이해관계자 집단인 경영진들과 긴밀한 파트너십을 유지한다. 인적자원개발 담당자는 조직의 경영 목표를 달성하는 데 있어 전문적인 조력자 역할을 하며, 목표 달성을 위한 변화를 주도 한다. 또한 조직의 전략 수립, 리더십 개발, 인적자원개발 프로그램 효과성 평가 등의 활동을 통해 조직 효과성과 조직의 경쟁력을 증대시킨다. 전략적 인적자원개발 수준에 도달하기 위해서 인적자원개발 담당자는 조직의 정책, 문화, 경영, 산업 등에 대해 완벽하게 이해해야 한다. 또한 인적자원개발 담당자들은 조직의 모든 영역을 평가하고 분석하기 위해서 조직개발 분야에 대한 전문성을 갖추어야 할 필요가 있다. 이러한 전문적인 능력 외에도 조직의 변화를 이끌어가고, 주도하기 위해 최고 경영자와의 긴밀한 협력적 관계를 필요로 한다. 조직의 변화를 이끌어 내기 위해서는 최고 경영자의 의지와 지원이 필수적이기 때문이다. 또한 타 부서와의 관계에 있어서도 긴밀한 파트너십을 구축하여 정보를 공유하고 협력할 수 있는 조직 풍토를 마련해야 한다.

3) 길리와 매이쿠니치의 인적자원개발 단계 모형

길리와 쿠펀의 인적자원개발 발전단계 모형 이후 길리(Gilley)와 매이쿠니치(Maycunich)는 〈그림 3-6〉과 같이 전략적 인적자원개발의 핵심 용어인 학습, 수행, 변화를 각각의 축으로 구성한 3차원 모형을 구성하여 인적자원개발의 접근법을 설명하였다.[14)]

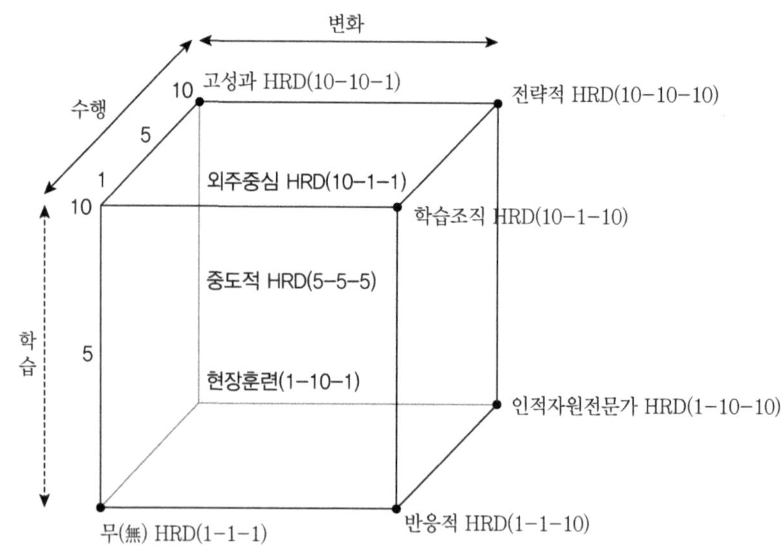

자료 : Gilley, J. W., & Maycunich, M.(2000). Organizational learning, performance, change : An introduction to strategic human resource development. NY : Basic Books. p.25.

〈그림 3-6〉 길리와 매이쿠니치의 전략적 인적자원개발 접근방법

이 모형에서는 조직이 학습을 강조하는 정도, 수행을 강조하는 정도, 변화를 강조하는 정도에 따라 인적자원개발 접근법을 9가지로 제안하였고, 각 접근법의 특징, 목적, 장·단점, 방법, 인적자원 개발 담당자의 역할을 제시하였다.

이러한 접근법에 따르면 전략적 인적자원개발은 개인과 조직의 학습, 수행, 변화를 동시에 개선하고 증진시키는 활동, 조직 전체 차원에서 실행되는 전략적 수준의 활동이라 할 수 있다. 그리고 전략적 인적자원개발을 실행하는 인적자원개발 담당자들은 일시적, 국지적인 변화가 아닌, 총체적이고 장기적이며 근본적인 조직의 변화를 추구하고, 이를 위해 조직의 비전, 전략,사명 자체와 그 효과에 의문을 제기하며, 조직 전체와 타 부서와 그 활동과 관련된 학습, 수행성과, 변화 역량을 육성하도록 조력하면서 조직 전체와 전략적인 연계성을 갖는 활동을 전개한다.

제 2 절 전략적 인적자원개발체계 구축

1 전략적 인적자원개발체계 구축 모형

전략적 인적자원개발 체계에 대한 연구는 로리(Lawrie)가 전략적 인적자원개발 부서가 되기 위한 전략을 제시한 이후 많은 학자들이 전략적 인적자원개발의 모형을 구명하려는 노력을 통해 이루어졌다. 전략적 인적자원개발 모형을 크게 기술적 모형(prescriptive model)과 해석적 모형(explanatory model)으로 나누어진다. 〈표 3-2〉에서 설명하고 있는 바와 같이 기술적 모형은 전략적 인적자원개발의 바람직한 모습을 선언적으로 제시함으로써 특징을 설명하고자 하는 모형이고, 해석적 모형은 전략적 인적자원개발을 둘러싼 환경이나 요소 간 관계성에 대한 설명을 중심으로 설명하고자 하는 모형이다.

〈표 3-2〉 전략적 인적자원개발의 모형 제시 방식과 강조점

구분	주요 선행연구	강조점
기술적 모형 (prescriptive model)	Garavan(1991)	• SHRD의 규범적 측면 강조
	McCracket과 Wallace(2000b)	• 경영전략과의 통합 강조 • HRD의 능동적 역할 강조
해석적 모형 (exptanatory model)	Garavan(2007)	• SHRD가 경영의 동적인 맥락에 부합함을 강조 • 이해관계자의 기대와 만족 강조 • HRD 담당자의 능력 강조
	Peterson(2008)	• SHRD의 시스템적 특징 강조 • HRD 담당자의 능력 강조

출처 : Wilson, J. P. (2012). International human resource development : Learning, educating and training for individuals and organizations(3rd ed.). PA : Kogan Page Publishers, pp. 27-32. 재구성

가. 갸라방의 전략적 인적자원개발 체계

갸라방(Garavan)은 교육훈련과 구별되는 전략적 인적자원개발의 역할 탐색을 목적으로 전략적 인적자원개발의 9 가지 특징을 제시하였다.[15] 그는 전략적 인적자원개발의 특징적인 요소로 '조직 미션 및 목표와의 통합', '최고경영층의 지원', '환경분석', '인적자원개발 계획 및 정책', '일선 관리자의 헌신 및 참여', '보완적 인적자원관리 활동의 존재', 'HRD 담당자의 역할 확대', '조직문화에 대한 인지', '평가 강조' 등 9가지를 꼽았다. 그러나 구성요소 간 관계를 설명하지 않고 특징을 나열하였으며, 모형을 실증할 여지가 적다는 것이 단점으로 지적 되었다.

이후 그는 다른 학자들이 제기한 단점을 보완하기 위하여 기존의 9가지의 특징요소에다 전략적 인적자원개발이 환경과 조직의 상황, 전략적 인적자원개발 절차, 이해관계자 만족, HRD 전문가를 그 영역으로 하며, 이들 영역이 유기적으로 상호작용함으로써 조직의 학습, 수행 · 성과, 변화에 기여할 수 있다고 주장하였다.[16]

갸라방의 전략적 인적자원개발의 개념적 모형은 〈그림 3-7〉에서 볼 수 있는 바와 같이 제시된 수준(level) 측면에서 살펴볼 필요가 있다. 이 모형에서 HRD에 영향을 주는 서로 다른 4개의 상황 수준이 제시되었다.

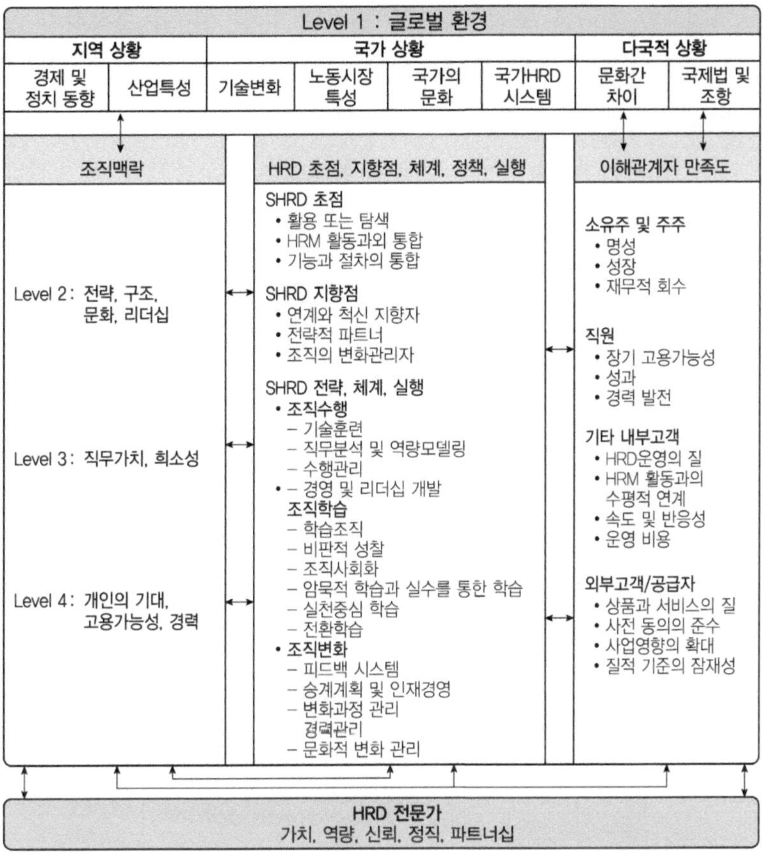

〈그림 3-7〉 갸라방의 전략직 인적자원개발의 개념적 모형

자료 : Garavan. (2007). A Strategic perspective on human resource development. Advances in developing Human Resources, 9(1), p. 17.

첫째, 1수준은 지역적, 국가적, 국제적 환경을 고려한다. 지역적 요소는 경제적, 정치 적 특성을 고려하고 있으며 국가적 요소는 기술의 변화, 노동시장의 특성, 국가적 문화와 HRD 시스템을 포함한다. 국제적 환경 관점은 국가 간 차이와 국제적 법 및 규제에 초점을 맞춘다.

둘째, 2수준은 조직 내부적 상황으로 조직의 전략, 구조, 문화, 리더십을 포함한다. 전략은 비용 지향적, 차별화, 산업 특화와 연관된 재화와 서비스를 의미한다. 또한 조직의 구조, 조직문화, 비전 · 가치 일치성, 비전과 가치를 수행하고 문화를 발달시키는 데 핵심요 소로 고려되는 리더십 스타일 등을 포함한다.

셋째, 3수준은 직무에 초점을 맞추고 직무의 가치와 독특성을 강조한다. 인적자원개발 전략은 조직 내 다른 위치에 있는 가치와 충돌하지 않아야 한다.

넷째, 4수준은 조직구성원의 기대 및 경력개발에 초점을 맞추며 핵심인재로 평가된 조직구성원은 전략적 인적자원개발 실천에 있어 주요한 역할을 담당하게 된다.

이를 다시 투입, 과정, 산출의 프로세스로 구분하면, 환경과 조직의 상황은 투입이며, 조 직의 전략과 통합된 HRD 전략을 계획하고 실행하는 것이 과정, 전략적인 인적자원개발이 산출이 됨을 알 수 있다.

나. 피터슨의 전략적 인적자원개발 체계

피터슨(Peterson)은 갸라방이 제시한 전략적 인적자원개발 개념적 모형에서 착안하여 국제적, 문화적, 정치적, 경제적, 규제적, 경쟁적이며 조직이 강점, 약점, 기회, 위협을 갖는 사회적 맥락 내에 조직적 맥락을 위치시키며 시스템 이론에 입각한 전략적 인적자원개발 체계 모형을 제안하였다.[17]

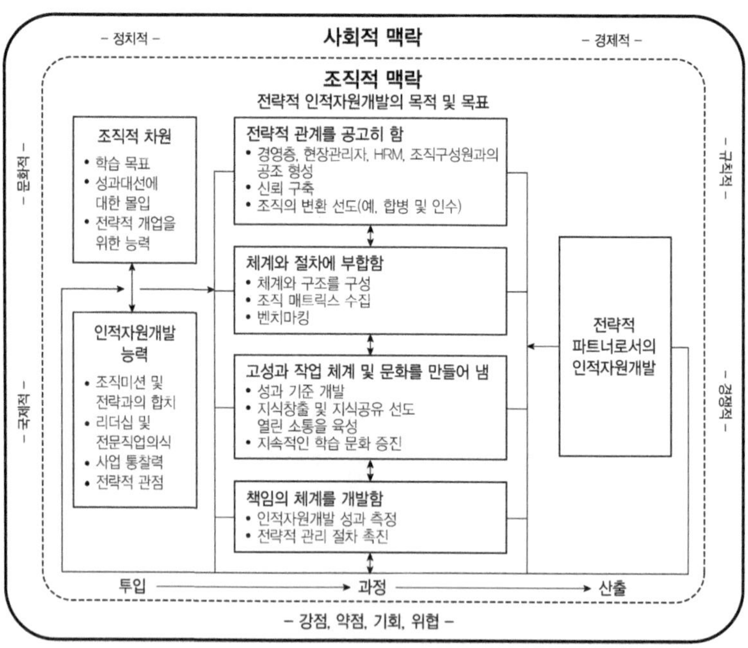

〈그림 3-8〉 피터슨의 전략적 인적자원개발 모형

자료 : Peterson, S. L. (2008). Creating and sustaining a strategic partnership : A model for human resource development. Journal of Leadership Studies, 2(2), p. 88.

그는 〈그림 3-8〉에서와 같이 조직적 맥락 내에서 학습 풍토, 성과개선에 대한 몰입, 전략적 개입을 위한 능력 등을 조직적 차원으로 간주하고, 조직 미션 및 전략과의 합치, 리더십 및 전문직업의식, 사업 통찰력, 전략적 관점 등 인적자원개발 본연의 역량이 이러한 조직적 차원의 인프라와 상호작용함으로써 전략적 인적자원개발의 투입이 조직된다고 보았다. 또한, 전략적 인적자원 개발의 목적으로 ① 전략적 관계를 공고히 함, ② 체계와 절차에 부합함, ③ 고성과 작업 체 계 및 문화를 만들어 냄, ④ 책임의 체계를 개발함 등 4가지를 제시하면서 각각 하위 목표를 통해 전략적 인적자원개발의 과정적 측면을 강조하였다.

2 전략과 인적자원개발과의 연계

조직의 전략과 인적자원 개발과의 연계를 위해서는 〈그림 3-9〉와 같이 먼저 조직의 비전 및 목표를 확인하고 이를 달성하기 위한 전략방향 및 전략과제를 도출한다. 전략과제가 확정이 되면 이를 달성하기 위한 시나리오의 역할을 하는 전략관리 도구로서 전략체계도를 작성한 다음, 전략의 달성을 위한 내부 인적자원의 준비도를 진단하고 마지막으로 인적자원개발 프로그램을 설계한다.

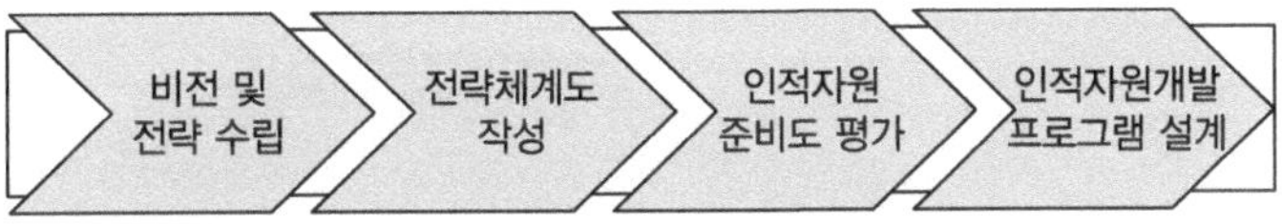

〈그림 3-9〉 전략과 인적자원개발과의 연계 절차

- 제1단계 : 비전 및 전략의 수립

조직의 전략의 수립을 위해서는 〈그림 3-10〉과 같이 외부환경 분석, 내부자원 분석, 전략과제의 도출, 핵심과제의 선정, 및 실행계획의 수립 단계로 진행된다.

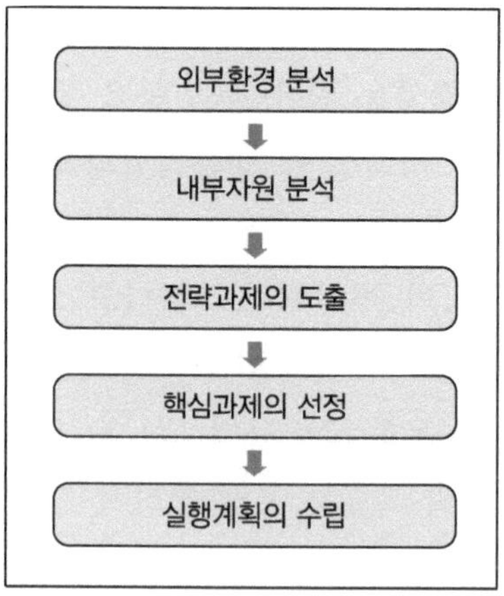

〈그림 3-10〉 전략의 수립 프로세스

가. 외부환경분석

일반적으로 환경이란 개체를 둘러싸고 있는 외부를 의미한다. 그러나 경영환경이란 조직의 경영활동 및 성과에 영향을 미치는 모든 요인을 말한다. 경영환경은 조직에 깊숙이 연계되어 조직의 성패에 직접적인 영향을 미치며, 따라서 조직은 경영환경의 특성을 잘 파악하여 변화하는 환경에 대처해 나가고, 이를 잘 활용할 수 있는 방향으로 경영활동을 해야 한다

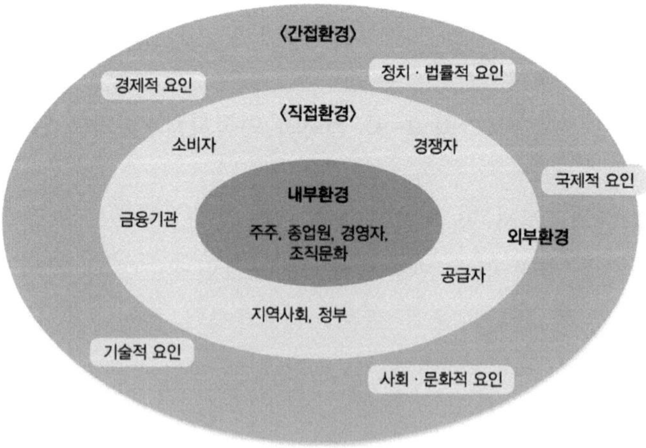

〈그림 3-11〉 외부환경의 구분

경영환경은 〈그림 3-11〉에서와 같이 크게 외부환경과 내부환경으로 나누어 볼 수 있다.

외부환경뿐만 아니라 내부환경까지 포함한 것을 광의의 환경이라고 하며, 이에 반해 협의의 환경은 내부환경을 제외한 외부환경만을 의미한다. 외부환경은 다시 일반 환경(general environment) 및 구체적 환경(specific environment)으로 나눈다. 일반 환경은 조직의 활동 및 성과에 간접적인 영향을 미치는 환경으로 간접환경(indirect environment)이라고 하며, 이에 반해 구체적 환경은 조직 활동 및 성과에 직접적으로 영향을 미치는 환경으로 직접환경(direct environment) 또는 과업환경(task environment)이라고도 한다.

경영환경 분석에서는 조직의 활동 및 성과에 영향을 주는 직접환경 및 간접환경에 대하여 개별적 환경요소 별로 기회요인(opportunity)과 위협요인(threat)을 찾아내고 이에 대한 심층적인 분석을 실시하게 된다.

나. 내부자원 분석

내부자원 분석에서는 조직이 보유하고 있는 내부의 제 자원에 대한 강점(strength) 및 약점(weakness)에 대한 분석이 이루어지게 되는데 분석절차를 살펴보면 다음과 같다.

1) 내부자원의 분류와 확인

이미 앞에서 언급한 바와 같이 조직이 보유한 자원은 유형자원과 무형자원으로 분류할 수 있다. 유형자원은 가시적 자원으로서 재무적·물질적 자산을 의미하며, 무형자원은 비가시적 자원으로서 조직의 명성, 기술, 이미지, 노하우 등을 의미한다. 특히 무형자원은 조직의 경쟁우위를 점하기 위한 보다 중요한 자원으로 인식되고 있는데, 이는 조직의 경쟁력이 자본과 규모의 경제를 가지기 위한 시설과 같은 유형자원보다 인간의 창의력에 기반한 아이디어에 대한 비중이 점차 증대되고 있기 때문이다.

2) 조직의 생산능력 확인

조직이 보유한 능력은 기능적(functional) · 지위적(positional) · 문화적(cultural) · 규제적(regulatory) 능력으로 나누어 볼 수 있는데, 기능적 능력은 어떤 일을 할 수 있는 능력을, 지위적 능력은 고객으로부터 얻은 명성이나 유리한 생산입지 등과 같이 과거의 행동이나 의사결정으로부터 얻은 것이며, 문화적 능력은 조직 전체와 연관이 있는 것으로 집단이 공유하는 가치관과 태도 등을 말한다. 규제적 능력은 지적 소유권, 특허권, 계약 등과 같은 법률적 권리로서 법률로 보호받을 수 있는 것으로 방어적 지위를 구축할 수 있다.

3) 제 자원의 잠재력 평가

조직이 보유하고 있는 제 자원과 능력의 잠재력을 평가함으로써 경쟁력을 유지, 개발시키면서 자원의 이용결과로 이윤을 추구하고 있는지를 평가하여야 한다.

4) 내부자원 분석 정리

앞에서의 절차에 따라 내부자원 분석이 끝나면 이를 강점과 약점으로 분류하여 정리한다.

다. 전략과제의 도출

외부환경 분석으로 기회와 위협요인이 분석되고, 내부자원 분석을 통하여 강점과 약점이 분석되면 조직이 실행하여야 할 전략과제를 도출하여야 한다. 외부환경의 기회(opportunity)와 위협(threat)과 내부자원의 강점(strength)과 약점(weakness)을 결합하여 〈그림 3-12〉와 같이 SWOT분석을 통하여 전략과제를 도출한다. 전략과제는 SO전략, ST전략, WO전략, WT전략과제 등 네 가지로 나누어진다. SO전략이라 자사의 강점을 살려 외부의 기회를 포착하기 위한 전략과제를 말하고, ST전략은 자사의 강점을 살려 외부의 위협을 극복하기 위한 전략과제를 말한다. 한편 WO전략이란 자사의 약점을 보완하여 외부를 포착하기 위한 전략과제를 의미하고, WT전략이란 자사의 약점을 보완하여 외부의 위협을 극복하기 위한 전략과제를 의미한다.

내적 요소 / 외적 요소	강점(S)	약점(S)
	5~10개의 강점을 나열함	**5~10개의 약점을 나열함**
기회(O)	**SO 전략**	**WO 전략**
5~10개의 외적인 기회를 나열함	기회의 이점을 얻기 위해 강점을 활용하는 전략을 생성함	약점을 극복하면서 기회의 이점을 살리는 전력을 생성함
위협(T)	**ST 전략**	**WT 전략**
5~10개의 외적인 기회를 나열함	위협을 피하기 위해 강점을 활용하는 전략을 생성함	약점을 최소화하고 위협을 피하는 전략을 생성함

〈그림 3-12〉 SWOT 분석의 내용

이와 같이 SWOT를 통하여 전략적 과제를 도출하면 자사의 여건, 즉 시간, 인력, 재무적인 능력을 감안하여 도출된 전략과제 중 일부를 선택하게 된다. 핵심과제를 선택할 때는 선택을 위한 일정한 기준이 필요하게 되는데 일반적인 기준으로는 〈그림 3-13〉과 같이 중요도와 긴급도를 기준으로 하는게 무난하다.

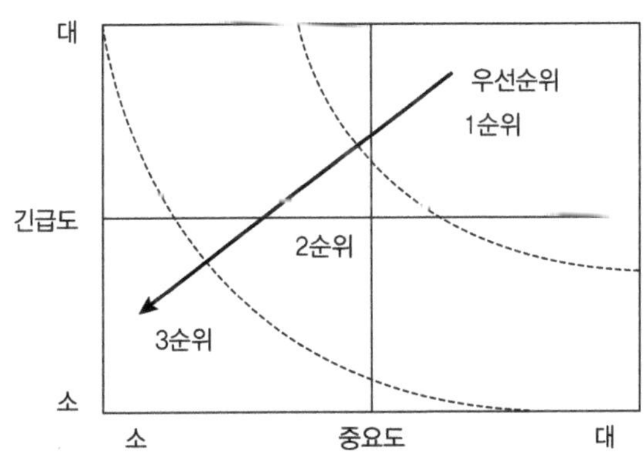

〈그림 3-13〉 핵심과제의 선정을 위한 다차원 분석법

마지막으로 핵심과제가 선정이 되면 구체적인 실행계획을 수립하여야 한다. 실행계획 시 포함되어야 할 내용으로는 전략과제의 특성 및 규모에 따라 세부과제로 분류하고, 세부과제별 실행계획을 작성한 다음 각각의 계획에 대한 주체와 일정을 수립하여야 한다. 〈표 3-3〉은 실행계획 수립의 구체적인 예이다.

〈표 3-3〉 실행계획의 수립(예)

전략목표	경영시스템 혁신	핵심전략	경영지원 인프라 확충		
전략과제	**실행계획**	**단 기 '18~'19**	**중 기 '20~'22**	**장 기 '23~'25**	**관련 부서**
1. 비전 및 발전 전략수립	1.1.1.1. 비전 및 발전전략 체계 수립	←→			전사
	1.1.1.2. 비전선포식 개최	←→			전사
	1.1.1.3. 비전 및 발전전략 수립 컨설팅 용역	←→			전사
	1.1.1.4. 내외부 환경변화에 따른 비전 및 경영전략의 개선 작업	←—	———	—→	전사
	1.1.1.5. BSC관점에 따른 성과관리체계 구축	←→			전사
	1.1.1.6. 성과관리제도 및 운영 체계 개선	←—	———	—→	전사
2. 직원역량강화를 위한 체계적인 교육기반 구축	2.1.2.1. 타사와 교육관련 벤치 마킹	←→			–
	2.1.2.2. 교육실적관리시스템 구축	←→			–
	2.1.2.3. 직원들의 교육관련 니즈 조사	←—	———	—→	전사
	2.1.2.4. 교육 프로그램 개선 작업	←—	———	—→	
3. 전사 직무분석 및 업무매뉴얼화	2.1.3.1. 전사 직무분석	←—	—→		전사
	2.1.3.2. 업무별 매뉴얼 작업	←—	—→		전사
	2.1.3.3. 조직 및 직무관련 규정 수립 및 개선	←—	———	—→	전사

• 제2단계 : 전략체계도의 작성

전략체계도란 전략평가시스템인 균형성과표(Balanced Score Card : BSC)를 구축하기 위한 핵심적인 도구로서 일정한 전략을 달성하기 위한 단계적 시나리오

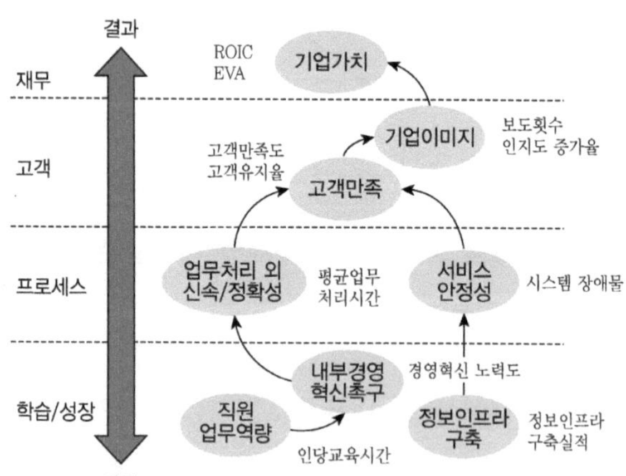

〈그림 3-14〉 전략체계도

자료 : 신형재 외, 신인적자원관리, 무역경영사, 2015.

를 의미한다. 〈그림 3-14〉에서 보는 바와 같이 일정한 전략과제를 달성하기 위해서는 학습과 성장, 내부프로세스의 효율화, 고객만족, 재무성과로 이어지는 인과관계 상의 연결이 필요하게 되는데, 이와 같이 4가지를 관점(perspectives)이라 한다. 전략체계도는 4가지의 관점별로 핵심성공요인(critical success factor : CSF)을 찾아낸 다음 이들을 인과관계로 연결한 다음 각 핵심성공요인에 대한 주요성과지표(KPI)를 도출하여 완성한다.

• 제3단계 : 인적자원 준비도 진단

전략과 인적자원개발을 연계하기 위하여 전략의 수립 및 전략체계도가 완성이 되면 인적자원 준비도를 진단하게 된다. 인적자원 준비도란 수행하여야 할 전략과제에 대한 내부 구성원들의 수행능력 준비정도를 진단하는 것으로 〈그림 3-15〉와 같이 전략직무군의 파악, 역량기술서의 구축, 전략적 준비도의 진단 및 인적자원개발 프로그램 개발 절차를 거치게 된다.

〈그림 3-15〉 인적자원준비도 진단 절차

(1) 전략적 직무군의 파악

전략적 직무군이란 전략과제의 수행에 중요한 영향을 주는 주요 직무들을 말한다. 전략적 직무군을 파악하는 방법은 앞 단계에서 도출한 전략체계도 상의 핵심성공요인을 보고, 이와 관련이 있는 조직 내 주요직무가 어떤 것이 있는지를 파악하면 된다.

(2) 역량 모델링 및 역량기술서의 구축

역량기술서는 앞에서 찾아낸 전략적 직무군 들에 대하여 해당 업무를 성공적으로 수행하는데 요구되는 지식, 기술, 능력 등에 대하여 정리해놓은 구체적인 기술서이다. 이와 같이 역량기술서를 작성하기 위하여 필요로 하는 역량을 파악하는 과정을 역량 모델링이라 한다. 역량모델링 방법에 대해서는 4장에서 상세히 설명하기로 하고 본 장에서는 자세한 설명을 생략하기로 한다. 역량모델링을 통하여 직무와 관련한 역량요소를 체계화한 것을 역량모델이라 한다. 역량모델링을 통하여 조직 전체 및 직무별 역량요소를 찾아내면 역량요소별로 필요로 하는 지식, 기술, 능력 등을 기술한다. 〈그림 3-16〉은 역량기술서의 예이다.

1. 역량명	Job Competency (O6)	고객관계형성(Building Relationship)	
2. 역량정의	고객 니즈에 대한 정확한 평가를 바탕으로 새로운 고객과 관계를 형성하고 기준 고객과의 관계를 유지/강화한다. 고객과 신뢰관계를 형성하여 장기적으로 고객으로 만든다. 현 고객을 통해 새로운 잠재 고객을 발굴한다.		
3. 적용직무	농업계열판매, 화학계열판매, 해외마케팅, 마케팅, 기술지원		

4. 단계별 행동지표	단계 1 (Development)	단계 2 (Proficident)	단계 3 (Advanced)
A. 직종공동 행동지표	• 고객이 누구인지 정확히 파악한다(성향, 가입상품, 관련 업무 등). □	• 고객들과 정기적인 안부나 정보를 제공한다. □	• 고객과 상호 기대사항에 관하여 명확하게 공유하여 수시로 고객만족도를 점검한다. □
	• 고객들이 쉽게 접근할 수 있도록 친밀감을 쉽게 형성한다. □	• 고객을 리스트화하고 분류해서 우선순위를 정해서 고객 관리의 효율성을 높인다. □	• 장기적 차원에서 고객을 폭넓게 파악하고 지속적으로 관리한다. □
	• 내외부 고객의 관심사항을 찾아서 알아낸다. □	• 고객에게 긴요한 정보나 조언을 제공하여 믿음직한 조업자로서의 역할을 한다. □	• 잠재적 고객을 유지하기 위한 장기적인 전략을 수립하고 실행한다. □
	• 고객에게 상품 및 서비스에 대한 정확한정보를 제공한다. □	• 신상품이나 서비스에 대한 안내/교육을 제공함으로써 고객과의 의사소통채널을 만든다. □	• 고객과의 관계형성을 통한 상호교환판매(cross selling) 기회를 팀원들에게 인식시킨다. □

5. 역량 수준 평가	□	□	□	□	□	□	□	□	□	□	□	□
	a1	a2	a3	a4	p1	p2	p3	p4	m1	m2	m3	m4

〈그림 3-16〉 역량기술서의 예

(3) 인적자원 준비도의 진단

역량모델링을 통하여 전략과제를 수행하기 위해 필요로 하는 역량이 완성이 되면, 직무군내 해당 직원들의 현재 능력 및 역량들의 상태를 파악하게 된다. 평가하는 방법은 주로 상사가 해당 구성원의 역량을 평가하는 것이 일반적이며, 필요에 따라서는 자기평가를 통하여 진단할 수도 있다. 이와 같이 현재 구성원의 역량진단이 끝나면 〈그림 3-17〉과 같이 필요역량 수준과 현재 역량수준의 차이를 분석할 수 있다.

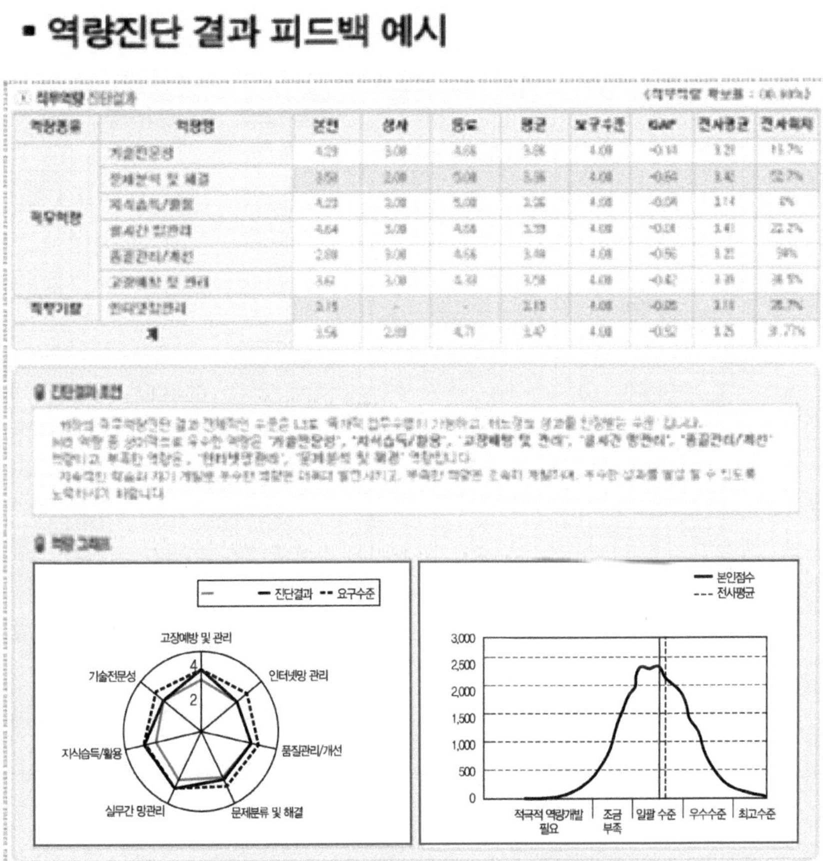

〈그림 3-17〉 역량진단 결과 분석 예시

자료 : 김기철(2008), CB-HRD 시스템을 통한 역량기반 인재육성 사례,(주) KT, p. 36.

• 제4단계 : 인적자원개발 프로그램 설계

인적자원 개발 프로그램은 역량기술서를 통하여 규명된 필요 역량 수준과 역량진단을 통하여 나타난 구성원의 현재 역량수준과의 차이(gap)를 좁혀주기 위해서 만든다. 이와 같은 인적자원개발 프로그램을 통하여 종업원의 역량개발 분야를 전략에 필요한 직무에 집중시킴으로서 전략을 체계적이고 효과적으로 달성할 수 있게 된다. 〈그림 3-18〉은 역량진단 결과를 토대로 인적자원개발 프로그램을 개발하고 운영하는 프로세스를 설명하고 있다.

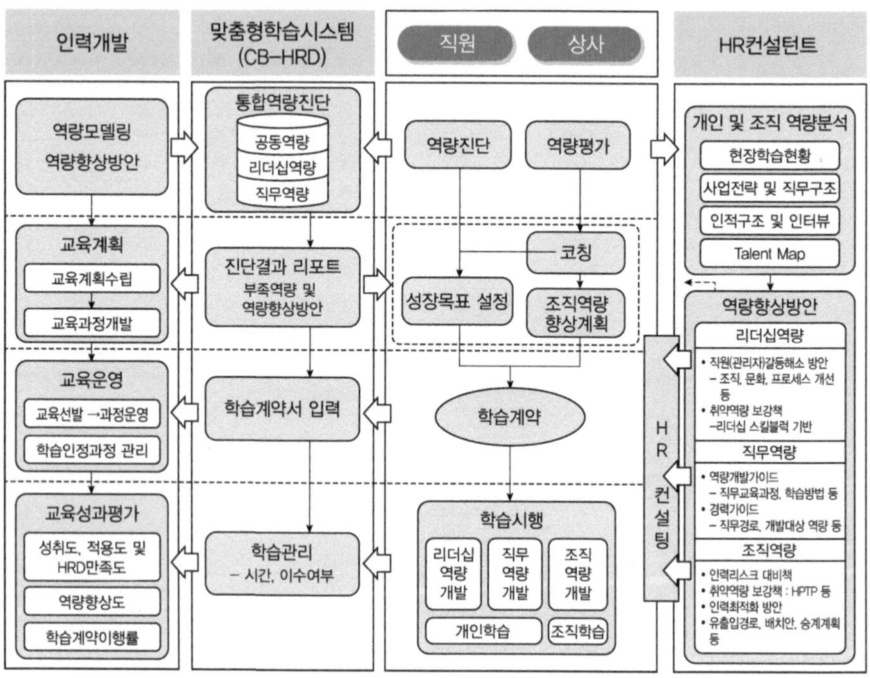

〈그림 3-18〉 역량진단과 인적자원개발 프로그램 연계 및 운영

자료 : 김기철(2008), 전게서 p. 37.

참고문헌

1) Gilley, J. W. & Maycunich, A.(1998), Strategically integrated HRD : Partnering to maximize organizational performance. MA : Addison-Wesley.
2) 배을규(2009), 인적자원개발론, 학이시습.
3) Garavan, T. N.(2007), A Strategic perspective on human resource development. *Advances in Developing Human Resources*, 9(1).
4) Chadwick, C., & Cappelli, P.(1999), Alternatives to generic strategy typologies in strategic human resource management. *Research in Personnel and Human Resources Management*, Supplement, 4, pp. 1-29.
5) Mankin, D.(2009), Human resource development. Oxford; New York : Oxford University Press. p. 72.
6) Porter, M. E.(2011), Competitive advantage of nations : creating and sustaining superior performance. Simon and Schuster.
7) Clardy, A.(2008), Human resource development and the resource-based model of core competencies : Methods for diagnosis and assessment. Human resource development review, 7(4), p.390.
8) Rothwell, W., & Kazanas, H.(1989). *Strategic human resource development.* EnglewoodCliffs,NJ : PrenticeHall.
9) Garavan, T. N.(1991), Strategic human resource development. *Journal of European Industrial Training*, 15(1), PP. 17-30.
10) op. cit.(2007), A Strategic perspective on human resource development. *Advances in Developing Human Resources*, 9(1), pp. 11-30.
11) Gilley, J. W., & Maycunich, A.(2000). *Organizational learning, performance,.change. :.Anintroductionto. strategic. human. resource development..* New York, NY : Basic Book.
12) Mc Lagan, P., Models for HRD practice. Alexandria, VA : American Society of Training and Development Press, 1983
13) Gilley, J. W., & Coffern, A. J.(1994). Internal consulting for HRD professionals : Tools, techniques, and strategies for improving organizational performance. Chicago, IL : IRWIN.
14) Gilley, J. W., & Maycunich, A.(2000). *Organizational learning, performance, change : An introduction to strategic human resource development.* New

York, NY : BasicBook.

15) Garavan, T. N.(1991), Strategic human resource development. Journal of European Industrial Training , 15 (1), pp. 17–30.

16) Garavan, T. N.(2007), A strategic perspective on human resource development. Advances in Developing Human Resources, 9 (1), pp. 11–30.

17) Peterson, S. L.(2008), Creating and sustaining a strategic partnership : A model for human resource development. Journal of Leadership Studies, 2 (2), pp. 83–97.

Human Resources Development

인적자원개발

4

역량기준 인적자원개발

Chapter

4 역량기준 인적자원개발

학습목표

1. 역량기준 인적자원개발의 개념 및 중요성을 설명할 수 있다.
2. 역량모델링 방법 및 역량모델 유형에 대하여 설명할 수 있다.
3. 역량기준 교육훈련과정 개발 방법을 설명할 수 있다.

최근 들어 국내 조직들은 개인뿐만 아니라 조직전체의 경쟁력을 평가하고 강화하기 위한 전략 도구로서'역량'에 대한 관심이 높아지고 있다. 조직이 혁신능력을 갖추기 위해서는 처한 환경변화에 따라 조직 구성원들이 능동적으로 행동의 패턴을 변화시킬 수 있도록 인적자원관리 패러다임이 바뀌어야 하며, 그래서 나타나게 된 새로운 인적자원관리가 바로 '역량기준 인적자원관리(Competency Based Human Resource Management : CB-HRM)'이다.

역량기준 인적자원관리란 인적자원관리에서 조직과 직무가 요구하는 핵심역량에 초점을 두고 직무별로 요구되는 역량을 확인하고 개발하여 이를 선발, 평가, 보상, 육성의 기준으로 활용하는 것을 말한다.

역량기준 인적자원개발은 역량기준 인적자원관리의 하위시스템으로서 역량을 기준으로 구성원을 개발 및 육성하는 시스템이다. 본 장에서는 역량의 개념 및 역량기준 인적자원개발의 중요성에 대하여 살펴보고, 역량기준 인적자원개발 구축방법에 대하여 구체적으로 설명하고자 한다.

제 1 절 역량기준 인적자원개발의 이론적 기초

1 역량의 개념

그동안 학자들은 조직의 효과성을 제고하는 주요 요인의 하나로 핵심역량이라는 개념을 개발하여 발전시켜오고 있다. 핵심역량이란 조직이나 개인이 다른 조직이나 타인과 비교해서 절대적으로 우월한 지위를 가지고 있는 차별화된 역량을 말한다. 조직에서 개인의 핵심역량을 강조하고 있는 이유는 우수한 성과를 창출하는 구성원과 그렇지 않은 구성원 간에는 핵심역량에서 차이가 발생하고 있기 때문이며, 많은 연구 결과에서도 핵심역량을 보유한 구성원들을 많이 보유한 조직은 다른 조직보다 훨씬 우수한 성과를 창출할 수 있다는 것이 밝혀짐으로써 그동안 핵심역량의 중요성에 대하여 지속적으로 강조해왔다

역량에 대한 최초의 연구는 1973년 American Psychologist지에 발표된 매크릴랜드(McClelland)부터 시작되었다. 당시 미국의 하버드대학에서 사회 심리학 분야를 연구하고 있던 매크릴랜드는 학생들에 대한 전통적인 학업석성 검사나 성취도 검사로는 사회 진출 이후의 업무성과나 인생의 성공 여부를 예측할 수 없다는 점을 지적하였고, 사람이 가지고 있는 능력을 업무 성과와 연결시키는 역량(competency)이라는 개념을 처음으로 제시하였다.[1)]

그 이후 보야치스(Boyatzis)는 '역량이란 직무에서 효율적이거나 우수한 성과를 창출하는데 직접적으로 관련이 있는 개인적인 특질, 개성 그리고 기술'이라고 정의하면서, 역량에는 고정된 몇 가지 역량 요소가 있고 사람은 이 역량에 따라 다를 수 있다는 주장을 제기하였다.[2)]

한편 모든 직종에서 일반적으로 적용할 수 있는 역량에 대한 정의는 스펜서와 스펜서(Spence & Spencer)에 의해 제시되었다.[3)]

그들은 역량을 '특정한 상황이나 직무에서 준거에 따른 효과적이고 우수한 수행의 원인이 되는 개인의 내적인 특성'이라고 정의하였다. 여기서 내적인 특성이란 다양한 상황에서 개인의 행동을 예측할 수 있게 해주는 개인적 성격의 심층적이고 지속적인 측면을 말한다. 이밖에도 역량에 관한 논의는 매우 다양하지만 주

된 논의는 조직의 성과로 연결되는 개인의 성과를 창출하는 것이 바로 역량이며, 개인이 담당하는 직무에 따라 역량을 구성하는 요소가 달라진다는 점이다. 지금까지 논의된 역량에 대한 여러 학자들의 정의를 살펴보면 〈표 4-1〉과 같다.

이상과 같이 지금까지의 역량에 대한 학자들의 논의를 종합해 볼 때, 역량이란 조직 구성원의 성공적인 역할 수행을 위해 요구되는 결과물(outcomes)을 얻기 위해 필요한 지식, 기술, 태도, 행동, 자질 등의 총체라고 정의할 수 있다.

〈표 4-1〉 역량의 정의

학자	역량의 정의
McClelland (1973)	특정 조직이나 환경에서 필요로 하는 것을 이룰 수 있는 능력이다(평범한 성과를 내는 직무 수행자와 우수한 성과를 내는 직무 수행자를 구분짓는 행동의 특성에 초점을 맞춤).
Boyatizis (1982)	성공적인 직무 수행에 필요한 동기, 기술, 자아상, 사회적 역할의 한 부분 또는 지식체계로 직무 수행과 관련된 능력이다.
Zembe (1982)	역량을 구성하는 것이 무엇이고, 또 어떠한 요소가 역량에 속하지 않는 것인지에 대해 단 하나의 정답이 존재하지 않는다.
Mdagan (1989)	특정 분야에서 결과물을 산출하는데 결정적인 영향을 주는 지식과 기술의 영역이다.
Spencer & Spencer (1993)	특정한 상황이나 직무에서 준거에 따른 효과적이고 우수한 수행의 원인이 되는 개인의 내적 특성이다.
Dubois (1993)	조직 환경 속에서 직무의 질적 목표를 달성해 낼 수 있는 조직 구성원의 능력이다.
Parry (1996)	개인이 수행하는 업무의 중요한 부분들에 영향을 주고, 업무의 성과와 관련성이 높고, 조직에서 널리 받아들여지는 성과 기준에 대비하여 측정할 수 있으며, 교육훈련과 개발을 통하여 개선될 수 있는 지식과 기술, 태도의 집합체이다.
Green (1999)	일의 목적을 달성하기 위해 사용되는 측정 가능한 일의 습성(Work Habit)과 개인적 기술(Person Skill)을 시술한 것을 말한다.
김진모 (2001)	역량을 조직의 미션 및 전략을 달성하고, 바람직한 기업문화를 창출하는데 요구되는 지식(Knowledge), 기술(Skill), 태도(Attitude)의 총체이다.

자료 : 윤필현(2008), 역량기반 인적자원관리 체제의 실무적용에 관한 사례연구, 중앙대학교 학위논문.

2 역량의 구성요소

역량에 대한 개념을 처음으로 제시한 매크릴랜드는 역량의 구성요소에 대하여 〈그림 4-1〉과 같이 빙산의 모형을 들어 설명하고 있다

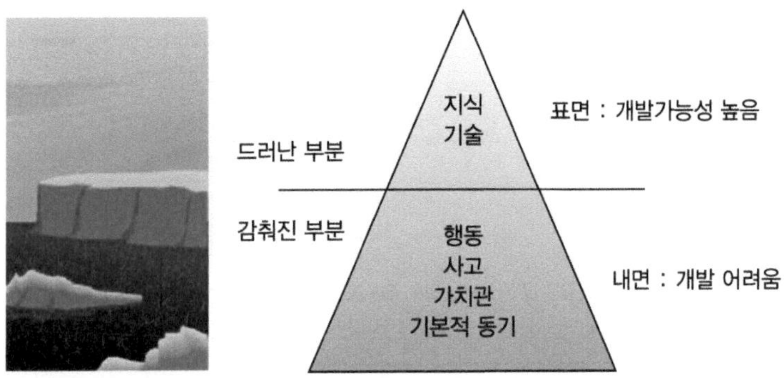

〈그림 4-1〉 McClelland의 빙산모델

출처 : 田中 泫, 강신일(역). (2002). High Perfomer 컴피턴시. 서울 : 시그마인사이트컴. p. 86에서 수정

그에 의하면 역량은 표면적으로 들어나는 외적인 요소(지식, 기술)와 표면적으로 들어나지 않는 내적인 요소(행동, 사고, 가치관, 기본적 동기)로 구성된다. 그는 겉으로 드러난 부분인 지식과 기술은 역량의 표면적 부분으로써 비교적 파악하기가 쉽고 개발 가능성이 높은 반면에, 수면 아래로 감춰진 부분인 행동, 사고, 가치관, 기본적 동기 등은 내면적 부분으로써 파악하기가 어려울 뿐 아니라 개발도 쉽지 않다고 보았다.

한편 스펜서와 스펜서는 역량의 구성요소에 대한 맥크릴랜드의 견해를 발전시켜서 〈그림 4-2〉와 같이 역량을 5가지 유형으로 구분하고, 구성요소에 대하여 다음과 같은 원형 모형을 사용하여 설명하였는데, 이를 구체적으로 자세히 살펴보면 다음과 같다.

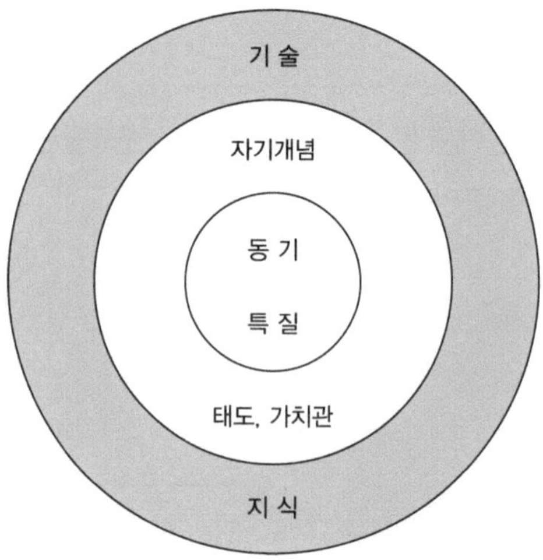

출처 : Spenoer, L. M. & Spencer, S. M. (1993). competency at Work: Models for Superior Performance, New York: Jdin Wiley & Sons. p. 11에서 수정.

〈그림 4-2〉 스펜서와 스펜서의 역량의 구성요소

첫 번째는 동기(Motives)이다. 동기는 개인이 일관되게 마음에 품고 있거나 원하는 어떤 것으로 행동의 원인이 되는 것이며, 특정한 행위나 목표를 향해 행동을 촉발시키고 방향을 제시하며 선택하도록 작용하는 것이다.

두 번째는 특질(Traits)이다. 특질이란 신체적인 특성, 상황 또는 정보에 대해 일관되게 반응하는 개인적 기질을 말하는데, 크게 성격적인 측면과 능력적인 측면으로 구분된다.

세 번째는 자기개념(Self-Concept)이다. 자기개념이란 개인이 자신에 대하여 느끼거나 가지고 있는 이미지로서, 여기에는 태도, 가치관 등이 포함된다. 자기개념은 주어진 상황에서 단기적으로 나타나는 반응적 행동에 영향을 주는 요소이다.

네 번째는 지식(Knowledge)이다. 지식이란 정보의 집합체, 즉 경험이나 연구를 통해 얻어진 데이터, 사실추론, 결론, 개념, 모델, 이론 등을 말한다. 지식은 의식적으로 접근할 수 있고, 사고의 형태도 조직화된 것이 특징이다

다섯 번째는 기술(Skill)이다. 기술이란 특정한 신체적 또는 정신적 과제를 수행할 수 있는 능력으로, 정신적 또는 인지적 기술은 분석적 사고(지식과 데이터를 처리하고, 인과관계를 규명하며, 데이터 및 계획을 조직화하는 능력을 말함)와 개념

적 사고(복잡한 데이터의 패턴을 인식할 수 있는 능력을 말함)를 포함한다.

스펜서와 스펜서는 지식과 기술은 비교적 가시적이며 개발 가능성이 높아서 교육과 훈련 등을 통해 향상시킬 소지가 있다고 설명하였다. 반면에 동기와 특질 등 원형모형의 중심부에 있는 요소들은 잘 드러나지 않기 때문에 교육과 훈련 등을 통해 개발하기가 어렵고, 따라서 그런 역량을 갖고 있는 사람이 필요시 훈련보다는 선발하는 것이 더 효과적이라고 제시하고 있다.

이상과 같이 역량요소에 대한 연구에 있어서 대표적인 두 학자들의 견해를 종합해보면, 역량은 크게 〈그림 4-3〉에서 나타나고 있는 바와 같이 동기와 특질처럼 내면적인 개인의 의지나 특성 부분으로 감추어져 있는 부분과 기술, 지식과 같이 표면적으로 나타나는 부분으로 나누어지며, 역량의 개발 및 파악은 개발이 용이하면서도 효과성이 쉽게 드러나는 표면적인 부분에 의해 이루어질 수 있다.

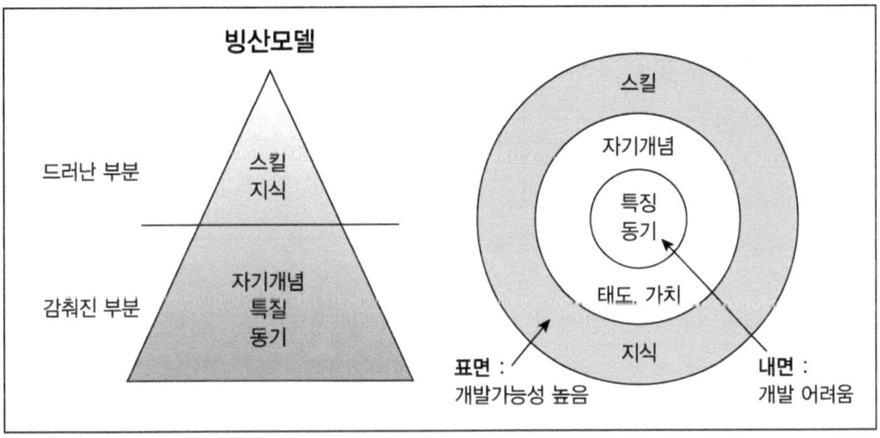

출처 : Spencer, L. M. & Spencer, S. M.(1993). Competence at Work

〈그림 4-3〉 역량구조의 내면과 표면

3 역량의 구분

그동안 조직의 역량에 대한 구분은 조직중심의 관점에서 역량을 파악하려는 시도와 함께 발전하였다. 특히 조직핵심역량(organizational core competency)이라는 관점에서 개인수준의 역량과 조직 수준의 역량을 연결시키려는 노력이 진행되었다. 하멜과 프라할라드(Hamel & Prahalad)는 빠르게 변화하는 경영환경 속에서 조직의 성공은 오직 혁신적인 창의성, 전문지식 등의 습득과 활용을 통해서 달성될 수 있다고 주장하면서, 이러한 성공 요인들의 조합을 조직의 핵심역량이라고 하였다.4)

그 이후 역량에 대한 연구는 조직 차원의 역량과 개인이 반드시 개발하고 보유해야 할 역량으로 전체 조직의 역량을 구분하려는 연구가 진행되었다. 특히 스패로우(Sparrow))는 조직의 역량 유형을 〈표 4-2〉와 같이 조직역량, 관리역량, 그리고 직무역량으로 구분하여 정의를 내리고 있다.5)

〈표 4-2〉 역량의 유형 구분

역량	내용
조직역량	모든 조직 구성원들에게 전파되어야 하고, 고객에게 초점을 맞추며 조직의 목표달성에 기여, 조직의 핵심적인 역량, 가치, 문화와 깊은 연관성을 가지고 있음
관리역량	조직 내에서 직책 및 직위와 관련하여 조직의 임직원들이 자신이 담당하고 있는 역량을 효과적이고 효율적으로 수행하기 위해서 필요한 역량임
개인역량	조직구성원 각자가 개별 직무를 수행하면서 높은 성과를 창출하기 위해 요구되는 역량, 구성원의 경력단계에서 개인에게 적합하도록 구체적인 역량을 필요로 하는 직무 역할을 설계하는데 사용될 수 있음

조직역량이란 전사역량, 또는 공통역량이라고도 하며 모든 조직구성원이 갖추어져야 할 역량으로서, 고객만족이나 조직의 목표달성에 의하여 구성원이 보유하여야 할 역량이며, 조직의 핵심역량, 가치나 문화와 깊은 연관성을 가지고 있다

관리역량이란 리더역량 또는 리더십역량이라고도 하며, 조직 내에서 관리자가 효과적인 역할을 수행하기 위하여 갖추어야할 역량을 말한다.

한편 직무역량이란 개인이 맡고 있는 직무에 대한 역할을 효과적으로 수행하기 위하여 필요한 역량이다.

4 역량모델링

역량모델링이란 개인과 조직의 성과를 위해 필요한 역량을 파악해 내는 체계적인 과정이다. 역량모델링을 통해 최종적으로 도출되는 것이 바로 역량모델이라고 할 수 있다. 역량모델은 직무별 또는 직군별로 각각의 수준에서 만들어지고 활용될 수 있으나, 역량중심의 인적자원관리를 위해서는 그러한 각 차원이 모두 통합된 역량모델이 만들어질 필요가 있다. 역량분석은 〈그림 4-4〉와 같은 6단계에 거쳐 이루어지며 각 단계별 구체적 내용을 살펴보면 다음과 같다.[6)]

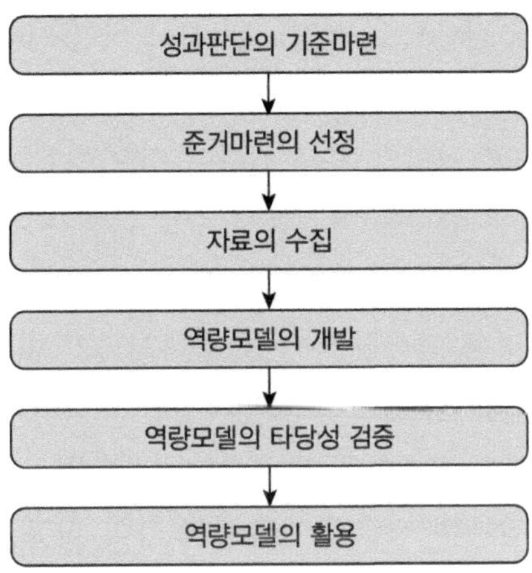

〈그림 4-4〉 역량모델링 과성

출처 : Spencer, L M & Spencer, S M, (1993), Competency at Work : Models for Superior Performance, New York; John Wiley & Sons p 95에서 수정

가. 성과 판단의 기준 정의

직무 차원이든 직군 차원이든 혹은 조직 전체 차원이든 필요한 역량을 파악해 내기 위해서는 먼저 우수한 성과자와 평균적인 성과자를 구분해 낼 수 있는 성과 판단의 기준이 필요하다. 우수한 성과 기준이 명확하게 파악되지 않는 경우 역량분석의 전체 과정이 잘못된 결과를 낳게 되기 때문에 역량분석에 있어서 성과 기준의 준거를 마련하는 일은 매우 중요하다. 예를 들어 영업직의 경우 매출액이나 매출이익율 등이 적절한 성과 기준의 준거가 될 수 있을 것이다. 그러나 인사나

회계 등과 같은 간접지원 부분의 경우 성과 기준을 설정하기가 쉽지 않은 경우가 많다. 이러한 경우에는 정량적인 성과기준 대신 정성적인 기준을 마련해야 하며, 이를 위하여 해당부서의 관리자나 업무담당자의 참여를 통해 무엇이 우수한 성과 기준인가를 파악해내야 한다.

나. 준거 집단의 선정

성과 기준의 준거를 사용해 성과 우수자 집단과 평균 집단을 선정한다. 준거집단의 선정 시에는 다양한 자료들을 통해 일관되게 우수한 사원이라고 판단되는 경우를 우수자 집단으로 선정하는 것이 바람직하다. 준거 집단은 간단한 통계적 검증에 필요한 크기를 확보하는 것이 바람직하며, 연구에 의하면 최소한 12명의 우수 집단과 8명 이상의 평균 집단이 필요하다고 한다. 준거 집단의 크기는 특히 직무별 역량을 추출하는 작업에서 주로 문제가 된다. 직군별 혹은 조직공통 역량의 경우 그러한 규모의 표본을 만들기가 그다지 어렵지 않기 때문이다. 그러나 조직이 작은 경우 그러한 기준을 충족시키기 어려울 수 있으며 그 경우 소규모 표본도 가능하다. 단, 이 경우 평균집단 15명당 우수 집단 2명의 비율이 바람직하다. 역량분석은 우수자를 통해 성과를 결정하는 역량을 도출하는 것이 기본 목적이며 평균 집단은 그렇게 파악된 역량이 평균 집단과 차이를 보이는가를 검증하기 위한 것이기 때문이다.

다. 자료의 수집

역량을 파악하기 위한 자료수집 방법에는 여러 가지가 있으나 가장 고전적이고 기본적인 방법은 행동사건면접(Behavioral Event Interview)이다.

행동사건면접은 중요사건기법(Critical Incident Method)을 발전시킨 것으로서, 중요사건기법이 직무의 특징을 파악하는 데 효과적이라면 행동사건면접은 직무수행에 필요한 역량을 파악하는데 효과적이다. 응답자는 직무상 가장 어렵고 중요한 사건을 어떻게 처리했는지를 생생하게 언급하게 되며 이런 과정에서 역량을 드러내게 되는 것이다.

행동사건면접은 심층적인 정보를 파악할 수 있고, 역량이 표출되는 맥락과 상황을 구체적으로 설명해 줄 수 있으며, 우수성과자 들이 특정 직무상의 과제나 위기상황에서 어떻게 대응하는지에 대한 정확한 알고리즘을 제공한다는 장점을 가지고 있다. 그러나 시간과 비용이 지나치게 많이들 뿐 아니라 훈련받은 전문 조사인력이 필요하기 때문에 많은 직무나 대규모조직의 역량분석을 하는 경우 조직에게 상당히 큰 부담이 될 수도 있다.

전문가 패널이나 설문조사의 경우 그러한 시간적 및 비용적 제약이 훨씬 적다는 장점이 있다. 전문가 패널의 경우 회사 내의 상급관리자나 성과 우수자, 혹은 해당 직무에 정통한 외부 전문가들로 전문가 집단을 구성하여 이들을 통해서 성공적인 직무 수행에 중요하게 영향을 미치는 성공요인 즉, 역량을 파악해 내도록 하는 것이다. 따라서 이 방법은 방대한 양의 자료를 빠른 시간에 효율적으로 수집할 수 있게 된다.

설문조사는 효과적인 직무 수행을 위해 각각의 역량요소(역량이나 행동지표)가 얼마나 중요하며 얼마나 자주 요구 되는가 등을 전문가들이나 조직구성원들이 응답한 설문을 통해 평가하는 방법이다. 이 방법 역시 자료의 수집이 신속하고 저렴하게 이루어질 수 있게 된다. 그러나 두 가지 방법 모두 잘 관찰되지는 않지만 성과에 중요한 영향을 미치는 역량이 간과될 수 있는 위험성을 내포하고 있다.

라. 역량모델의 개발

수집된 자료를 분석하여 우수자 집단과 평균 집단을 구분하는 역량을 규명한다. 2명 이상의 훈련된 분석자가 우수자 집단과 평균 집단의 자료를 나열하여 비교함으로써 우수자 집단에게는 발견되지만 평균 집단에는 결여된 특성을 파악하는 과정이라고 할 수 있으며, 이를 통해 역량이 파악되게 된다. 역량모델 개발의 마지막 단계는 역량을 설명하기 위한 역량기술서, 또는 역량사전을 작성하는 일이다(역량사전의 예는 후술하는 역량기준 교육훈련체계 구축에서 참조). 역량사전에는 각각의 역량에 대한 정의와 역량의 정도를 행위로 기술해서 설명해 놓은 채점의 준거가 제시되게 된다. 이러한 역량사전을 통해 역량수준의 평가가 가능하게 된다.

마. 역량모델의 타당성 검증

구축된 역량모델의 타당성은 크게 세 가지 방법으로 검증이 가능하다.[7)]

첫째, 제2의 준거집단 표본을 구성해서 이를 통해 얻어진 자료를 수집하여 동일한 결과가 나오는지를 검증할 수 있다. 이러한 접근방법을 동시적 교차타당화(Concurrent Cross-validation)라고 한다.

둘째, 역량을 측정 할 수 있는 검사 도구를 개발하여 또 다른 준거표본의 우수자 및 평균자를 대상으로 검사를 실시하고, 기존 준거표본에서의 역량 측정 점수와 유사한지를 검증하는 방법이다. 이 때 개발된 역량모델이 타당한 것이라면 제 2 준거표본의 검사결과가 준거집단 대상자의 검사결과와 동일하게 나타나야 한다. 즉 제 2 준거표본의 검사결과 우수자 집단은 평균 집단에 비해 높은 수준의 점수를 얻어야 하며, 이러한 방법을 동시적 구성타당화(Concurrent Construct Validation)라고 한다.

셋째, 역량모델을 적용하여 사람을 선발하거나 훈련한 다음 실제로 이들이 그 후에 우수한 성과를 나타내는가를 검토하는 방법이다. 이렇게 확인되는 타당도를 예측타당도(Predictive Validity)라고 부른다.

바. 역량모델의 활용

타당성이 검증된 역량모델은 선발, 경력관리, 성과관리, 승계계획, 교육훈련, 보상관리 등의 인적자원관리의 다양한 영역에서 활용될 수 있다. 특히 역량모델이 특정 직무나 직군에 대해서만 개발된 것이 아니라 전사적인 수준에서 개발된 경우 그러한 역량모델은 인적자원관리의 제반 영역에서 활용될 수 있다.

첫째, 조직에서 역량모델링을 통하여 역량모델이 준비되어 있는 경우 내·외부 노동시장에서 조직이 원하는 인재상을 갖춘 인재를 확보하고자 하는 채용기준 및 승격기준 등을 마련하는 것이 가능하다. 특히 채용관리의 경우, 조직의 요구와 지원자가 보유한 자질, 인성, 능력 간의 적합도를 확인하기 위한 체크 기준으로 활용될 수 있다.

둘째, 요구되는 능력의 기대 수준을 설정하여 필요한 인적자원을 적재적소에 배치하는 활동에도 활용할 수 있다. 최근에는 사내공모 시 응모기준으로서 사전에 해당 직무에 대한 필요역량을 명시하여 전환·배치에 활용하고자 하는 조직도 있다.

셋째, 계층별, 직무별 역량을 설정하여 인적자원개발계획을 수립하거나 부하직원의 역량 개발을 위해 상사의 코칭 포인트(Coaching Point)로서 역량모델을 활용할 수 있다. 특히 역량진단 및 구성원 역량평가를 통하여 교육훈련 프로그램의 설계의 필요성에 대한 판단 기준을 제시하고 역량기준 교육훈련 프로그램을 개발하는데 활용된다.

넷째, 역량모델의 구축은 구성원에 대한 평가와 보상에 활용이 가능하다. 일반적으로 조직에서 실시하는 구성원에 대한 평가는 업적평가와 역량평가로 나누어 지는데, 역량평가를 실시하려면 사전에 반드시 역량모델링이 완료되어야 한다. 그리고 역량에 대한 평가의 결과 토대로 구성원들에 대한 신분적인 보상인 승진과 금적적인 보상인 임금과 연계시킴으로써 평가의 공정성을 확보하고 조직 구성원들의 동기부여를 촉진시킬 수 있다.

제 2 절 역량기준 교육훈련체계 개발

1 역량기준 교육훈련체계 개발의 의의

최근 들어와 역량기준 인적자원개발(CB-HRD)과 더불어 관심이 증대하고 있는 것이 역량기준 교육훈련체계(Comptency-Based Curiculum : CBC)이다. 앞에서 설명한 바와 같이 역량기준 인적자원개발이란 체계적인 역량 진단 및 역량평가를 통해 나타난 개별 조직원들의 장단점을 기반으로 다양한 코칭이나 피드백으로 연계시켜 발현되지 못한 역량들이 개선될 수 있도록 하는 일련의 개발 및 육성 활동을 말하는데, 이를 위한 대표적인 방법으로 개발된 것이 역량기준 교육훈련체계다.

기존의 교육훈련 프로그램 설계방식은 직무분석을 통하여 직무의 특성을 파악한 후 직무 수행 향상을 초점으로 하여 교육과정을 개발하고 조직구성원들에게 제공하였으나, 구성원들의 현재의 역량수준을 고려하지 않은 공급자 중심적인 접근방식으로 이루어졌고, 조직의 전략과 목표와의 연계가 미흡하여 장기적으로 교육훈련의 효과가 나타나지 않았다. 이와 같은 한계를 극복하기 위한 대안으로서 제시된 프로그램 설계방식이 바로 역량기준 교육훈련체계이다.

역량 기준 교육훈련체계는 조직 및 개인차원의 체계적인 역량 진단을 토대로 하여 조직구성원들에게 필요한 역량이 무엇이고, 또 얼마나 필요한지를 파악한 다음, 진단결과 파악된 부족한 역량을 충족시키기 위한 맞춤형 교육훈련을 구성원에게 제공함으로써 실질적인 직무성과의 향상을 유도하는 방식이다. 이 방식은 학습에 대한 요구를 조직의 전략 및 목표와 연결시키고, 수행 향상과 직결되는 학습 지원책을 제공하며, 교육 전・후에도 수행 향상을 위해 필요한 주요 활동을 지원해주는 훈련 구조를 정립하는 등과 같은 활동들을 포함한다.[8)]

역량 기반 교육훈련체계의 개발은 기본적으로 특정 직무수행을 통해 달성해야 할 성과 및 결과를 창출 할 수 있는 능력을 함양하는데 목적이 있다. 또한 장기적 관점에서 조직의 목표, 비전, 전략으로부터 출발하여 미래에 필요로 하는 역량을 규명하고 이를 토대로 교육과정을 구성함으로써 조직의 목표와 비전을 고려한 성과 향상을 도모 할 수 있다.[9)]

2 역량기준 교육훈련체계의 구축

가. 역량기준 인적자원개발 구축 절차

역량기준 교육훈련체계의 개발은 일반적으로 〈그림 4-5〉와 같이 역량모델링을 통한 역량요소의 도출, 역량모델 적용을 통한 역량진단 실시 및 교육니즈 도출, 역량진단 결과를 근거로 한 교육훈련 프로그램 및 지원체계 구축 등 세 단계를 통하여 진행되는데 각 단계별 세부 활동을 설명하면 다음과 같다.

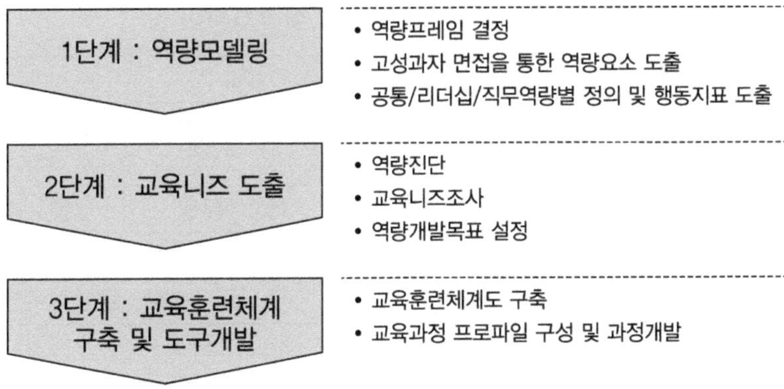

〈그림 4-5〉 역량기준 인적자원개발 절차

• 제1단계 : 역량모델의 개발

역량모델링은 앞에서 설명한 바와 같이 조직 내의 역할/직무별 우수 수행자의 행동을 분석하여 성과창출에 절대적으로 영향을 미치는 행동요인을 정의하고, 그것을 역량명과 행동지표로 구성하는 작업을 통하여 이루어진다. 역량모델링은 조직의 비전·전략 및 조직 기능의 특성에 대한 분석을 통하여 조직의 필요성을 정확히 파악하는 데서 출발한다. 이를 토대로 조직역량, 관리역량 그리고 직무역량별 역량요소를 도출한다. 역량요소가 확정이 되면 행동지표를 구체적으로 정의하고 이를 측정할 수 있는 도구를 개발한다. 이와 같이 역량모델링 과정을 통해서 정리된 자료를 일반적으로 역량기술서 또는 역량사전이라고 한다.

〈표 4-3〉은 역량모델링 결과로 정리된 역량사전의 예로서, 전 조직 구성원이 필요로 하는 조직역량, 관리역량, 직무역량 등 역량 군별로 역량을 도출하고 역량별로 개념정의, 행동지표, 행동예시 등이 구체적으로 제시되어 있다.

〈표 4-3〉 역량사전의 예

<table>
<tr><td>**역량군**</td><td colspan="4">공통 역량</td><td>**역량명**</td><td>책임감</td></tr>
<tr><td>**역량 정의**</td><td colspan="6">업무수행에 따라 예측되는 책임을 명확히 인식하며, 책임완수를 위하여 노력하고 자신이 내린 결정과 행동 그리고 그 결과에 대하여 분명한 책임을 짐</td></tr>
<tr><td>**대상 직무군**</td><td colspan="2">공통</td><td>**대상 직무명**</td><td>공통</td><td>**대상 직급**</td><td>전 직급</td></tr>
<tr><td>**역량진단 결과**</td><td>**중요도**</td><td>4.24</td><td>**Gap**</td><td>1.32</td><td>**현재수준/요구수준**</td><td>368/5</td></tr>
</table>

<table>
<tr><td rowspan="4">**행동 지표**</td><td>**수준**</td><td>**key work**</td><td>**행동 지표**</td></tr>
<tr><td>**과장급**</td><td>공정한 판단력 보유</td><td>• 객관성/공정성을 유지하며 권한을 남용하지 않음
• 부하 직원의 업무수행 태도에 대한 지속적 관심을 보유함
• 손해를 감수하고서라도 신념대로 일관성 있는 행동을 함
• 업무 수행 시에 타인을 배려할 줄 알고 있음</td></tr>
<tr><td>**4, 5급**</td><td>맡은 업무에 대한 책임을 짐</td><td>• 공사를 엄격히 구분하여 업무시간, 예산, 자원을 정직하고 투명하게 활용
• 자신의 맡은 바 업무에 대하여 성과를 내기 위하여 최선을 다함
• 업무 처리에 최종 책임을 지려 함
• 손해를 감수하고서라도 신념대로 일관성 있는 행동을 함</td></tr>
<tr><td>**6급 이하**</td><td>정직한 업무처리 자세 보유</td><td>• 업무처리 결과가 좋지 않아도 결과를 숨기려 하지 않음
• 업무처리 결과 및 타인의 공적을 정확하게 보고함
• 자신의 잘못을 시인할 줄 알며, 실패로부터 배우려고 함
• 기준에 맞게 업무를 처리하려 함</td></tr>
</table>

<table>
<tr><td rowspan="5">**역량 수준 및 교육 훈련**</td><td>**교육훈련 프로그램**</td><td>**교육 개요**</td><td>**교육 내용**</td><td>**교육 방식**</td><td>**비고**</td></tr>
<tr><td>**글로벌 스탠더드와 직업윤리**</td><td>기본 윤리를 학습하고, 개인 윤리헌법을 개발함으로써 실천 역량 강좌</td><td>• 공과 사의 구분
• 정직과 신용 이해</td><td>• 사이버
• 토의</td><td>크레듀</td></tr>
<tr><td>**기업의 생존을 좌우하는 윤리경영**</td><td>기업 구성원으로서의 윤리를 학습하고 윤리 확립을 통한 역량 강화</td><td>• 기업윤리 원칙
• 사회적 책임</td><td>• 사이버
• 토의</td><td>크레듀</td></tr>
<tr><td>**공직윤리실무 과정**</td><td>공직윤리 이해 제고와 공직기강 확립</td><td>• 공직윤리의 이해
• 가치갈등 해결방법</td><td>• 강의
• 토론</td><td>행정자치부</td></tr>
<tr><td>**기상업무 책임성 과정**</td><td>기상업무의 사회적·국가적 중요성 인식 제고와 책임있는 업무수행 태도의 개발</td><td>• 기상업무 수행의 책임의식과 책임성 제고
• 책임감의 실천사례</td><td>• 강의
• 토의</td><td>지체(신설)</td></tr>
</table>

자료 : 기상청(2006), 역량기반 교육훈련체계 구축 보고서.

• 제2단계 : 역량진단의실시 및 역량격차도출

역량모델링이 완성이 되면 현재 조직 내 구성원의 역량수준을 진단하여야 한다. 역량진단은 도출된 역량항목에 대하여 조직구성원의 요구수준과 현재수준을 측정함으로써 역량격차를 도출하는데 있다. 역량진단은 통상적으로 해당 직무와 현재 직무수행자에 관한 업무지식 및 경험을 갖춘 2인 이상의 상급자를 대상으로 실시한다. 이를 통하여 우수성과자를 기준으로 한 역량요구수준이 결정되고 현재 역량수준을 측정할 수 있다.

역량진단 양식에는 역량항목별로 명확한 개념정의 및 행동지표가 구체적으로 제시되어야하며, 행동지표별로 요구수준 및 현재수준을 계량적으로 측정하여야 한다. 〈표 4-4〉는 역량 진단의 예를 보여주고 있다.

〈표 4-4〉 역량 진단의 예

번호	역량명	정의	Key words	목표 및 현재 수준 평가						
				수준	미숙	이해	부분이용	활동	숙달	탁월
1	갈등관리 (Conflict management)	갈등 상황이 발생했을 때 개인뿐 아니라 조작 전체, 혹은 상호 이익과 만족을 추구하는 차원에서 적극적 대화와 타협을 유도한다. 당사자간의 이견과 함께 상호 공감적인 요소들을 잘 파악하여 합의점을 도출한다.	• 조직전체 혹은 상호이익과 만족 추구 • 적극적 대화와 타협 유도 • 이견파악을 통한 합의점 도출	목표 수준				●		
				현재 수준			●			
2	개념적사고 (Conceptual Thinking)	명확하지 않은 상황의 패턴을 인식하거나, 복잡한 상황을 개념적으로 단순화시켜서 이해할 수 있으며, 복잡한 상황 속에 숨겨져 있는 핵심이슈를 구분할 수 있다.	• 상황 패턴 인식 • 복잡한 상황의 단순화 • 핵심이슈 구분	목표 수준		●				
				현재 수준			●			
3	개방적 의사소통 (Open Communication)	상대방이 생각과 의견을 자유롭게 표현할 수 있도록 분위기를 조성한다. 그들의 의견을 열린 마음으로 듣고, 그 내용을 충분히 이해하려고 애쓴다.	• 자유로운 대화 분위기 조성 • open mind로 경청	목표 수준			●			
				현재 수준				●		
4	공감적 경청 (Active Listening)	상대방이 자신의 관심을 적절히 표현하면서 부담없이 속마음을 표현할 수 있도록 정서적인 공감을 표시하며 들어준다.	• 정서적인 공감 • 상대방이 부담없이 속마음을 표현할 수 있게 공감	목표 수준					●	
				현재 수준			●			

5	내외부 네트워킹 (Internal/Ext Networking)	조직의 구성원 등 내부고객뿐만 아니라 협력사 및 외부고객들과의 신뢰관계를 구축하고, 긍정적인 영향력을 행사하여 새로운 관계를 형성하거나 기존 관계를 유지 강화한다.	• 고객과의 신뢰 관계 구축 • 새로운 관계 형성 • 기존관계 유지 강화	목표 수준	/	●				
				현재 수준				●		
6	다중적 업무관리 (Multiple Tasking)	다양한 업무를 동시에 수행하면서 납기와 품질을 유지할 수 있다. 여러 가지 상황적 요인으로 인해 새로운 업무가 부과되더라도, 기존 업무 계획을 조정하여 중요한 업무를 중심으로 효과적으로 수행한다.	• 다양한 업무의 동시 수행 • 업무 과중시 업무의 경중 조정을 통합 • 업무 수행	목표 수준	/	●				
				현재 수준				●		

자료 : 행정자치부, 역량진단 매뉴얼, 리더스앤컴퍼니, 2006.

한편 역량진단이 완료가 되면 진단결과를 정리하여 역량 요구수준과 현재의 역량의 차이를 도출하고 역량의 중요성 및 개발시급성을 평가하여 역량개발 우선순위를 결정하여야 한다.

〈표 4-5〉는 역량 진단 결과 분석의 예를 보여주고 있는데, 예에서와 같이 진단결과 차이가 가장 큰 역량이 교육훈련 프로그램 개발 대상 역량이 된다.

〈표 4-5〉 역량 진단 결과 분석 예

역량명		중요도		개발시급도		목표수준	현재수준	GAP
		Frequency	%	Frequency	%	average	average	
1	사업등찰력	4	100	4	100	3.5	3.0	0.5
2	합리적 의사결정	4	100	1	25	3.8	3.2	0.6
3	분석적 사고	3	75	2	50	4.3	2.8	1.5
4	개념적 사고	2	50	4	100	3.8	3.0	0.8
5	내외부 네트워킹	2	50	2	50	3.5	3.2	0.3
6	정보수집 및 관리	2	50	2	50	3.3	2.8	0.5
7	전략적 사고	2	50	1	25	3.8	3.0	0.8
8	혁신과 창의	1	25	3	75	3.8	2.6	1.2
9	갈등관리	0	0	1	25	3.5	2.6	0.9
10	조직 다이내믹 이해	0	0	0	0	3.5	2.6	0.9

자료 : 행정자치부, 역량진단 매뉴얼, 리더스앤컴퍼니, 2006.

• 제3단계 : 역량기준 교육훈련 프로그램 개발 및 지원체계 구축

역량진단 결과 교육훈련 대상 역량이 확정되면 교육훈련 프로그램을 개발하고 지원체계의 개선방안을 구축한다. 역량기반 교육훈련 프로그램은 다음과 같이 4단계의 과정을 거쳐서 완성이 된다.

① 거시적인 교육 로드맵의 계획,
② 역량별 기본교육 훈련체계의 설계,
③ 역량기반 교육훈련 로드맵 개발,
④ 세부 교육과정의 설계

〈그림 4-6〉은 역량기반 교육훈련 체계의 예이다. 역량기반 교육훈련의 지속적인 효과성을 제고하기 위해서는 단기적인 교육 프로그램의 설계뿐만 아니라 역량기반 교육훈련 지원체계의 구축이 이루어져야 한다. 즉, 역량기반 교육훈련 지원체계의 주된 구성요소로는 ① 상시 역량진단 시스템, ② 개인별 역량 개발계획 지원체제, ③ 교육훈련 프로그램 개발 및 트랙(track) 선택지원 체계, ④ 교육훈련 결과에 대한 피드백 등이 있다.

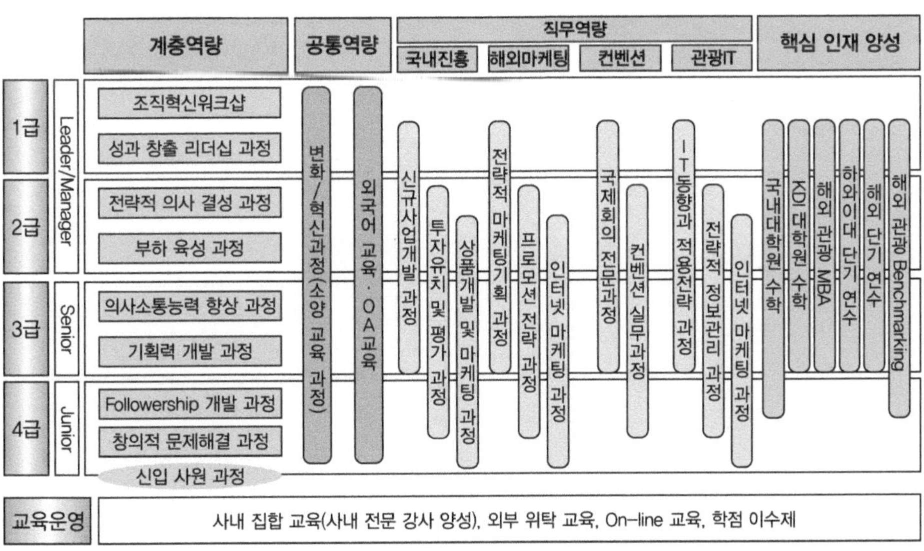

〈그림 4-6〉 역량기준 교육훈련체계 사례

자료 : 리더스앤컴퍼니(2003). K사 교육훈련체계 개선 보고서.

나. 역량기준 교육훈련개발 결과의 활용

역량을 기반으로 한 교육과정 개발은 기존 교육훈련 체계의 공급자 중심의 교육의 한계를 극복하고, 조직의 목표와 전략에 맞추어 장기적으로 조직이 필요로 하는 역량 뿐만 아니라 단기적인 직무성과를 향상하기 위한 수요자 중심의 교육훈련체계를 구축할 수 있다는 장점을 가지고 있다.

즉, 역량기준 교육훈련체계의 구축은 조직에서 필요로 하는 역량을 기준으로 인적자원개발 프로그램을 개발함으로써 조직의 성과지향적 인재를 육성할 수 있다는데 그 의의가 있다.

조직의 목표와 전략을 반영한 역량체계의 구축은 교육훈련 뿐만 아니라 조직이 필요로 하는 역량을 가진 사람을 선발하고, 구성원들의 보유역량을 평가하며, 우수한 역량을 발휘한 구성원을 승진에 반영시키는 등 전반적인 인적자원관리기능을 통합적으로 연계 할 수 있다. 따라서 모든 조직들은 역량체계의 구축을 통하여 조직에서 필요로 하는 역량이 무엇이 있는지 밝히고, 이 역량을 강화할 수 있도록 인적자원관리 및 인적자원개발과 연계함으로써 조직경쟁력 강화를 도모하여야 한다.

〈부록〉

R사의 역량기준 교육훈련체계 수립

1) 선정 이유

1988년 4월에 창업한 (주)R사는 시계 사업을 기반으로 주얼리, 의류, 신발, 가방에 이르기까지 '글로벌 토탈 브래드' 회사로 성장하기 위해 박차를 가하고 있다.

R사는 기술과 신상품에 대한 투자를 아끼지 않는 기업으로서 업계 최고의 우수한 자체 디자인 개발력을 보유하고 있으며 국외에서도 뛰어난 품질과 디자인으로 인정받고 있는 굴지의 강소기업이다. 2008년 상반기 매출액은 전년 동기 대비 175%나 증가한 3162억원을 기록하였고, 영업이익은 241억(2008년도 기준)을 달성하는 등 지속적으로 성장을 거듭하고 있다. R사가 이토록 빠른 기간 안에 내・외적으로 성장할 수 있었던 배경은 디자인 경쟁력을 통한 브랜드 강화를 이뤘다는 점과 함께, 국내 700개가 넘는 시계 취급점과 쥬얼리 사업을 통한 전국 53개 백화점, 또한 해외 70여 개국의 수출망과 각 나라마다의 특색 있는 유통망을 확보하고 있을 정도로 국내외 어떤 중소기업도 쉽게 시도할 수 없는 글로벌 비즈니스 유통망을 확보하고 있다는 점을 들 수 있다. 뿐만 아니라 차별화된 브랜드 광고를 통한 홍보, 스피드 경영을 통한 환경변화에 신속히 대처, 틈새시장 공략을 위한 치밀한 브랜딩 준비 등은 로만소의 성장을 이끈 원동력이라 볼 수 있다. 그러나 무엇보다도 가장 중요한 성공 요인은 미래를 위한 가치 즉, 인재의 중요성에 대해 인식하고 이를 육서아기 위한 노력에 힘쓰고 있다는 점이다. 21세기를 선도할 수 있는 국제적인 감각을 갖춘 프로 서비스인으로 R사 구성원을 육성하는 데 있어 교육의 중요성을 인식하고, 회사에서 적극적인 지원을 제공함으로써 구성원의 역량을 향상시키고 있다. 그리고 그러한 노력의 일환으로 산업인력공단에서 수행하는 'HRD 지원 사업'에 참여하였다. R사는 'HRD 지원 사업'을 통해 기존 직무중심의 '교육 체계'를 '역량 기반의 교육 체계'로 전환함으로써 조직이 필요로 하는 핵심인재의 육성을 도모하는 동시에 개인의 성장수요를 적극적으로 충족시키는 교육훈련체계를 구축할 수 있었다.

2) 교육훈련체계 분석

'역량기반 교육체계 수립'과정에 대해 살펴보면 다음과 같다.

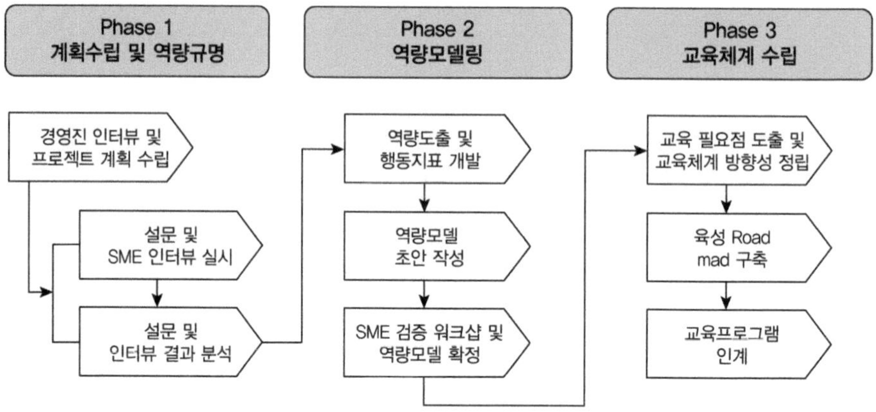

〈그림 1〉 프로세스 개관

① 계획 수립 및 역량 규명

'역량기반 교육체계'를 수립하기 위해 교육트렌드, 교육현황, 내부자원 등 기초자료를 분석하여 조직구성원의 니즈파악 및 역량기반 교육체계의 필요성에 대한 의식 함양을 위해 경영진 및 SME를 대상으로 인터뷰를 시행하였다. 기초 자료 및 인터뷰 분석 결과, 기존 교육제도 및 프로그램에 대한 문제점, 교육관련 요구사항, 교육방법 선호도, 필요역량 등을 파악할 수 있었다.

다음 단계로 R사 구성원의 역량을 규명하기 위해 설문을 실시하였다. 설문은 R사 모든 구성원을 대상으로 실시하였으며, 신뢰도와 타당도가 이미 검증된 역량 사전을 이용하여 역량을 도출하였다. R사의 역량 모델은 공통역량, 리더십 역량, 직무역량의 3가지 영역으로 구분되며 각 영역별 적용대상은 다음과 같이 규명하였다.

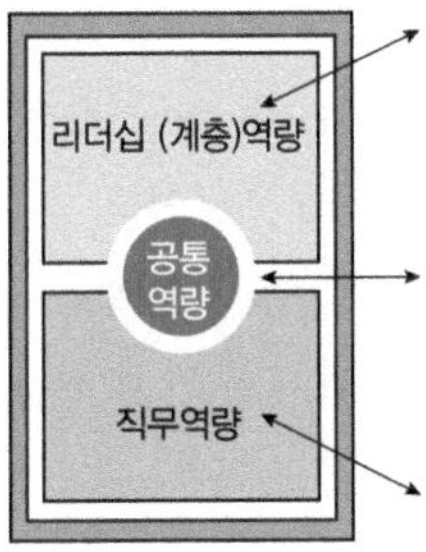

구 분	정 의	적용대상
리더십 (계층)역량	각 계층에서 필요로 하는 자질, 역할 및 책임과 관련된 역량	Executive (과장, 차장, 부장) Senior(대리, 주임) Junior(사원)
공동역량	조직의 비전이나 미션달성을 구현 시킬 수 있는 구체적인 행동특성이나 가치관 등 공통으로 적용되는 기본 역량	전 직원
직무역량	직무수행에 요구되는 전문지식 또는 전문가적 행동특성과 관련된 역량	해당 직무군 직급별

〈그림 2〉 역량 규명

② 역량 모델링

특정 직무나 역할에 있어서 성공적인 수행을 도출하기 위해 반드시 필요한 역량의 목록을 체계적으로 만드는 과정 즉, 역량모델링은 역량에 기반한 교육체계를 수립하는 있어 가장 기본이 되는 아주 중요한 과정이다. 이에 설문결과와 인터뷰 결과를 모두 반영하여 역량을 도출하였으며, 도출된 역량의 타당성을 검증하기 위해 인사담당자와의 검증워크샵을 걸쳐 최종역량을 확정하였다. 확정된 R사의 최종역량은 다음과 같다.

	공통 역량	리더십(계층) 역량	직무역량					
			필수 역량	선택역량				
				경영일반 직군	재무/회계 직군	마케팅 직군	영업 직군	생산 관리 직군
과장/ 차장/ 부장급	· 비전 수립 및 공유 · 목표 수립 · 협력적 조직문화 · 창의력 · [illegible]	· 성과관리 · 혁신 마인드 · 추진력 유지	· 외국어 · Office Skill	· 경영환경의 이해 · 전략적 사고/ 기획 · 추진력 유지	· 전략적 사고/기획 · 경영환경의 이해 · 분석적 사고	· 성과관리 · 경영환경의 이해 · 설득력 있는 의사소통	· 손익 마인드 · 경영환경의 이해 · 추진력 유지	· 전략적 사고/기획 · 계획수립 및 업무조직화 · 원가마인드
주임/ 대리급		· 주도성 · 결단력 있는 의사결정 · 문제해결		· 업무프로세스 개선 · 정보수집/ 분석 · 원가마인드	· 정보수집/분석 · 세밀 정확한 일 처리 · 계획수립 및 업무조직화	· 주도성 · 정보수집/ 분석 · 분석적 사고	· 분석적 사고 · 전략적 사고/기획 · 계획수립 및 업무조직화	· 분석적 사고 · 경영환경의 이해 · 변화에 대한 대응력
사원급		· 자기개발 · 신뢰구축 · 전문성		· 세밀정확한 일처리 · 설득력 있는 의사소통 · 분석적 사고	· 수리적 민감성 · 주도성 · 지식관리	· 업무프로세스 개선 · 세밀 정확한 일 처리 · 수리적 민감성	· 세밀 정확한 일 처리 · 정보수집/ 분석 · 주도성	· 업무프로세스 개선 · 세밀 정확한 일 처리 · 지식관리

〈그림 3〉 역량 모델링 결과

〈그림 3〉은 공통 역량과 계층별 리더십 역량 그리고 직무역량을 보여주고 있다. 직무역량은 필수역량과 선택역량으로 구분되며, 선택역량은 각 직군별 그리고 직급별로 구분하여 도출되었음을 알 수 있다. 확정된 최종역량에 대해서는 각 역량별 행동지표를 개발하였으며 다양한 측면에서 활용 가능하도록 직무사전을 제공하였다.

역량모델링은 보상, 인사고과, 외부 및 내부 선발·배치, 경력 및 승격계획, 교육훈련 등 다양한 측면에서 활용될 수 있는데, R사는 이 중에서도 우선적으로 필요하다고 판단되는 교육훈련 측면에서 역량모델링을 도입하였다.

③ 교육체계 수립

역량기반의 교육훈련 체계를 구축하기 위해 우선, 기존 교육체계의 문제점을 파악하고 앞으로의 방향을 모색하기 위한 임직원 SME를 대상으로 한 인터뷰를 실시하였다. 또한 R사의 현재 교육훈련 프로그램의 운영현황에 대해 살펴보았다. 그 결과, R사는 직군 및 직무 특성상 높은 수준의 전문성이 요구되고 있었으나 직군 및 직급의 특성을 고려한 전문교육은 이뤄지지 않고 있었으며, 신규 및 경력직원에 대한 교육훈련 미비, 교육훈련 담당 전문인력의 부족 등 여러 가지 제반 여건으로 인하여 체계적인 교육훈련 시행의 어려움이 있는 것으로 조사되었다. 따라서 전문성을 제고할 수 있으며 학습조직화 시킬 수 있고, 구성원의 직무역량을 극대화 할 수 있는 실무중심의 교육훈련체계를 수립하는 것을 교육훈현의 목표로 설정하였다. 역량기반 교육체계는 전 구성원의 기본 자질 및 조직역량 강화를 위한 Organizational Excell Track, 리더 육성 및 역량 강화를 위한 Leadership Excellence Track, 직무별 전문가 육성 및 역량 강화를 위한 Professional Excellence Track으로 구성되어 있으며, 근무 기간별 그리고 각 직급별 요구되는 지식, 스킬, 능력, 태도 등을 고려하여 리더십 역량은 초급, 중급, 고급 관리자 과정으로 기본 역량은 입문과 기본 역량 강화과정으로 그리고 직무역량은 공통과 전문가 과정으로 교육단계를 세분화하여 역량기반 교육체계를 수립하였다.

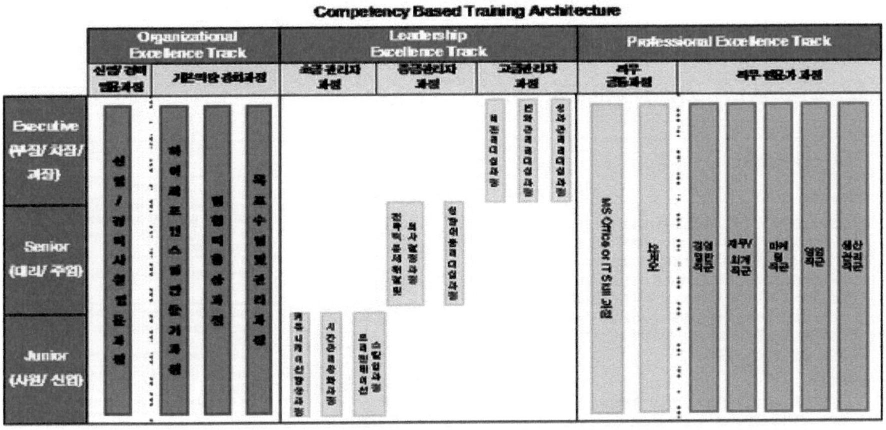

〈그림 4〉 역량기준 교육훈련체계

각 교육과정은 역량모델링을 통해 도출된 R사의 필요역량 별 행동지표를 분석하고, 유사한 성격의 행동지표를 그룹핑 한 후 필요한 교육테마를 도출하여 이를 교육과정과 매칭시킨 것으로 교육과정을 이수하게 되면 R사 구성원의 공통역량 및 리더십역량 그리고 직무역량을 향상 시킬 수 있도록 설계되어 있다.

	교육과정명 / 역량명	하이퍼포먼스 팀 만들기 과정	팀 협력 향상과정	목표수립 및 관리과정	커뮤니케이션 향상과정	시간관리 강화과정	프리젠테이션 스킬업 과정	전략적 문제해결 및 의사결정 과정	성장지원 리더십 과정	비전 리더십 과정	변화관리 리더십과정	성과관리 리더십 과정
공통역량	비전 수립 및 공유		●	●						●	●	
	목표수립		●	●						●		●
	협력적 조직문화	●	●		●				●			
	창의력	●						●				
	팀워크	●	●		●				●			
리더십역량	실행관리				●	●				●	●	●
	혁신마인드							●			●	
	추진력 유지						●			●	●	●
	주도성						●					
	결단력 있는 의사결정				●			●				
	문제해결							●				
	자기개발					●	●					
	신뢰구축	●	●		●				●	●		●
	전문성						●					

〈그림 5〉 역량별 프로그램 분포도

그리고 각 교육과정에 대해서는 교육대상 및 목표, 교육효과, 과정 구성안 그리고 관련역량에 대한 정보를 제공해 줌으로써 과정 구성에 대한 이해를 돕고 개발의 우선순위를 결정 할 수 있도록 하였다.

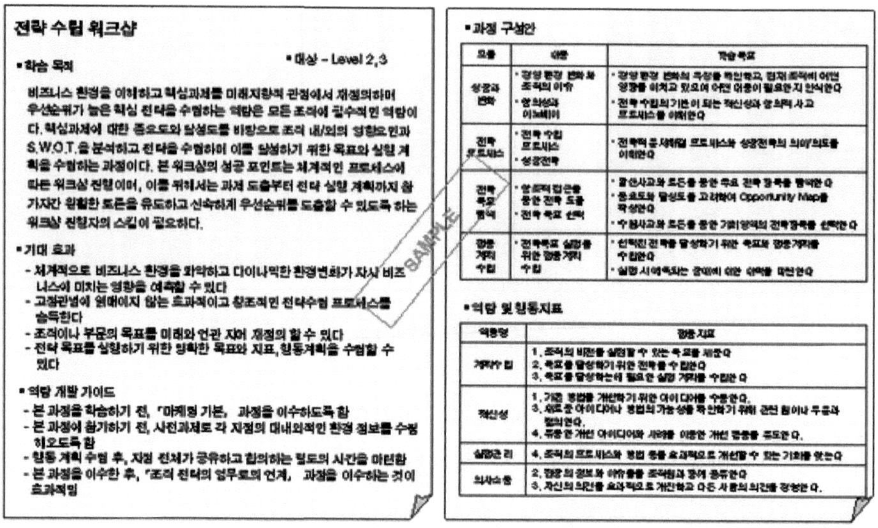
전략 수립 워크샵

▪대상 – Level 2,3

▪학습 목적

비즈니스 환경을 이해하고 핵심과제를 미래지향적 관점에서 재정의하며 우선순위가 높은 핵심 전략을 수립하는 역량은 모든 조직에 필수적인 역량이다. 핵심과제에 대한 중요도와 달성도를 바탕으로 조직 내/외의 영향요인과 S.W.O.T.을 분석하고 전략을 수립하여 이를 달성하기 위한 목표와 실행 계획을 수립하는 과정이다. 본 워크샵의 성공 포인트는 체계적인 프로세스에 따른 워크샵 진행이며, 이를 위해서는 과제 도출부터 전략 실행 계획까지 참가자간 원활한 토론을 유도하고 신속하게 우선순위를 도출할 수 있도록 하는 워크샵 진행자의 스킬이 필요하다.

▪기대 효과

- 체계적으로 비즈니스 환경을 파악하고 다이나믹한 환경변화가 자사 비즈니스에 미치는 영향을 예측할 수 있다
- 고정관념에 얽매이지 않는 효과적이고 창조적인 전략수립 프로세스를 습득한다
- 조직이나 부문의 목표를 미래와 연관 지어 재정의 할 수 있다
- 전략 목표를 실행하기 위한 명확한 목표와 지표, 행동계획을 수립할 수 있다

▪역량 개발 가이드

- 본 과정을 학습하기 전, 「마케팅 기본」 과정을 이수하도록 함
- 본 과정에 참가하기 전, 사전과제로 각 지점의 대내외적인 환경 정보를 수집하오도록 함
- 행동 계획 수립 후, 지점 전체가 공유하고 합의하는 별도의 시간을 마련함
- 본 과정을 이수한 후, 「조직 전략의 업무로의 연계」 과정을 이수하는 것이 효과적임

▪과정 구성안

[illegible]

▪역량 및 행동지표

[illegible]

〈그림 6〉 프로그램 Overview

〈그림 6〉의 프로그램 Overview를 바탕으로 조직 내부적으로 프로그램을 개발하거나, 외부의 가장 적합한 프로그램을 구매할 수 있게 될 것이며, 향후 조직의 전략이나 방향이 변화하였을 때 프로그램 Overview를 참고하여 새로운 교육방향을 정립할 수도 있게 될 것이다.

역량 중심의 인적자원개발은 한정된 교육자원의 선택과 집중을 위해 그리고 새로운 학습체제를 구축함으로써 조직의 성과를 향상시키기 위해 꼭 도입되어야만 하는 필수불가결한 요소이다. R사는 역량중심의 교육체계 구축을 통해 조직이 필요로 하는 핵심인재를 육성하는 동시에 개인의 성장수요를 적극적으로 충족시키는 교육훈련체계의 구축이 가능하게 되었다. 또한 현실 적용성 있는 교육훈련을 제공함으로써 교육훈련의 효과성을 극대화 할 수 있었고 전약적 인적자원관리(인력계획–채용–경력개발–교육훈련 등)와 연계성을 확보할 수 있는 기반을 마련하게 되었다.

그러나 역량중심의 인적자원 개발의 효과성을 극대화하기 위해서는 미래지향적인

인적자원관리를 위한 지속적인 노력에 힘을 기울여야 할 것이다. 실행과 피드백을 통해 지속적인 인적자원 개발 시스템의 발전적인 정착을 도모해야 하며, 경영진 및 HR 부서의 담당자, 그리고 전 임직원 모두의 꾸준한 관심도 요구된다.

R사는 이번 역량기반 교육체계 수립을 기초로 앞으로 "핵심역량에 기초한 신 인사제도"를 구축해 급변화되어 가는 시장에서 강력한 경쟁력을 가진 인재를 창출함으로써 'Global 토탈 브랜드' 회사로 성장해 가기 위한 박차를 가할 것이다.

참고문헌

1) McClelland, D C (1973) Testing for competency rather than for intellig-enceAmerican Psychologist, 28(1) 1–14.
2) Boyatzis A S (1982) The Competent Manager : A model for Effective Performance New York : John Wiley & Son Inc.
3) Spencer, L M & Spencer, S M (1993) Competence at Work : Models for Superior Performance, New York : John Wiley & Son Inc.
4) 7 C K Prahalad and G Hamel(1990), "The Core Competences of the Corporation," Harvard Business Review, May–June.
5) Sparrow D (1996) Competency based pay to good to be true People Management, Dec, 5, pp. 22–25.
6) Spencer, L M & Spencer, S M, (1993), Competency at Work : Models for Superior Performance, New York; John Wiley & Sons p. 95에서 수정
7) 민병모 외(1998), 핵심역량 모델의 개발과 활용, PSI 컨설팅,
8) Brousseau, M. O.(1998), Competency–Based Curiculum Design in Technical Skils Training. In D. Dubois(Ed.), The competency casebook : Twelve studies in competency–based performance improvement, Amherst/Washington D. C. : HRD Pres.
9) Gerzina, T. Brew, A. & Sachs, J.(2007), Competency–based curiculum : Permanent transition in dentistry. Transforming a university : The scholarship of teaching and learning in practice, Sydney University Press.

Human Resources Development

PART 2

인적자원개발 구성요소

Human Resources Development

인적자원개발

5 개인개발

Chapter

5 개인개발

학습목표

1. 개인개발의 개념 및 중요성을 이해할 수 있다.
2. 조직 내 개인개발 구축절차에 대하여 설명할 수 있다.
3. 인재육성을 위한 제 방법 및 개인개발 유형을 설명할 수 있다.

조직의 성과에는 많은 요인들이 영향을 준다. 그 중 대표적인 요인으로 조직의 자원동원능력과 경영수행능력을 들 수 있는데, 자원동원 능력 중에서도 개개인의 역량, 즉 업무수행능력과 태도가 가장 많은 영향을 미친다. 따라서 조직의 성과를 높이기 위해서는 개개인의 업무수행능력과 태도를 향상시킬 수 있도록 하는 조직적인 지원이 필요하다.

개인개발이란 한 개인의 현재 직무와 연관된 수행능력이 향상되고 개선될 수 있도록 새로운 지식과 기술을 습득하고 개선된 행동이 개발될 수 있도록 하는 조직적인 활동을 말한다. 개인개발은 활동의 대상목표(Target)가 개인이라는 점에서 경력개발이나 조직개발과 구분된다. 또한 개인개발은 현재 직무에서 요구되는 능력 뿐만 아니라 미래 직무 준비를 위한 교육을 포함하며, 공식적이고 정형화된 프로그램에 의해서 이루어지기도 하지만 비공식적이고 비형식화된 OJT 등에 의해서도 이루어진다는 점에서 교육훈련과 차이가 존재한다.

개인개발은 개인의 직무성과 향상을 위한 능력을 향상하기 위한 활동을 의미하므로 개인개발의 1차적 책임은 개인에게 있다. 즉 개인개발은 업무수행 능력의 향상을 위해 자기주도 하에 업무수행을 위한 지식과 기술 및 태도를 높이는데 있다. 그러나 아무리 개개인이 개인개발의욕을 가지고 있다 하더라도 이를 뒷받침하기 위한 조직적인 지원이 없다면 개인개발이 이루어지지 않는다. 따라서 조직 내에서 개인개발이 원할이 이루어지기 위해서는 개인의 개발의욕과 더불어 직속 상사나 인적자원개발 담당자의 조직적이고 체계적인 지원이 이루어져야 한다. 본 장에서는 개인개발의 기초적 이론과 절차 및 방법에 대하여 살펴보고자 한다.

제 1 절 개인개발의 이론적 기초

1 개인개발 개념

개인개발은 현재의 업무 수행에 필요한 필수적 역량을 개발하기 위하여 개인과 조직의 계획적인 협력활동 과정이다. 즉 개인개발은 개인의 현재 또는 가까운 미래에 필요로 하는 새로운 지식과 기술 그리고 개선된 행동의 개발을 의미하며 개인의 현재 업무와 관련된 수행개선을 낳는다. 길리와 에그랜드(Gilley & Eggland)는 개인개발을 「개별 조직 구성원들이 현재 또는 미래 자신의 직무를 수행하는데 필요한 역량을 파악하고 평가하여 개발하도록 도움을 제공하는 것」으로 정의하였다.[1] 그리고 권대봉(1998)은 「계획된 학습활동을 통해 핵심업무 수행능력의 개발을 돕는 것으로써 개인이 현재와 미래에 있을 직무를 성공적으로 수행할 수 있도록 돕는 것」으로 정의하였다.[2] 한편 제이콥스와 워싱턴(Jacobs & Washington)은 「모든 조직 구성원들이 그들의 잠재능력을 발휘하는데 필요한 현재 또는 미래 역량을 갖도록 일정 기간 이상 조직이 제공하는 계획된 프로그램들의 통합된 세트」로 정의하였다.[3] 이상과 같이 개인개발에 대한 여러 학자들의 정의들을 목적, 내용, 시점을 기준으로 구분하여 정리하면 다음과 같다.

첫째, 개인개발의 목적은 개개인이 직무수행을 성공적으로 함으로써 조직의 목표달성에 기여함을 전제로 한다.

둘째, 개인개발의 내용은 직무수행에 필요한 역량과 능력을 증가시킬 수 있는 학습기회를 제공하기 위해 조직에서 준비한 계획된 프로그램이다.

셋째, 개인개발의 시점은 현재와 미래 모두를 강조하지만 먼 미래에 대한 개발은 개인개발이 아닌 경력개발 영역으로 개념이 구분되어 있고, 개인개발은 현재 또는 가까운 미래의 직무 관련 능력과 역량을 향상시키는데 도움을 주는데 있다.

2 개인개발의 발전 과정

산업혁명 이후 20세기 산업사회의 초기에는 일반적으로 제도권교육이나 공교육을 중시하였고 공적 교육기관 이외에 개인의 직무수행능력을 향상시키기 위한 사적인 교육기관은 거의 존재하지 않았다. 또한 교육분야도 교양교육 중심으로 이루어졌고 성인기초능력향상과 관련된 교육에 대해서는 관심이 없었다.

개인개발의 태동은 1940년대 제 2차 세계대전 전후부터이다. 제 2차 세계대전 당시 전시 체제 하에서 공군에서 시작된 감독자 훈련 과정(Training Within Industry : TWI) 이 개발되었고, 이와 같은 공급자 중심의 훈련이 조직발전에 효과적인 것으로 인식이 되면서 개인개발의 필요성이 대두되었다.

그러나 초기의 개인개발은 훈련받은 사람이 많으면 조직의 성과가 개선될 것이라고 하는 단순한 가정에서 출발하였으나, 1950년대에 들어와 공식적인 훈련에 참여만을 강조하는 공급자 중심의 훈련방식에 대한 교육생들의 거부의식이 높아지고 성과에 대한 한계를 인식하면서 이에 대한 새로운 대안이 필요하게 되었다.

1960년대에 들어와 개인의 능력개발이 조직의 성과에 영향을 미친다는 점이 인정하기 시작하면서 개인의 욕구에 기초한 훈련프로그램이 등장하기 시작하였다. 그러다가 1970년대에는 인적자원개발 담당자의 역할의 중요성을 깨닫고 인적자원개발 학자 및 전문가들은 인적자원개발 담당자의 전문성을 개발하는데 관심을 갖고 연구를 진행하기 시작하였다.

1990년대에 들어와 인적수행공학(human performance technology) 등 인적자원개발 분야의 학문적 발달에 따라 인적자원개발 전문가들은 학습활동이 조직의 요구뿐만 아니라 학습자의 요구에 기초해야 한다는 점을 발견함으로써 본격적으로 개인개발의 발전을 가져오는데 기여하였다.

우리나라의 경우 1990년대에 들어와 산업사회에서 정보사회로 전환이 되면서 정보사회와 관련된 새로운 직업군들이 나타나기 시작하였다. 또한 정보사회에서 개개인에게 필요로 하는 새로운 능력의 개발이 요구됨에 따라 개인개발과 관련된 프로그램 개발이 크게 관심을 갖기 시작하였다. 그 후 기업들은 IMF 경제위기를 거치면서 경제위기를 극복하기 위해 개인개발의 필요성이 한층 높아졌고 기업 경영자들도 개인능력개발의 필요성을 크게 인식하기 시작하여 오늘에 이르고 있다.

3 개인개발에 영향을 미치는 요인

조직 내 개인개발은 다양한 요인과 관련되어 있으며, 이러한 요인들이 개인개발의 욕구나 노력에 작용을 한다. 개인개발에 영향을 미치는 요인에는 구성원의 개인적 특성, 동기적 요소, 직무에 대한 인식, 조직의 문화, 대내외 환경 등이 있으며, 그 중 가장 중요한 대표적인 요인에는 자기효능감, 보상동기, 조직몰입 등이 있으며 이에 대하여 구체적으로 살펴보기로 한다.

가. 자기효능감

'자기효능감(self-efficacy)'이란 자신이 의도한 수준의 학습이나 수행을 해내는 능력에 대한 개인의 믿음 또는 자신감, 즉 자신에 대한 주관적인 확신을 말한다. 반두라(Bandura))는 자기효능감을 특정한 목표를 성취하기 위해 요구되어지는 행동을 성공적으로 수행할 수 있다는 신념 또는 목표달성에 도달하기 위한 행동의 실질적 과정을 통제하고 조직화 하는 능력에 대한 개인적 판단으로 정의하였다.[4)]

자기효능감은 개인의 수행과 불가분의 관계를 갖는다. 자기효능감이 낮은 사람은 도전적인 과제를 회피하지만, 자기효능감이 높은 사람은 도전적인 과제를 선택하며 동시에 열심히 수행하려는 경향이 있다. 즉 자기효능감이 높은 사람은 높은 목표를 세우며 어려움에 처했을 때 인내하는 반면, 자기효능감이 낮은 사람은 문제에 직면하게 되면 그 문제를 피하거나 쉽게 포기하는 경향이 있다.[5)]

학습적 측면에서 보면, 자기효능감은 주어진 과제를 요구되는 수준에서 수행하려는 학습자의 지각된 능력으로서, 학습자의 과제 선택, 과제에 투자하는 노력의 양과 질, 어려움에 봉착했을 때 쉽게 포기하지 않고 끈기 있게 매달리는 정도,

효과적인 학습전략의 수행여부 등 성공적인 학업성취를 위해 다양한 측면에 결정적인 영향을 미치는 요인이다.[6]. 이런 점에서 자기효능감은 구성원의 자기주도적 학습의 성격을 갖는 개인개발과 밀접한 관련성이 있는 심리적 요인이라고 할 수 있다.

헬리겔과 슬로컴(Hellriegel & Slocum)은 자기효능감이 다음과 같은 세 가지 방식으로 학습에 영향을 준다고 한다.[7]

첫째, 사람들이 자신을 위해 선택하는 행동과 목표에 영향을 준다. 높은 자기효능감을 지닌 구성원들은 높은 성과 목표를 달성할 능력이 있다고 생각하며, 또 실제로 그것을 달성할 가능성이 높다.

둘째, 개인들이 직무 수행을 위해 보여주는 노력에 영향을 미친다. 높은 자기효능감을 소유한 구성원들은 새로운 직무를 배우기 위해 열심히 일하며 그들의 노력이 보상 받는다는 것을 확신한다. 이에 비하여 낮은 자기효능감을 소유한 사람들은 성공할 수 있는 능력에 있어서 자신감이 결여되어 있으며, 어쨌든 자신들이 실패할 것이라고 생각하기 때문에 열심히 일하는 것이 헛된 것이라 생각하는 경향이 높다.

셋째, 복잡한 업무를 맡은 개인의 지속성에 영향을 준다. 높은 자기효능감을 가진 사람들은 그들이 좋은 성과를 보일 것이고, 장애물과 일시적인 좌절에도 불구하고 좋은 성과는 지속적일 것이라는 데 대한 자신감을 갖고 있다. 반면에 낮은 자기효능감을 가진 사람들은 좋은 성과에 대한 기대가 낮기 때문에 장애물이나 사소한 어려움에도 쉽게 좌절하고 이를 극복할 의지가 낮아진다.

이상과 같은 세 가지 특성으로 인하여 개인이 배정된 직무를 수행할 능력이 없다고 믿을 때 직무를 수행할 그들의 동기는 낮아질 것이다. 따라서 자기효능감은 특정 과제의 수행이나 학업성취에 있어 수행을 촉진시키는 주요한 개인적 특성이라고 할 수 있다.

나. 보상동기

보상은 작업현장에서 과제를 수행한 데 대한 물질적이고 심리적인 급료 지불(payoffs)을 가리킨다. 말할 것도 없이 조직에서의 직무성과는 적절한 보상을 통해 향상될 수 있다. 조직 구성원들이 높은 수준의 성과를 달성할 때 보상을 제공하는 것은 높은 수준의 성과를 유지하게 해주는 중요한 유인책이다

동기(motivation)란 개인의 특정 욕구를 충족시키면서 동시에 조직의 목표를 달성하기 위하여 높은 수준의 노력을 쏟으려는 의지로서, 조직 구성원의 업무성과를 높이는 근원이 된다. 동기이론에 의하면, 사람의 행동에 큰 영향을 주는 보상은 크게 내적 보상(intrinsic reward)과 외적 보상(extrinsic reward)의 두 가지로 나누어 질 수 있다.8)

내적 보상은 높은 차원의 욕구인 자아실현이나 자기존중을 만족시키는 것으로 직무성과 그 자체로부터 발생하여 개인에게 내재적으로 주어지는 보상이며, 외재적 보상은 업무수행에 있어 다른 사람 즉, 외부로부터 주어지는 보상이다. 내적 보상에 대한 기대는 직무성과 그 자체로부터 발생하여 개인에게 내재적으로 주어지는 보상에 대한 기대이다. 다시 말해서, 내적보상은 개인이 직무를 즐기고 업무를 달성함으로써 느끼는 보상으로서, 여기에는 자아실현, 성취감, 능력발전의 기회, 사회적 영향력 등이 있다.

외적 보상은 타인에 의해 외재적으로 주어지는 보상으로서 여기에는 신분보장, 승진, 명예, 연봉, 성과급, 상여금, 복리후생 등이 있다. 이러한 외적 보상에 대한 기대로 인해 발생하는 동기가 외적 동기인데, 이것은 자신의 행동이 외재적이고 실체적인 보상을 이끌어 낼 수 있다는 인지를 하였을 때 발생하게 된다.

조직 내에서 개인들이 일을 하는 이유는 자신들이 공헌에 대해 어떤 형태로든 보상 받을 것을 기대하고 있기 때문이다. 이와 같은 보상에 대한 기대는 성과향상이나, 자기개발에 대한 동기를 유발시키는 주요한 원인이 된다. 만일 개인이 시간과 노력을 들여 개인의 역량을 향상시켜도 이로 인한 적절한 보상이 따라오지 않는다고 생각한다면 개인개발에 대한 동기 수준은 크게 낮아질 수 밖에 없을 것이다. 결국 개개인에게 내재적 동기와 외재적 보상 중 어느 보상동기가 강하던지와 상관없이 개인의 보상동기를 자극하는 경우 더 높은 성과를 달성하고자 하는 욕구가 증대하게 되며, 이에 따라 높은 성과 달성에 필요한 개인개발에 대한 욕구가 커지게 된다.

다. 조직몰입

조직몰입이란 개인의 정체성을 자신이 속한 조직과 연계하는 조직지향적인 태

도를 말한다. 헬리겔과 슬로컴(Hellriegel & Slocum)에 의하면, 조직몰입은 조직 구성원이 조직에 대한 참여 및 조직과 동일시하는 강도를 의미하는 것으로서, 강한 조직몰입을 갖고 있는 사람은 좀 더 목표 지향적이고, 생산성에 강한 긍정적인 영향을 준다고 한다.[9]

조직몰입은 정서적, 지속적, 규범적 몰입의 세 차원으로 나눠볼 수 있다.[10]

정서적 몰입(affective commitment)은 조직에 대한 감정적 친밀감을 의미한다. 강한 몰입을 가진 개인은 조직과 자신을 동일시하고, 조직에 관여하며, 조직의 구성원 자격을 즐김으로써 조직에 감정적인 애착을 느낀다. 정서적 몰입은 조직에서 안락함을 느끼고자 하는 조직 구성원의 욕구가 충족되고, 자신이 유능하다고 느끼는 근로경험을 하게 될 때 유발된다.

지속적 몰입(Continuance commitment)은 조직을 떠날 때의 비용과 관계된 잔류 의사를 말한다. 지속적 몰입은 투자의 크기(Side-bets)와 대안의 부족 여부를 고려한 것으로, 활동을 그만 두었을 때 발생할 비용에 대한 개인적인 자각에 기초하여 일관된 활동노선을 유지하려는 경향을 뜻한다.

규범적 몰입(normative commitment)은 조직에 남아 있어야 하는 이유에 관한 인지된 의무이다. 개인들은 조직의 목표와 이해관계를 충족시키는 것이 옳고 도덕적인 것으로 믿고, 이를 내면화한 규범적 압력에 따라 행동한다.

조직몰입은 자신이 속한 조직에 대한 애착을 갖고 목표를 지향하려는 속성을 갖기 때문에 조직몰입은 근로자의 자기개발 욕구나 노력에도 긍정적인 영향을 미친다. 자신의 직장에 대한 애정과 헌신의 욕구가 강한 사람은 그렇지 않은 사람보다 자신의 능력을 제고하여 조직의 생산성에 공헌하려는 동기 수준이 높다.

제 2 절 개인개발 구축단계

개인개발이란 본인의 책임 하에 자신의 이해와 평가에 의해서 자기개발 의욕을 갖고, 자주적으로 노력하고 자기훈련을 하는 것을 전제로 한다. 따라서 개인개발의 의욕과 자세를 갖추지 못한 직원은 능력개발에도 문제가 생기기 때문에, 개개인의 흥미와 욕구에 따라 동기를 부여함으로서 보다 높은 의욕을 증진시켜 주는 자기개발의 교육훈련을 확립할 필요가 있다.

개인개발 과정은 〈그림 5-1〉에서 보는 바와 같이 역량모델링, 역량수준 진단, 자기개발계획서 작성, 개인개발 프로그램 설계, 프로그램 실행 및 평가의 순서로 진행이 되는데 본 절에서는 각 단계별로 상세히 살펴보고자 한다.

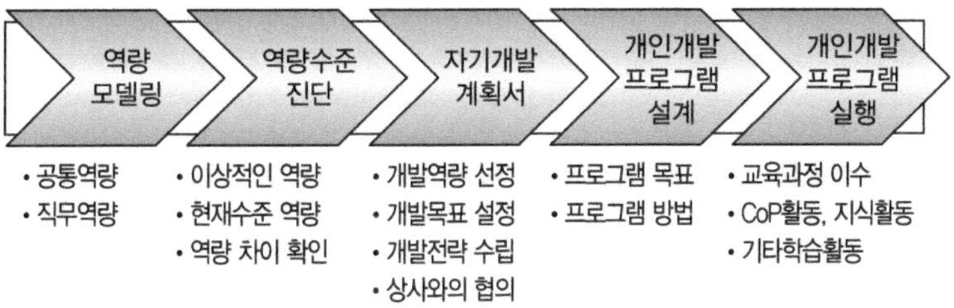

〈그림 5-1〉 개인개발 구축 단계

• 제1단계 : 역량모델링

역량이란 이미 앞에서 여러 차례 설명한 바와 같이 어떤 직무나 역할에 있어서 높은 성과를 내는 사람'에게 일관되게 관찰되는 행동의 특성을 의미한다. 이러한 특성은 그들이 갖고 있는 지식과 기술 뿐만이 아니라 행동양식이나 가치관 같은 요소도 포함한다.

역량모델링이란 개별 직무를 수행함에 있어서 높은 성과를 달성하는데 필요로 하는 지식, 기술, 능력 등의 요인에는 무엇이 있는지를 확인하는 과정을 의미한다. 따라서 개인개발 첫 단계에서는 조직인 필요로 하는 역량은 무엇이 있는지를 규명해 낸다. 일반적으로 조직인 필요로 하는 역량은 전 구성원에게 필요로 하는 역량인 조직역량(공통역량)과 개별 직무에서 필요로 하는 직무역량, 그리고 계층별로 필요로 하는 역량인 관리역량(계층역량)으로 구분하여 조직이 필요로 하는 역량요인을 찾아낸다.

• 제2단계 : 역량수준의 진단

역량수준의 진단은 앞 단계에서 규명한 역량요건과 대비하여 개인별로 현재 보유하고 있는 역량수준을 파악함으로써 역량의 차이를 확인하여 개인개발 프로그램에 반영하는데 목표를 두고 있다. 역량수준을 진단하는 방법은 〈그림 5-2〉의 예에서와 같이 현재 구성원의 역량을 평가하여 현재의 역량수준과 조직에서 구성원들에게 기대하는 바람직한 역량 수준과의 차이를 확인하면 된다.

역량진단에서는 조직구성원 개인의 강점과 약점을 파악하는 것이 중요하다. 대부분의 조직에서 만드는 개인개발 프로그램은 직원들의 약점을 극복할 수 있도록 하는데 초점을 둔다. 많은 조직들은 직원의 약점을 개선함으로서 조직의 생산성을 높일 수 있다는 믿음을 가지고 있다. 그러나 실제로는 직원들의 약점을 고치는 것은 그들의 성과를 탁월하게 하기보다는 평균수준으로 만들 뿐이라고 한다. 직원의 약점 개선이 뛰어난 능력 확보로 이어지는 것이 아니므로, 약점과 강점을 동시에 강화시켜야 직원들은 탁월한 성과를 낼 수 있다.[11]

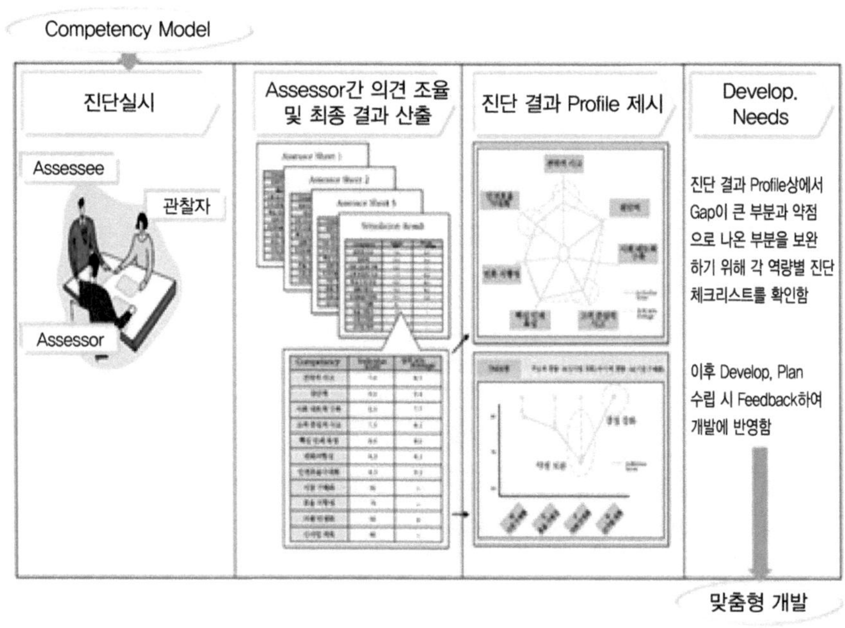

〈그림 5-2〉 역량수준 진단의 예

자료 : 박주희(2008), 신인적자원개발, 대학서림, p. 166 재인용.

개인의 강점과 약점을 파악하는 방법은 구성원의 상위 30% 내의 전체평균과 개인별 역량점수를 비교하면 개인별로 강점과 약점요인을 찾아낼 수 있다. 개인별 강점요인은 개인점수가 상위 30% 내의 평균점수보다 높은 요인이고, 반대로 약점요인은 개인점수가 상위 30% 내의 평균점수보다 낮은 요인으로 정하면 된다. 이와 같은 방법으로 조직은 역량진단을 통하여 구성원 개개인의 강점 및 약점이 밝혀내고 이를 구성원 개개인에게 피드백하여야 한다.

• **제3단계 : 자기개발계획 수립**

역량진단을 통하여 개개인에게 강점 및 약점이 피드백되면 개개인은 이를 기초로 강점요인은 더욱 강화하고 약점요인은 보완하기 위한 전략을 수립하여 자기개발계획서에 반영한다. 구성원 개인은 자기계발계획서를 통하여 자신의 약점을 극복하고 강점을 강화할 수 있으며, 이를 위하여 자신의 약점목록과 강점목록을 정기적으로 찾아내도록 하여야 한다. 또한 조직은 개개인의 역량에 대한 모니터링을 통해서 개개인 약점 및 강점에 대해서 업데이트하고 구성원들의 역량 개발 활동을 지속적으로 지원하여야 한다.

자기개발계획서를 통하여 자기개발 계획 수립을 하기 위한 절차를 살펴보면 다음과 같다.

첫째, 개인의 강점 및 약점목록을 토대로 개발이 필요한 역량을 우선순위에 따라 선정한다. 우선순위를 결정하는 방법은 본인이 체크한 현재 역량수준과 조직에서 요구하는 바람직한 역량수준의 GAP이 큰 역량을 우선 고려한다.

둘째, 개인이 개발하고자 하는 역량이 정해지면 역량강화를 위한 개발목표를 정한다. 개발목표는 가능하면 구체적이고 명확하며 측정 가능하도록 기술하여야 한다. 예를 들어 영업사원이 고객과의 협상역량이 부족하다고 진단되었을 때 이 약점을 보완하기 위한 개발목표를 정한다면 단순히 사내교육 이수라고 목표를 정하면 안되고, 「협상력 강화프로그램」 20시간 이수와 같이 구체적으로 목표를 정해야 한다.

셋째, 개발목표가 정해졌으면 본 목표를 달성하기 위한 효과적인 개발방법과 일정을 수립한다. 이를 위해 해당 역량을 개발하는데 도움을 줄 수 있는 사내·외 교육프로그램 또는 세미나를 찾아 기입하거나, 자기학습을 통하여 해당 역량을 개발하는데 도움을 줄 수 있는 전문서적 독서, 매뉴얼/지침 등의 학습방법을 찾아 기입한다.

넷째, 앞단계에서 구체적인 개발방법이 결정이 되면 이를 토대로 자기개발계획서를 작성하고 상사와의 미팅을 통하여 개발계획에 대한 합의를 도출한다. 상사는 부하직원이 작성한 자기개발계획서를 검토하고 자신의 의견을 개진하되 기본적으로 부하직원의 의견을 존중하여야 한다. 또한 상사는 합의된 개발계획이 효과적으로 이루어질 수 있도록 적극적으로 지원하며, 계획대로 진행되고 있는지를 점검한다. 〈그림 5-3〉은 자기개발계획서의 예이다.

<table>
<tr><th>자신의 약점</th><td colspan="2"></td></tr>
<tr><th>자신의 강점</th><td colspan="2"></td></tr>
<tr><th>개발할 강(약)점</th><th>개발 목표</th><th>개발 전략</th></tr>
<tr><td></td><td></td><td></td></tr>
<tr><td></td><td></td><td></td></tr>
<tr><td></td><td></td><td></td></tr>
<tr><td></td><td></td><td></td></tr>
</table>

<table>
<tr><th colspan="6">경력방향 및 자기개발계획</th></tr>
<tr><td colspan="3">주요 경력</td><td colspan="3">장기경력방향 :</td></tr>
<tr><td>기간</td><td>부서</td><td>담당업무</td><td>희망부서</td><td>희망직무</td><td>희망사유</td></tr>
<tr><td></td><td></td><td></td><td></td><td></td><td></td></tr>
<tr><td></td><td></td><td></td><td></td><td></td><td></td></tr>
<tr><td colspan="3" rowspan="3">경력개발에 필요한 사항 :</td><td colspan="3">교육/개발 계획</td></tr>
<tr><td>희망시기</td><td>개발초점</td><td>개발방법</td></tr>
<tr><td></td><td></td><td></td></tr>
<tr><td colspan="6">상사의 의견 및 지원약속 사항 :</td></tr>
</table>

〈그림 5-3〉 자기개발계획서 양식(예)

자료 : 박주희(2008), 전게서, p. 168 일부 수정 재인용.

- 제4단계 : 개인개발 프로그램 설계

개인개발 프로그램은 직원의 약점을 보완하고 강점을 강화하는 데 있다. 따라서 개인개발 프로그램을 설계할 때는 조직 전체의 강점목록과 약점목록을 분류한 다음 그 중 빈도가 높은 역량요인을 대상으로 프로그램을 설계한다. 프로그램을 설계할 때는 〈표 5-1〉과 같은 강점지표와 약점지표를 활용할 수 있다.

〈표 5-1〉 개인개발을 위한 강점 및 약점지표

강점지표	약점지표
• 높은 내적 열망(성과향상을 위한 열정, 욕망) • 높은 만족도(수행직무에 대한 높은 만족) • 높은 학습능력(새로운 지식, 기술에 대한 높은 학습능력) • 높은 성과(자주적 직무수행 및 탁월한 성과)	• 낮은 내적 열망(성과향상을 위한 열정 부족) • 낮은 만족도(수행직무에 대한 낮은 만족) • 낮은 학습능력(새로운 지식, 기술에 대한 높은 학습능력) • 낮은 성과(의존적 직무수행 및 저조한 성과)

개인개발 프로그램 설계자는 강점지표와 약점지표를 토대로 특정 역량의 부족이 어디로부터 오는지를 파악해야 한다. 예를 들어 한 직원이 낮은 성과의 원인으로서 A라는 역량이 부족한 것으로 평가되었다고 하자. 이 경우 그 부족한 역량이 내적인 성과향상을 위한 열의의 부족인지, 수행직무에 대한 불만에서 비롯된 것인지, 그렇지 않으면 학습의 부족으로 인한 직무수행능력의 부족으로 인한 것인지를 파악하여야 한다. 만일 낮은 성과의 원인이 학습의 부족으로 인한 판정된 경우에는 직무전문교육을 통하여 보완하여야 하고 낮은 내적 열망으로 인한 경우에는 직무열의를 향상시키기 위한 교양교육이나 정신교육 프로그램이 필요하다. 그리고 낮은 성과의 원인이 수행지무 자체에 대한 만족도가 낮은 경우에는 직무재배치를 하여야 한다. 이와 같이 개인이 가지고 있는 강점과 약점을 파악하는 경우 앞의 네 가지 지표를 활용하여 판정하는 경우 개인개발 프로그램의 방향성을 설정하는데 정확히 반영할 수 있다.

• **제5단계 : 개인개발 프로그램 실행**

개인개발 프로그램이 완성이 되면 조직은 프로그램별 교육대상자를 선정하여 프로그램을 실행하게 된다. 개인개발 프로그램은 외부의 전문교육기관의 전문교육 참가하거나 사내교육을 실시하는 등의 위탁교육과 통신교육, 온라인 교육, 독서 등의 방법을 통한 자기학습법이 있다. 이 외에 직장상사나 동료가 지도하는 등의 직장내 훈련(OJT)을 통하여 자기개발이 이루어지기도 한다.

제3절 개인개발의 실행

1 인재개발의 촉진 방법

조직에서 필요로 하는 인재가 외부에서 완벽히 만들어져서 들어오는 경우는 거의 없다. 조직에서 필요로 하는 대부분의 인재는 조직에 들어오기 전에 상당한 잠재력을 가진 상태에서 출발하여 조직에 들어와서 여러 형태의 개인개발을 통하여 능력이 발현될 뿐이다.

그러면 직원들은 어떻게 성장하는가? 많은 조직의 경영자들은 직원들을 성장시키기 위한 핵심적인 개인개발 방법은 교육훈련이라고 생각한다. 그러나 맥킨지의 조사에 따르면, 〈그림 5-4〉와 같이 많은 기업의 경영자나 관리자들은 인재육성을 위하여 조직구성원들에게 훈련의 기회를 많이 주지 않고 있고, 한 여러 가지 방법 중 가장 중요한 방법이 교육훈련이 아닌 직무부여라고 생각하고 있는 것으로 나타났다. 이와 같은 사실은 조직에서 한 개인의 성장은 단순히 교육 및 훈련에 있는 것이 아니라 직무에 대한 직접적인 경험의 축적을 통하여 이루어진다

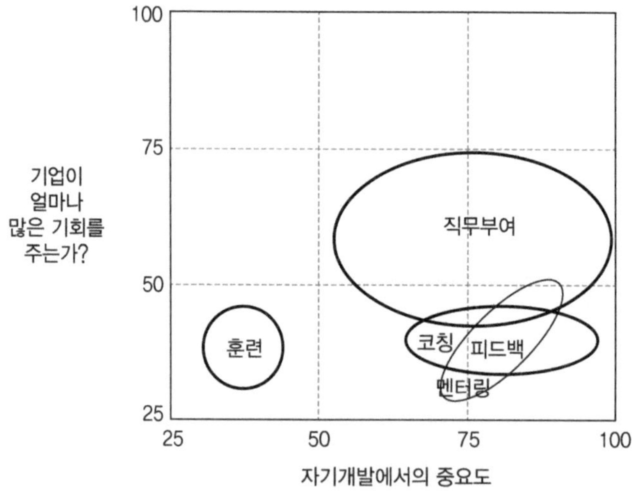

〈그림 5-4〉 인재개발 촉진방법

자료 : 박주희(2008), 전게서. p. 100 재인용.

는 것을 보여준다. 따라서 경영자와 관리자들은 부하직원들을 최고의 인재로 육성하기 위해서는 개인의 잠재력을 발휘하여 최고의 성과를 낼 수 있는 적절한 직무를 부여하고 코칭, 멘토링, 피드백 등의 방법을 통하여 개인의 성장을 촉진할 수 있도록 지원해 주어야 한다.

2 개인개발 방법

조직에서 개인개발을 추구하는 방법에는 내용 및 형태에 따라 학자들마다 구분하는 방법이 다르다. 어떤 학자는 개인개발과 교육훈련을 동일시하여 교육훈련 중심으로 접근하기도 하고, 일부의 학자들은 개인개발 방법으로 교육훈련, 코칭, 멘토링으로 구분하고 교육훈련은 개인개발 중 하나의 방법으로 구분하기도 한다.

제이콥스(Jacobs)는 개인개발의 분류기준을 〈표 5-2〉와 같이 3가지 유형으로 구분하여 설명하고 있다.[12] 첫째, 장소에 의한 분류로서 현장교육(on the job training), 집합교육(off the job training), 원격교육으로 구분된다. 둘째, 자기개발 형대에 따른 분류로 의식훈련(awareness training), 관리훈련(managerial training) 및 기술훈련(technical training)으로 나뉜다. 그리고 마지막으로 자기개발 접근 방식에 따라 자율학습, 일대일 학습 및 집단학습으로 구분하고 있다. 본 질에시는 인제개발 추진방법을 살펴보고, 제이콥스의 분류에 기초한 개인개발 방법을 각 유형별로 상세히 다루고자 한다.

〈표 5-2〉 제이콥스의 개인개발 분류

분류 기준	개인개발 종류
장소에 의한 분류	직장내훈련(on the training), 직장외훈련(off the job training), 원격훈련
자기개발 형태에 의한 분류	의식훈련(awareness training), 관리훈련(managerial training) 및 기술훈련(technical training)
자기개발 접근 방식에 의한 분류	자율학습, 일대일 학습 및 집단 학습

가. 교육 장소에 따른 구분

1) 직장내 훈련(On the job training : OJT)

직장내 훈련(OJT)은 조직 내에 있는 직무수행 현장에서 실시되는 교육 방식으로 현장훈련, 직무현장 훈련으로 부르기도 한다. 직장내 훈련은 경력사원의 지도 아래 신입사원이나 직무순환에 의해 처음 직무를 접하는 구성원들에게 제공되는 교육훈련을 의미한다. 직장내 훈련은 팀워크 조성이나 영향력이 강한 직속 상사가 업무에 대한 지식, 기능, 태도를 포함한 전인교육을 실시할 수 있도록 해줌으로써, 조직문화의 전수와 더불어 개인의 능력개발에 대한 성취감을 갖고 체계적 업무수행 능력을 배양할 수 있도록 도와준다. 또한 직장내 훈련은 다른 교육훈련 프로그램들과는 달리 구성원들이 자신의 과업을 수행하는 과정에서 교육을 받기 때문에 직무성과에 직접적인 영향을 미칠 수 있다.

직장내 훈련은 교육후 해당직무에 학습전이가 용이하고, 별도 훈련시설 및 장비가 불필요하며, 훈련비용이 절감되는 등의 장점을 가지고 있다. 반면에 훈련장소의 물리적 제약이 있고, 소음 등 환경상의 요인으로 인하여 학습에 지장이 많으며, 훈련 중 불량률이 증가하는 등의 생산성이 감소하기도 하고, 고객의 불편으로 인하여 클레임이 증가하고 서비스의 질이 감소하는 등의 단점도 동시에 존재한다. 또한 현장교육 장소 근처에 중장비나 화학물질 등은 있는 경우 피교육생이나 일하는 근로자들의 안전에 위험 우려가 있다.

직장내 훈련의 방법에는 〈표 5-3〉과 같이 직무훈련, 직무순환, 코칭 및 멘토링 등의 방법이 있는데 각각의 내용 및 특징을 살펴보면 다음과 같다.

〈표 5-3〉 직장내 훈련의 종류

구분	개인개발 종류
직무훈련	고유직무를 수행하는 중에 트레이너가 종업원을 훈련시키는 현장교육의 대표적인 방법
직무순환	기업 내의 모든 직무에 대하여 계획적으로 배치전환을 실시
코칭	부하의 잠재능력을 이끌어내어 개인의 문제해결능력을 높여줌으로써 능력을 최대한 발휘할 수 있도록 지원하는 것
멘토링	경험과 지식이 많은 사람(멘토)이 스승 역할을 하여 지도와 조언으로 그 대상자(멘티)의 정서적 안정을 돕고 실력과 잠재력을 향상시키는 것

가) 직무훈련(job instruction training)

직무훈련이란 고유직무를 수행하는 중에 트레이너가 구성원을 훈련시키는 대표적인 현장교육의 방법으로서 〈표 5-4〉와 같이 훈련준비, 과제의 제시, 실행, 후속지도 등 4단계의 절차를 걸쳐 진행된다.

〈표 5-4〉 직무훈련 단계

단계	내용
1단계 훈련준비	• 훈련받을 사람들의 긴장을 풀어준다. • 훈련받을 사람들이 알고 있는 사전지식 정도를 확인한다. • 학습동기를 유발시킨다(훈련을 개인욕구와 연계 : 예, 승진). • 과제에 착수한다.
2단계 과제제시	• 과업전반을 알려주기(tell) • 시범 보이기(show) • 각 단계를 설명하기(explain) • 과업결과를 입증하기(demonstrate)
3단계 실행	• 훈련받는 사람에게 과제를 수행하게 한다. • 훈련받는 사람에게 수행단계를 설명해 보게 한다. • 직무실행에 따른 피드백을 제공한다. • 올바른 행동을 강화시킨다.
4단계 후속지도	• 훈련받은 사람 스스로 직무를 수행해보도록 한다. • 질문을 하면서 격려한다. • 직무수행 성과를 정기적으로 점검한다. • 점진적으로 훈련을 줄인다.

자료 : 노남석, 박양근(2009). 인적자원개발론. 한올출판사. p. 173에서 재인용.

나) 직무순환(job rotation)

직무순환은 〈그림 5-5〉와 같이 조직 내의 모든 직무에 대하여 계획적으로 배치전환을 실시함으로써 고정적인 직무배치에서 오는 문제점을 해결하기 위한 과학적인 직무설계 방식이다. 직무순환은 적정배치(적재적소의 인사원칙)의 실현과 다양한 능력개발의 촉진, 조직전체에 대한 시야를 넓힘으로서 권태감과 단조로움을 감소시켜주며 조직의 활성화에 기여할 수 있는 등의 이점을 가지고 있다. 반면에 직무순환은 직무수행자의 빈번한 교체에 의해 오히려 작업생산성의 저하 및 작업집단의 협동심 감소를 초래할 가능성이 있는 등의 문제점도 동시에 가지고 있다.

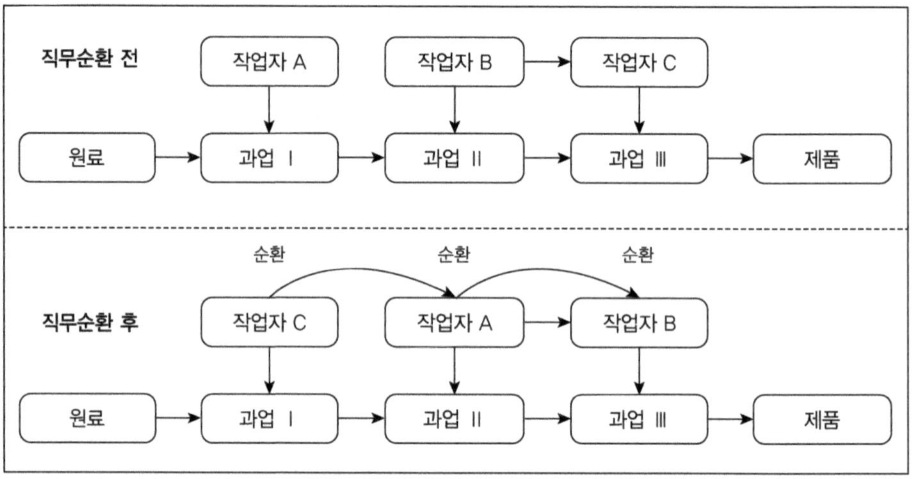

〈그림 5-5〉 직무순환 방식

자료 : 노남석, 박양근 외(2004), 상게서, p. 185 재인용.

다) 코칭(coaching)

코칭이란 조직의 리더에게 필요한 리더십으로 리더가 부하직원을 대하는 자세와 태도를 말한다. 즉 부하직원의 잠재력을 개인적 발전단계에 따라 개발하여 능력을 극대화 시키는 것이다. 코칭의 목적은 리더가 부하에게 무언인가를 가르치기보다는 배울 수 있는 능력을 키워주는데 있다. 따라서 리더는 코칭을 통하여 그들 스스로 문제를 해결할 수 있도록 도와주게 되며, 리더는 부하가 자신의 힘으로 해결할 수 있도록 도와주는 것이므로, 리더와 부하직원의 관계는 종속적이 아닌 협력적이 된다. 결국 코칭은 리더가 부하의 잠재능력을 이끌어내어 개인의 문제해결능력을 높여줌으로써 능력을 최대한 발휘할 수 있도록 지원하는 것이다.

(1) 코칭의 기본자세

코칭은 상사와 부하직원 간의 긍정적이고 적절한 인간관계의 형성에서 출발한다. 상사가 부하에게 코칭시 가져야 할 기본적인 자세를 살펴보면 다음과 같다.

첫째, 상사는 부하에게 코칭을 실시하는 경우 부하직원을 신뢰하여야 한다. 상사와 부하 간에 상호신뢰가 없으면 상사와 부하직원은 상대적 코칭을 하기도 어렵고 코칭을 요구하기도 어렵다. 부하에 대한 상사의 긍정적인 태도는 부하직원의 관계에 긍정적 영향을 미친다.

둘째, 상사는 부하에 대한 감정이입, 즉 부하의 입장에서 이해를 하여야 한다. 코칭은 상대를 평가하는 것이 아니라 상대의 입장에서 이해하는 것이며, 따라서 상사는 부하직원이 자신에 대하여 말하는 그대로 이해하도록 노력하여야 한다.

셋째, 상대의 의견에 대한 수용이다. 수용이란 상대방에 대하여 어떠한 선입견을 갖지 않고 상대방의 의사에 대하여 일단 받아들이는 자세이다. 수용은 부하직원에 대한 평가나 판단이 아닌 따뜻하고 긍정적인 지원이다.

(2) 코칭 기술

코칭은 일상적인 직장생활에서 대화의 형태로 진행이 된다. 상사는 코칭 시 부하에 대한 지적자극을 통하여 부하가 가지고 있는 잠재능력을 끄집어내고, 스스로 문제해결방법을 찾도록 적절한 대화방법을 활용하여야 한다. 상사가 코칭시 갖추어야 할 기본적인 기술을 다음과 같다.

첫째, 부하에게 끊임없이 질문을 하라. 부하직원을 코칭하는 기법의 핵심은 질문이다. 상사는 부하에게 끊임없는 질문을 통하여 부하직원의 창의력과 잠새능력을 이끌어낼 수 있다. 질문은 부하직원에게는 창의적 사고를 유발하는 자극제가 되고, 상사에게는 부하직원에 대한 이해의 폭을 넓힘으로써 부하에 대한 기존의 사고를 확대시켜 준다.

둘째, 부하의 말을 경청하라. 코칭에서 두 번째로 중요한 기법은 적극적인 경청이다. 적극적 경청은 상대방에게 집중하고, 상대방의 말을 조건없이 수용하며, 상대방의 입장에서 이해하고, 상대방의 말에 대하여 질문하거나 확인을 해서 끝가지 이해하는 것이다. 상사가 부하와의 관계에서 부하의 말을 집중해서 듣는 경우 부하가 가지고 있는 당면문제에 대한 문제해결의 단서를 찾을 수 있고 문제의 원인에 대한 정확한 판단을 할 수 있다. 그리고 부하는 본인의 말을 상사가 잘 들어주고 있다고 느끼기 때문에 본인의 말에 좀 더 집중하게 되고 그 과정에서 창의력이나 잠재능력을 이끌어낼 가능성이 높아진다. 이와 같이 질문이 부하직원의 가능성을 최대한 이끌어내는 것인 것처럼, 경청도 부하직원의 잠재능력을 최대한 이끌어내는 것이 포인트이다.

셋째는 코칭결과에 대해 피드백하라. 피드백은 코칭의 핵심활동이며 코칭 과정의 필수적 요소이다.

리더는 코칭 결과 부하의 업무능력이 향상되고 있는지를 살펴보고 그 결과를 적절한 피드백을 하여야 한다. 부하의 업무향상이 있는 인정이나 칭찬과 같은 적절한 보상을 실시하고 기대한대로 업무의 향상이 되지 않는 경우에는 그 원인을 찾아서 적절한 조치를 취해야 한다. 만일 업무부진의 결과가 부하의 능력이나 태도의 문제인 경우 교육훈련이나 멘토링과 같은 방법을 통하여 부하의 능력을 향상시키고 문제해결을 도와주어야 한다. 그리고 조직의 적절한 지원이 문제인 경우 조직에서 적절한 지원을 할 수 있도록 조직에 건의하거나 적절한 조치를 취해주어야 한다. 부하직원은 상사의 피드백을 통해 자신에 대한 새로운 정보를 얻게 되고 지속적인 성장기회를 갖게 된다.

라) 멘토링(mentoring)

멘토링은 경험과 지식이 많은 사람이 스승 역할을 하여 지도와 조언으로 그 대상자의 실력과 잠재력을 향상시키는 것 또는 그러한 체계를 말한다. 멘토링 과정에서 스승 역할을 하는 사람을 '멘토(mentor)'라 하고 지도 또는 조언을 받는 사람을 '멘티(mentee)'라고 한다.

멘토링의 유래를 보면, 그리스 신화에 나오는 영웅인 오딧세우스는 트로이로 전쟁을 나가기 전 자신의 친구에게 아들 의 교육을 맡겼는데 그의 친구는 그가 전쟁에서 돌아오기까지 무려 10여 년 동안 아들이 훌륭한 차세대 지도자가 될 수 있도록 돌봐주었다고 하는데 그 친구의 이름이 바로 멘토(Mentor)인데서 연유되었다고 한다. 이후 멘토는 "지혜와 신뢰로 한 사람의 인생을 이끌어주는 스승, 인생의 안내자, 본을 보이는 사람, 비밀까지 털어놓을 수 있는 사람" 등의 여러 가지의 의미로 사용되기 시작했고, 이런 멘토의 활동을 멘토링(Mentoring)이라고 한다.

멘토링은 코칭과 비슷한 활동이다. 다만 다른 점은 코칭은 업무에 국한하여 지도 및 지원을 함으로써 부하직원의 특정 업무를 완수하는 능력을 키워주지만, 멘토는 업무에 국한하지 않고 생활 전반까지 폭 넓은 조언와 지원을 한다는 점이다

멘토링의 장점은 조직의 중요한 직원이나 임원들을 직접적으로 접촉함으로써

조직의 가치관과 이념들을 자연스럽게 배우게 된다.

그리고 멘토링을 실행하는 과정에서 학습효과가 상호간에서 일어난다는 점이다. 멘티는 멘토를 통하여 조직의 분위기 뿐만 아니라 회사의 업무에 대한 간접적인 많은 지식을 습득할 수 있다. 그리고 멘토는 멘티가 가지고 있는 참신하고 다양한 아이디어를 접함으로써 조직에서 오랜 기간 근무할 때 생겨나는 고정관념이나 매너리즘을 극복하는데 도움을 주기도 한다.

(1) 멘토링의 기능

조직에서 멘토는 자신이 갖고 있는 업무 노하우는 물론 경험과 지식을 멘티에게 전수해 줌으로써 멘티의 잠재된 능력을 개발해 목표를 달성할 수 있도록 돕는 정신적 후견인, 코치, 상담자, 역할모델(role model) 역할을 한다. 멘토링의 대표적인 기능에는 경력개발 지원기능, 사회심리적 기능, 역할모델 기능을 들 수 있는데 각각에 대하여 자세히 살펴보기로 한다.

① 자기개발 지원기능

자기개발 지원 기능은 멘토가 멘티에게 조직에서 자신의 역할을 합리적으로 수행하는데 필요한 요령을 습득하게 해주고, 조직내에서의 승진 또는 경력발전을 위해 미리 준비하도록 도와주는 기능이다. 멘토는 공식적인 관계뿐만 아니라 개인간의 비공식적인 관계를 통하여 멘티에게 조직에서 생활하는 데 필요한 요령을 습득하는데 도움을 준다. 멘티는 이러한 비공식적인 관계를 통하여 본인의 재능과 능력을 발휘할 기회를 많이 얻음으로써 단기적으로 자기개발에 도움을 줄 뿐만 아니라 장기적으로 본인의 경력목표 및 경력개발 방향을 형성하는데도 도움을 준다.

② 심리적·사회적 기능

심리사회적 기능은 멘티가 조직생활을 하는데 심리적인 안정감을 갖게 하고, 멘티의 개인적인 고민을 상담해주며, 멘토와 호의적인 관계를 형성함으로써 멘티가 자신감을 갖게 하고 자신의 자아에 대한 명확성을 확립하도록 도와주는 기능이다. 이런 심리적·사회적 기능은 멘토와 멘티가 상호간에 조직 내·외부에서 친밀감과 신뢰감이 바탕이 된 인간적인 관계가 맺어질 때 긍정적으로 작용한다.

③ 역할모델 기능

역할모델(role model)기능은 멘토가 멘티에게 조직 내에서 업무를 수행하거나 역할을 이행할 때 필요로 하는 적절한 행동방식과 태도, 가치관을 멘티에게 직접 보여주고 알려줌으로써 멘티에게 역할 전수자 역할을 수행하는 기능이다. 멘토는 조직내 멘티의 성공적인 역할모형이 됨으로서 멘티는 멘티로부터 중요한 기술, 태도, 가치관 등을 배울 수 있다. 이와 같이 멘토링은 멘토가 멘티에게 직접적으로 제공하는 코칭이나 조언, 지원 등을 통하여 조직 내에서 안정적으로 정착하고 성장을 할 수 있을 뿐만 아니라, 멘토에 대한 관찰과 모방을 통하여 특정한 행동방식과 바람직한 가치관, 태도 등을 습득함으로써 조직사회화 및 조직성과 향상에 기여할 수 있다

(2) 멘토링의 종류

멘토링에는 〈표 5-5〉에서와 같이 조직에서 공식적인 제도나 절차에 의해 멘토관계를 형성하는 공식적 멘토링과 양자간의 자발적인 선택이나 탐색활동에 의하여 비공식적으로 관계가 형성이 되는 비공식적 멘토링이 있는데 각각의 특징을 살펴보면 다음과 같다.

① 공식적 멘토링

공식적 멘토링은 입사 또는 조직에 진입하는 신입구성원에 대하여 조직에서 공식적인 방법을 통해 연결시켜 멘토관계를 형성하게 되는 것을 말한다. 공식적 멘토링은 조직에서 멘티에게 적합한 멘토를 직접 지정함으로써 멘토의 자질관리가 용이하고, 멘토링 모니터링을 통하여 멘토와 멘티와의 관계에 대한 효과성 분석이 용이하며, 멘토와 멘티에게 멘토링 관련 전문 교육을 체계적으로 실시함으로써 멘토링의 효과를 높일 수 있다는 장점이 있다

이와 반면에 공식적 멘토링은 비공식적 멘토링에 비해 조직이 직접 멘토링 시스템을 운영 및 관리함에 따라 관리비용이 발생하고, 조직에서 멘토관계를 강제함으로써 멘토링의 중요한 기능 중 하나인 심리·사회적 기능을 발휘함에 있어

서 비공식적 멘토링보다 떨어진다는 단점을 가지고 있다.

② 비공식적 멘토링

비공식적 멘토링은 멘토관계가 조직의 공식적인 경로를 통해서 구조적으로 이루어지는 것이 아니라 양자 간의 자발적인 선택이나 탐색활동에 의하여 비공식적으로 이루어지는 것을 말한다. 비공식적 멘토링은 조직에 진입하는 신입구성원과 기존의 구성원은 서로의 필요에 따라 취미나 관심사, 학연, 지연, 라이프스타일 등 여러 가지 이유에 의해 서로에게 유익한 상대를 선정하여 상호간에 도움을 주고받으며 자신의 경력 상의 발전을 동시에 추구한다. 비공식적인 멘토링은 공식적 멘토링에 비해 멘토링의 심리·사회적 기능에 있어서 더 효과성을 발휘하고, 공식적인 멘토링에 비해 자연발생적이기 때문에 조직에서 관리상의 비용이 들지 않으며, 멘토와 멘티의 심리적 연대감, 일체감이 높다는 장점을 가지고 있다. 그러나 멘토의 자질관리가 어렵고, 멘토링의 효과에 대한 파악이 어려우며, 멘토 및 멘티에게 체계적인 멘토링 교육을 실시하기 어려운 단점이 있다

〈표 5-5〉 공식적-비공식적 멘토링의 특징

공식적 멘토링	비공식적 멘토링
• 인위적 발생	• 자연발생적
• 멘토의 자질관리의 용이함	• 멘토의 자질관리의 어려움
• 신입사원의 학습내용이 정형화 됨	• 신입사원의 학습내용이 비정형화됨
• 멘토-멘토간의 심리적 연대감, 일체감 정도가 낮음	• 멘토-멘티간의 심리적 연대감, 일체감 높음
• 관리상의 비용 발생	• 관리상의 비용이 발생하지 않음
• 멘토링의 효과에 대한 파악이 용이함.	• 멘토링의 효과에 대한 파악이 어려움

자료출처 : 박경규(1996), "멘토링시스템을 통한 신입사원의 조직사회화 전략", 서강대학교 경영학 연구원, 서강경영논총, 7, pp. 95-109.

(3) 멘토링 프로그램의 운영

현재 국내의 많은 조직들이 공식적, 비공식적 멘토링 제도를 운영하고 있다. 멘토링을 시행하는 조직의 일반적인 프로그램 실행단계 및 절차를 살펴보면 다음과 같다.

첫째, 멘토링을 실시할 경우 공식적인 멘토링으로 할 것인지, 아니면 비공식적

인 멘토링을 할것인지 대한 결정은 각 사업단위에서 자율적으로 결정한다.

둘째, 멘토링을 받고자 하는 사람은 그가 이루고자 하는 목적과 목표를 제출하고, 멘토와의 관계를 통해 무엇을 얻고자 하는지 명확히 밝히도록 한다.

셋째, 멘토링 조정위원회는 앞 단계에서 멘티가 작성한 멘토링 신청 목적 및 내용을 검토하여 이에 적합한 멘토를 지정해준다. 여기서 중요한 것은 직원의 개발 및 성장에 필요한 멘토를 찾아서 배정해주어야 한다는 것이다.

넷째, 멘토가 선정이 되면 멘토와 멘티에게 양자의 관계에서 이루어져야 할 사항들이 무엇인지를 사전에 결정한다. 그리고 멘토링을 주고받는 사람은 한 달에 몇 번씩 만나면서 그들이 만나서 나눌 주제를 정하고 적절한 멘토링을 실시한다. 멘토링을 운영하는 조직은 멘토링 과정에서 발생하는 사실에 대한 비밀을 보장하여야 하고 멘토링에 필요한 금전적, 제도적 지원이 이루어져야 한다.

2) 직장외 훈련(OFF the job training : Off-JT)

직장외 훈련은 직무현장에서 벗어나 다른 장소, 즉 강의실이나 회의실과 같은 장소에서 실시되는 교육훈련 방식으로 연수원의 강의실에서 실시되는 교육훈련이나 집단 워크숍이 직장외 훈련의 대표적인 예이다. 직장외 훈련은 강의, 토론, 역할연기, 시뮬레이션 등 다양한 훈련방법을 활용할 수 있고, 학습에 집중할 수 있는 환경을 조성할 수 있으며, 보다 많은 훈련생을 수용할 수 있다는 장점을 가지고 있고 단순한 지식의 전달에는 매우 좋은 훈련방법이다. 반면에 강사료, 교재대, 교육장 사용료 등 많은 훈련비용이 발생하고, 직무환경이 상이하여 훈련결과에 대한 직무 전이가 잘 되지 않는 단점을 가지고 있다.

가) 직장외 훈련의 종류

직장외 훈련의 방법에는 강의법, 토의법, 경험적 학습법, 시뮬레이션 등 다양한 방법이 있는데 각각의 내용을 살펴보기로 한다.

(1) 강의법

강의법은 강의 내용이 현장과 떨어져 있어도 상관이 없고 지식의 전달 위주의 교육이 필요한 경우에 적합한 교육방식이다. 강의법은 많은 인원을 교육에 참여

시킬 수 있어 교육 참가자들의 평균 교육비도 낮게 된다. 하지만 강의법은 강사들의 일방적인 지식전달 위주의 강의로 인하여 상호간 커뮤니케이션이 잘 이루어지지 않는다는 단점이 있으며, 많은 수의 교육생을 대상으로 강의함으로서 교육생의 눈높이에 맞는 맞춤형 교육이 어렵다는 단점이 있다.

(2) 토의법

토의법은 단순한 지식의 전달 중심의 강의법과 달리 교육생 간 의견 또는 아이디어 교환을 통하여 교육생들의 문제해결능력을 높이고 교육의 집중력을 높이기 위한 교육방식이다. 토의법은 습득하고자 하는 교육내용에 대하여 교육생들이 전문가의 도움을 받아서 직접 토의를 함으로써 토의능력을 향상시키고 구성원의 조직사회화 과정에도 긍정적인 작용을 한다.

토의방식에는 패널, 심포지움, 세미나, 포럼, 사례분석 등 다양한 방법이 있다. 심포지엄은 학문 분야에서 가장 많이 사용하는 유형으로 전문가가 새로 발견된 학설이나 연구 논문 등을 발표하고, 전문가의 논평과 함께 일반인의 반응을 알아보는 방식이다.

포럼은 공개 토의라고도 불리며 서로 다른 입장의 전문가가 주상을 펼치고 청중이 질의응답의 방식으로 토의에 참여한다.

패널 토의는 특정 문제에 대하여 각자 입장이 다른 전문가들이 출연하여 자기들끼리 격론을 벌이고 일반 참가자는 지켜보는 방식이다.

사례 분석법은 특정 사례를 놓고 문제해결방법에 대하여 교육생들이 토론을 함으로써 조직경영에서 발생하는 각종 문제에 대한 간접적인 체험을 하고 문제해결능력을 높일 수 있는 교육방식이다. 사례분석은 교육생 참여율이 높고, 교육생 간의 커뮤니케이션이 잘 이루어지는 장점이 있다. 그러나 사례의 제작 시간이 오래 걸리고, 난이도가 높아서 훈련 강사의 자질이 높지 않은 경우 효과성이 떨어진다는 단점을 가지고 있다.

(3) 경험학습법

경험학습은 경험으로부터 배우는 것, 직접 해봄으로써 배우는 것을 의미한다. 경험학습을 최초로 구조화한 콜브(Kolb)는 학습은 경험의 변환을 통해 지식을 생성하는 과정이고 지식은 경험의 이해와 변환으로 생성되는 결과물[13]이라고 정의하면서 경험학습 과정을 〈그림 5-6〉과 같이 구체적 경험(concrete experience), 반성적 관찰(reflective observation), 추상적 개념화(abstract conceptualization)과 능동적 실험(active experiment)의 단계로 구분하였다.

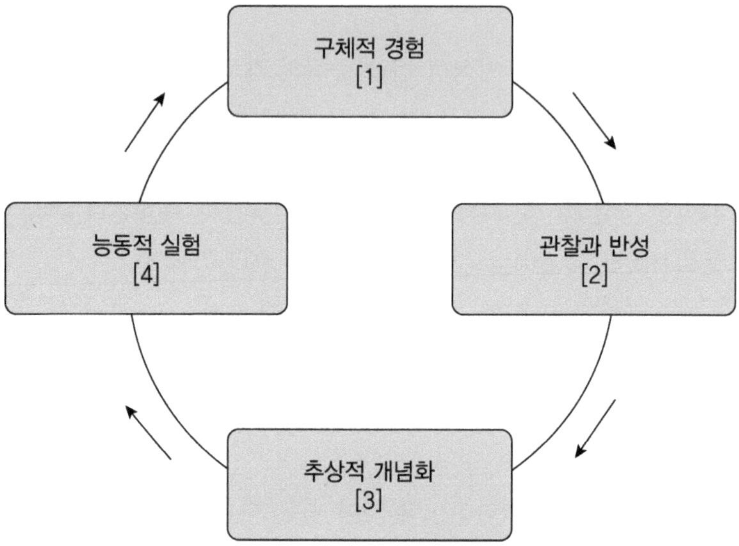

〈그림 5-6〉 콜브의 경험학습 과정

자료 : Kolb, D. A. (1984). Experiential learning : Experience as the source of learning and development. Englewood Cliffs, NJ : Prentice Hall.

구체적 경험 단계는 개인이 즉각적으로 발생한 상황에 대해 경험을 획득하고 그것을 주관적으로 이해하는 것을 의미한다. 이 단계에서 학습자는 현상에 대해 생각하고 체계적으로 접근하기보다, 자신의 감정을 바탕으로 직관적이고 심미적인 접근을 하게 된다.

반성적 관찰 단계는 현상에 대해 주의 깊게 관찰하고 편견 없이 기술하고, 새로운 의미를 형성하는 것을 뜻한다. 학습자는 이 단계에서 현상을 이해하고 반성함으로써, 구체적 경험 단계에서 획득한 자신의 독특한 경험을 내적인 이해로 변환한다. 또한 이 단계에서 새로운 관점이나 시각을 모색하고 도입하려고 노력한다.

추상적 개념화 단계는 반성적 관찰을 통해 형성한 의미를 체계적이고 분석적인 과정을 통해 이론과 개념으로 일반화하는 과정이다. 추상화 단계는 구체적 경험 단계와 반대의 속성을 지니며, 감정과 직관을 배제하고 논리에 근거하여 접근한다.

능동적 실험 단계는 체계화한 개념을 바탕으로 사람 또는 현장에 능동적으로 영향을 주는 단계를 말한다. 학습자는 이 단계에서 무엇이 사실(truth)인지 반성하기보다, 실용적인 접근을 통해 무엇이 효과가 있을 것인지에 대해 고려하고 실천에 옮긴다.

콜브의 경험학습 모형은 다음과 같이 정리할 수 있다. 학습자는 경험의 획득을 통해 자신이 처한 문제상황을 파악하고, 이를 다양한 관점에서 이해하려고 하는 시도를 통해 일반화시킨다. 또한 일반화한 개념을 실천하면서 이를 수정하여 새로운 지식을 형성해 나가게 된다.

현재 기업현장에서 실시하고 있는 경험학습 방법에는 사례연구(case study), 비즈니스 게임(business game), 역할연기(role playing), 감수성훈련(sensitivity training), 교류분석법(transactional analysis) 등이 있다.

① 사례연구

사례연구는 1871년 하버드대학교의 랭들(C. C. Rangdell)교수에 의해 창안된 교육방법으로서, 학습자들에게 실제 일어난 여러 가지 사례를 토의과정을 통하여 심층적으로 분석하게 함으로써 현실문제에 대한 간접적인 체험을 하게 하는 학습방식이다.

사례연구의 학습절차는 일반적으로 상황설명 및 문제(issue)의 제기, 원인분석, 대안의 탐색 및 최적대안 도출, 실행계획 수립 및 결론 순서로 진행이 된다.

② 비즈니스 게임

비즈니스 게임이란 경영자 훈련 방식의 하나로서 경영 실태를 간략히 재현한 모의 회사를 몇 개 만들고 학습자가 그 회사를 직접 운영하게 하여 경영 훈련을 시키는 방식이다. 비즈니스 게임은 교육훈련을 받는 사람들이 쉽사리 조직 상황을 이해하고 의사결정을 할 수 있도록 고안된 일종의 사례연구법이라 할 수 있다.

③ 역할연기

역할연기는 역할 연기법. 경영관리상의 문제 해결이나 이해를 위해 당사자가 문제의 주인공처럼 실연(實演)해서 문제의 핵심을 파악하는 교육방식으로서 감독자 훈련이나 세일즈맨에 대한 기술훈련 등에 사용되고 있다.

④ 감수성 훈련

감수성훈련은 1946년 커트 레윈(Kurt Lewin)이 주도 했던 티그룹(T-Group)활동을 모체로 하여 발달한 조직개발프로그램으로 개인 자신의 행동이 타인에게 어떠한 영향을 주는지를 파악하고 자신에 대한 인식을 높이며 집단의 각 구성원들 간의 원활한 상호작용을 도모하는데 있다. 감수성 훈련의 훈련방식은 조직화되지 않은 소수 집단을 형성한 후 토의 주제를 정하고 자유롭게 토의한다. 진행자(coordinator)의 역할은 토의자들이 편안하게 토의할 수 있도록 심리적인 안정감을 갖도록 도와주며, 토의 과정에서 구성원 개개인 들이 보여주는 대인관계적 특성이나 태도에 대하여 피드백을 해주는 일이다. 감수성 훈련방법은 조직 안에서 개인과 개인 사이, 집단과 집단 사이의 신뢰를 키우고 의사소통을 높이는데 기여한다.

⑤ 교류분석

교류분석은 1950년대 미국의 정신의학자인 에릭 번(Eric Berne)에 의해 발전된 기법으로서, 어떠한 자아 상태에서 인간관계가 교류되고 있는가를 분석하여 자기 통제를 돕는 심리요법의 하나이다. 교류분석이론에서는 모든 사람은 여러 가지 측면에서 특성을 달리하는 어버이(P), 어른(A), 아이(C)의 세 가지 자아상태를 가지고 있으며, 이 가운데 어느 하나의 입장에서 행동하고 다른 사람과 교류를 한다[14]고 설명한다. 어버이, 어른, 아이는 생리적인 연령을 의미하는 것이 아니라 정신적인 연령(psychological age)을 의미하며, 건전한 사람은 여러 부류의 다른 사람과의 관계에서도 균형이 잡힌 세 가지 자아상태를 유지한다. 교류분석은 개인 자신의 정신적 성숙 보다는 집단 속에서의 개인의 성장과 변화를 가져올 수 있도록 지원해주는 훈련기법이다.

(4) 시뮬레이션

시뮬레이션은 복잡한 직무나 의사결정 문제를 학습하기 위하여 현장 상황과 똑같이 만들어 놓고 실제로 조작하면서 스스로 학습하는 것으로서 항공기나 기계를 다루는 방법을 체득하고자 하는 경우에 효율적이다. 시뮬레이션 훈련의 기본적인 형식은 훈련생이 기계 또는 컴퓨터와 같이 훈련을 위하여 필요한 장비와 함께 모의 행사에 참가한다. 훈련자들은 미리 정해 놓은 시뮬레이션 작업에 참여하여 특정 업무와 기능을 수행하고, 시뮬레이션을 통해 자신의 능력을 향상시킨다. 시뮬레이션 학습의 장점으로는 훈련을 하는 사람들의 참여도가 비교적 높으며, 훈련의 전이효과가 높다는 점이다. 반면에 단점은 훈련장비에 구입 문제로 비용이 많이 들고, 훈련을 위한 사전적 준비가 필요하며, 훈련자는 훈련과 관련하여 고도의 지식과 기능을 필요로 한다.

3) 원격교육(Distance Learning & Training)

원격교육이란 트레이너와 학습자가 다른 장소와 다른 시간에 있으면서 어떤 매체를 활용하여 교수-학습이 일어나는 형태의 교육을 말한다. 원격교육은 그동안 시간과 공간의 제약을 벗어날 수 있는 점에서 집합교육의 단점을 극복할 수 있는 방법으로 주목 받아왔고, 오늘날 인적자원개발에서 그 중요성이 점점 높아지고 있다. 원격교육은 제 1세대인 우편원격교육에서 출발하여 정보기술이 발전하면서 지금까지 TV방송, 가상대학, 텔레컨퍼런싱(teleconferencing), 웹기반 학습 등 다양한 형태로 발전해왔다.

원격교육은 교육기회의 확대 제공과 교육적 효율성의 제고라는 측면에서 특히 커다란 장점을 가지고 있다. 즉 첨단의 교육 다중매체를 활용함으로써 교육의 효율성을 제고할 수 있으며, 교과과정 개발 전문가, 교육공학 전문가, 컴퓨터 전문가, 교육 전문가 등의 다양한 전문가 집단에 의해 교육 프로그램이 사전에 체계적이고 전문적으로 기획·개발·제공된다는 장점이 있다. 그리고 무엇보다도 시간적 공간적 거리의 제약을 넘어서 누구에게나 효율적인 교육을 대량 체제로 공급할 수 있다는 점에서 그 장점이 부각되고 있다.

나. 개인개발 형태에 따른 구분

1) 의식훈련(Awareness Training)

의식훈련은 조직구성원의 의식 및 인식 제고를 위한 교육훈련 프로그램을 의미한다. 영업사원의 고객서비스 정신을 높이기 위하여 매일 아침 서비스 교육을 실시하고 구호를 외치도록 하거나, 조직의 새로운 핵심가치에 대한 이해를 증진시키기 위하여 매일 아침 핵심가치 및 실천사례에 대해 사내방송을 시청하게 하는 등은 구성원의 의식을 고양하기 위한 대표적인 예이다.

2) 관리훈련(Managerial Training)

관리훈련은 관리능력 제고를 위한 프로그램을 의미한다. 예를 들어 많은 기업들이 관리자 및 승진자를 대상으로 리더십 교육을 실시하거나 직급별, 계층별 교육을 실시하는 것이 이에 해당한다. 과거 산업사회에서는 관리자를 위한 패키지 프로그램인 관리자 훈련과정(management training program : MTP)이나 감독자 훈련과정(training within industry : TWI)을 많이 실시하였으나 현재는 거의 사용하지 않고 있다.

3) 기술훈련(Technical Training)

기술훈련이란 직무의 전문성을 높이거나 직무수행능력을 높이기 위한 프로그램을 의미한다. 조직 내 모든 직무교육이 이에 포함된다. 또한 컴퓨터 활용능력을 높이기 위한 훈련이나 신기술 도입 시 구성원들에게 새로운 기술을 습득하도록 하는 훈련도 여기에 속한다.

다. 개인개발의 접근방식에 따른 구분

개인개발 접근방식에는 외부위탁교육, 자율학습, 온라인 교육이 있으며 각각을 살펴보기로 한다.

1) 자율학습(Self-Study)

자율학습은 개인 스스로 진행하는 학습으로 자기주도학습이 가장 대표적인 예이다. 자율학습은 조직구성원이 자율적으로 학습을 진행하기 때문에 교육훈련 비용이 절약되는 장점이 있다. 그리고 자기 학습법은 다양한 지식 영역에 폭넓게 적용되며, 다양한 지식 분야에 대하여 학습이 가능하고, 학습 시간에 있어서 다른 학습방법보다 덜 구애받지 않는다는 장점이 있다. 반면에 조직 내 인적자원개발 담당자가 모든 개별 학습자의 학습과정을 개별 또는 통제하기 어렵고, 자기 학습을 할 때 인적자원개발 담당자와 커뮤니케이션이 원활하지 않으면 학습효과가 떨어지며, 개인학습에 따른 학습 효과가 개개인마다 큰 차이를 보이는 단점을 가지고 있다.

2) 집단학습

집단학습은 소집단이나 대집단을 대상으로 집합교육을 실시하는 것을 말하며, 여기에는 강의, 워크숍, 액션러닝 등의 방식이 이에 해당한다. 집단학습은 많은 인원을 학습시킬 수 있고, 교육의 순비 및 교육내용 진달이 전문기에 의해 진행되므로 학습효과는 높을 수 있지만, 교육내용과 업무현장과의 간격을 줄이는 것이 집단학습 성패의 관건이다.

3) 일대일 학습

일대일 학습은 학습자가 피학습자에게 일대일로 교육이나 훈련을 실시하는 방식으로 대표적인 예에는 전통적 도제나 직장내 훈련(OJT), 멘토링, 코칭 등이 있다. 일대일 학습은 업무 현장에서 진행되며 즉각적인 피드백이 제공되기 때문에 학습전이 가능성이 높지만, 상대적으로 교육훈련에 대한 전문성이 약한 경력사원에 의해 진행하는 경우가 많아 교육성과를 담보하기가 어려운 점이 있다. 또한 교육내용 및 진행과정을 인적자원개발 담당자가 직접 통제할 수 없다는 문제점도 가지고 있다.

참고문헌

1) Gilley, J. W. & Eggland, S. A. (1989). Principles of human resource development. Readding, MA : Addison Wesley Publishing Co
2) 권대봉(1998), 한국의 기업교육사례연구, 박영사
3) Jacobs, R., & Washington, C. (2003). Employee development and organizational performance : a review of literature and directions for future research. Human Resource Development International, 6(3), 343-354.
4) Bandura, A. (1977). Self-efficacy. Toward a unifying theory of educational psychology, 70, pp. 154-166.
5) Bandura, A. (1993). Perceived self-efficacy in cognitive development and functioning. Educational Psychologist, 28, pp. 117-148.
6) Pajares, F. & Miller, M. D. (1994). Role of self-efficacy and self-concept beliefs in mathematical problem solving : A path analysis. Journal of Educational Psychology, 86, pp. 193-203.
7) Hellriegel과 Slocum(2007), Fundamentals of organizational behavior, Australia : United Kingdom : Thomson/South-Western.
8) Lawler(1969), Job Design and Employee Motivation, Personnel Psychology, Vol. 22.
9) Hellriegel과 Slocum(2007)
10) Meyer, Allen & Smith, 1993).
11) 박주희(2008). 전게서, p. 164.
12) Jacobs R. L.(2000), Aspect of Human Resource Development, OH : The Ohio State University.
13) Kolb, D. A. (1984). Experiential learning : Experience as the source of learning and development. Englewood Cliffs, NJ : Prentice Hall.
14) Steinmetz L. L., *Human Relation : People and Work*, Harper & Row, 1979, p. 129.

Human Resources Development

인적자원개발

6 경력개발

▶ 제1절 경력개발 개요

▶ 제2절 경력개발제도 운영

Chapter

6 경력개발

학습목표

1. 경력개발의 정의 및 조직내 경력개발의 필요성을 설명할 수 있다.
2. 경력개발을 위한 조직의 역할 및 개인의 역할을 설명할 수 있다.
3. 생애 경력개발 관점에서 초기, 중기, 말기 경력개발 방안에 대하여 설명할 수 있다.

최근에 들어와서 사회·문화·경제적 환경이 변화함에 따라 경력개발에 대한 관심이 증가하고 있다. 평생직장개념의 쇠퇴와 기업 간, 산업 간 인력이동의 활성화, 기술 및 지식 변화 속도의 가속화로 새로운 것에 대한 학습활동이 보다 중시되고 있다. 종신고용, 연공서열에 의한 관행 등으로 대표되는 평생직장의 개념이 사라지고 노동시장이 보다 유연해지면서 직장인들의 새로운 것에 대한 학습에 대한 관심과 노력이 가속화 되고 있다. 회사를 언제 그만 두더라도 치열한 경쟁 환경에서 살아남을 수 있는 자신만의 전문능력/영역을 개발해야 할 필요성이 더욱 증가하고 있다.

조직 차원에서도 글로벌 경쟁에의 신속한 대응 차원에서 인재 육성의 일환으로 경력개발은 필수적인 요소이다. 구성원의 전문영역과 능력을 개발시켜 이들의 시장가치를 높이고 궁극적으로는 조직이 필요로 하는 인재를 확보하기 위해서는 경력개발제도의 도입 및 운영이 필요하다. 따라서 본 장에서는 경력개발의 기초적 개념을 정리해보고, 조직 내 경력개발의 도입 및 운영방안에 대하여 알아보며, 조직 내에 있는 구성원들의 초기, 중기 및 말기 경력개발 방안에 대하여 살펴보고자 한다.

제 1 절 경력개발 개요

1 경력개발의 정의

경력(career)이라는 용어는 다양한 의미를 갖고 있다. 홀(Hall)은 경력을 특정 직무나 직종과 관련된 지식과 전문성, 경험 및 삶의 과정으로 정의하고, 경력개발(career development)은 개인의 특정 직무나 직종과 관련된 능력과 전문성을 축적하는 과정이라고 정의하고 있다.[1)] 경력개발(career development)은 직원의 미래 업무의 수행에 필요한 지식, 기술, 역량 등을 개발하기 위해서 개인과 조직이 함께 하는 활동이다. 다시 말하면, 경력개발은 직원과 조직이 상호 협력하여 경력을 구상하는 구조적이고 조직화된 계획활동이다. 경력개발은 직원들에게 만족을 주어 그들로 하여금 조직에 대하여 최대한의 공헌을 할 수 있는 직위(position)로의 이동이란 점에서 전환배치와 비슷하다. 하지만 경력개발이 다양한 작업 및 직무경험을 통해 직원의 능력개발을 목적으로 한다는 점에서 전환배치와 다른 의미를 가지고 있다.

- 경력목표(career goal) : 직원 개인이 경력 상 노달하고 싶은 미래의 직위
- 경력경로(career path) : 경력 목표에 이르는 길(경로)
- 경력계획(career planning) : 경력목표를 설정하여 그것에 도달하기 위한 경력경로를 구체적으로 선택하는 과정
- 경력개발(career development) : 직원 개인의 경력계획 달성을 위한 직원과 조직이 함께하는 조직적이고 계획적인 노력
- 경력관리(career management) : 개인 혼자서 또는 조직의 경력시스템을 통해 이루어지는 경력계획의 준비·실행 및 점검의 과정

〈그림 6-1〉 경력개발 관련 용어

2 경력개발의 의의

경력개발은 능력개발에 주된 목적을 두고 행해지는 수평적 이동으로서, 조직의 경력관리상에서 다음의 다양한 의미를 지닌다.

첫째, 경력개발은 직원의 능력을 개발하기 위한 조직적인 지원시스템으로서의 의미를 가지고 있다는 점이다. 즉, 조직은 경력개발을 통해 개인에게 필요한 직무능력을 개발하도록 지원하고 자기개발을 유도할 수 있는 장점이 있다.

둘째, 경력개발을 동기부여의 기법으로 사용한다는 점이다. 조직은 경력개발을 통해 직무의 반복적 수행에서 오는 단조로움(권태감)을 벗어나게 할 수 있으며, 보다 나은 직무 또는 다른 종류의 직무로 전환시켜 줌으로써 동기부여를 시키는 매우 유용한 기법으로 사용할 수 있다.

셋째, 조직은 경력개발을 통해 적재적소의 인사관리를 할 수 있다는 것이다. 직원은 경력개발을 통해 자신의 능력 발휘와 다양한 능력의 함양으로 미래의 관리자로 양성될 수 있는 기회를 가질 수 있다.

3 경력개발의 목표

경력개발은 조직에서 다음과 같은 점을 목표로 한다.

(1) 맞춤형 인재개발 및 확보

경력개발프로그램은 입사 시점부터 퇴직까지 구성원들의 경력경로를 설계하고 이를 장기적으로 관리함으로써 조직이 원하는 맞춤형 인재를 개발하고 육성하려는 목적이 있다. 여기서'장기적'이라는 말은 초기에 설정된 경력계획(career plan)을 실제 직무수행평가 결과에 따라 지속적으로 조정 · 관리해 나간다는 의미이다.

(2) 개인의 성장욕구 충족

경력개발프로그램은 개인의 적성과 니즈에 맞도록 경력을 계획하고 실행해 나가도록 지원함으로써 자아실현과 성장욕구를 충족시켜 주려는 목적도 가지고 있다.

(3) 조직의 일체감 향상

개인의 희망 경력을 조직이 합리적으로 수용할 가능성이 높을 경우 개인정체감(self identity)과 직무정체감(job identity)의 공유영역이 넓어지게 된다. 개인과 일이 하나가 된다는 것은 조직과도 하나가 된다는 것을 의미하므로, 결국 경력개발프로그램은 개인의 조직에 대한 몰입(commitment)을 향상시키려는 것이 궁극적인 목적이다.

4 경력개발 단계

경력개발 단계는 개인이 생애에 걸쳐 경력을 형성하고 축적, 발전해나가는 과정을 나타내며, 레빈슨(Levinson)은 다음과 같이 탐색, 확립, 중간경력, 말기경력, 쇠퇴 등 다섯 단계로 구분·설명하고 있다. 〈그림 6-2〉는 레빈슨이 제시한 경력개발단계를 도표로 보여주고 있다.

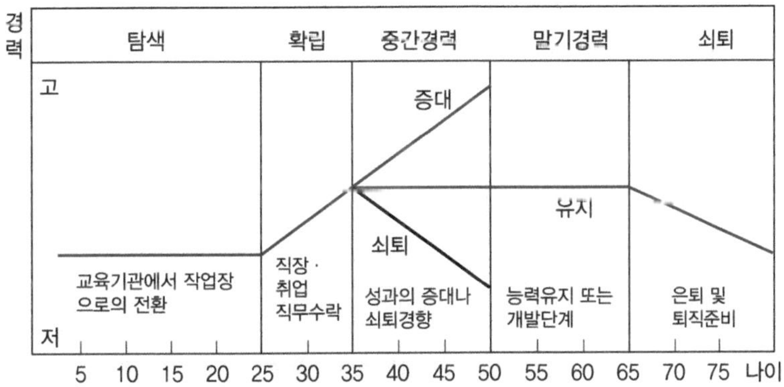

〈그림 6-2〉 경력개발 단계

① 제1단계 : 탐색(Exploration)

탐색단계에서는 본인의 생애 경력개발을 위한 기반을 구축하는 시기를 의미한다. 이 단계에서는 사회에 존재하는 각종 직업과 직무 에 대한 지식과 정보를 입수하고, 교육과 훈련을 통해 관심이 있는 분야에 대한 지식과 기술을 습득하는 단계이다.

② 제2단계 : 확립(established)

확립기는 조직에 입사하면서 조직에 존재하는 직무에 대한 탐색을 통하여 조직내 개인의 경력개발 목표를 정하고, 경력개발 계획을 수립하며, 수평적, 수직적 이동을 통하여 조직내 직무경험을 축적해 가는 시기이다. 이 단계에서는 한 조직에 오랫동안 머무르면서 직무를 축적하기도 하지만 다른 직장으로 옮겨서 본인의 직무경험을 축적하거나 생애 경력개발이 이루어지기도 한다.

③ 제3단계 : 중간경력(mid-career)

중간경력단계는 종업원이 조직내 특정한 업무영역에 정착하게 되고, 조직 내에서 동료들과 경쟁해가면서 개인이 갖고 있는 지식과 전문성, 경험 등을 유지하고 보존해 나가는 단계이다. 이 단계에서는 성취감이나 도전성이 감소하는 경향이 있고, 의욕도 떨어지는 경향이 있기 때문에 지속적인 성장을 위한 재충전의 기회가 요구된다. 따라서, 이 단계에 해당되는 종업원은 신기술과 관리기법에 관한 교육과 자기개발에 노력을 기울어야 한다.

④ 제4단계 : 말기경력(late career)

이 단계에서는 도전적인 사고보다 전문성과 경험에 의존하면서 안정적인 사고와 행동을 하게 된다. 이 단계에서 조직은 개인의 축적된 지식과 경험을 활용하고, 새로운 종업원에 대한 조언의 역할을 요구하게 된다. 따라서 이 단계에 있는 개인은 자신의 경력과 경험, 지식과 전문성을 다른 사람에게 훈련시키고 지도하는 데 노력해야 한다. 특히 이 단계에서는 경력선택의 재평가를 요구하는 시기로, 이 단계에 도달한 많은 개인들은 현재 경력을 '쇠퇴기'(decline)로 가게 하거나 다른 직장이나 직업을 탐색하는 탐색단계로 다시 돌아가게 한다.

⑤ 제5단계 : 쇠퇴(decline)

쇠퇴단계는 은퇴를 준비하고 계획하면서 조직 외의 활동을 시작하는 단계이다. 이 단계는 경력의 후반기로 참여와 영향력이 감소하게 되며 실질적인 은퇴에 앞서 정신적으로 은퇴를 먼저 고려해보게 되는 시기이다. 이 단계에서는 책임과 역할의 감소는 물론이고, 자의 또는 타의에 의한 은퇴가 많아진다. 따라서 이 단계에 있는 개인은 퇴직 이후의 삶을 설계하고 새로운 직업이나 직장을 준비하여야 하며, 조직은 전략적 퇴직관리제도(outplacement)의 도입 및 운영을 통하여 퇴직 준비에 있는 직원이 다른 직업이나 직장으로 잘 전환할 수 있도록 지원하는 것이 바람직하다.

제 2 절 경력개발제도 운영

경력개발제도(Career Development Program)란 '개인의 입사로부터 퇴직까지의 경력경로를 개인과 조직이 함께 설계하고 장기적 관점에서 관리해 나가는 종합적 인적자원개발시스템'이라고 정의할 수 있다. 경력개발제도는 평생에 걸쳐 장기적으로 진행된다는 시간적 관점과 개인과 조직이 함께 한다는 주체적 관점, 그리고 종합인 인적자원을 개발해 나가는 시스템이라는 수단적 관점의 의미를 가지고 있다.

1 경력개발제도 운영 기본원칙

경력개발제도의 운영을 위한 기본적인 원칙에는 적재적소의 원칙, 경력경로 설계의 원칙, 자체 후진 양성의 원칙이 있다.

① 적재적소의 원칙

경력관리는 종업원의 적성, 지식, 경험 및 능력과 조직의 직무가 조화를 이루어야 하며, 이를 위해서는 직무의 자격요건과 종업원의 적성 및 선호구조에 대한 정보를 충분히 파악하여야 한다.

② 경력경로 설정의 원칙

경력관리의 성공적인 운영을 위해서, 조직에서는 반드시 사전에 개인이 직장 내에서 달성하고자 하는 경력목표와 이를 달성하기 위한 과정적 경로(career path)를 설정해 놓아야 한다.

③ 자체 후진 양성의 원칙

경력관리는 조직 내부에서 후진양성을 통하여 자체적으로 유능한 인재를 확보함을 원칙으로 한다.

2 경력개발제도의 구성체계

조직에서 경력개발제도를 도입하여 운영하기 위해서는 〈그림 6-3〉과 같이 경력개발시스템 및 경력개발 지원시스템이 마련되어야 한다. 경력개발시스템은 경력개발제도를 구성하는 기본적 요소로서 경력계획 및 경력경로의 설정, 선발 및 배치관리, 인사평가 및 피드백, 직무순환 및 승진관리 등이 이에 속한다. 경력개발 지원시스템은 경력개발제도를 운영하기 위하여 필요한 제도적 지원장치로서 경력정보시스템, 인사정보시스템, 경력상담 및 교육훈련 등이 이에 속한다.

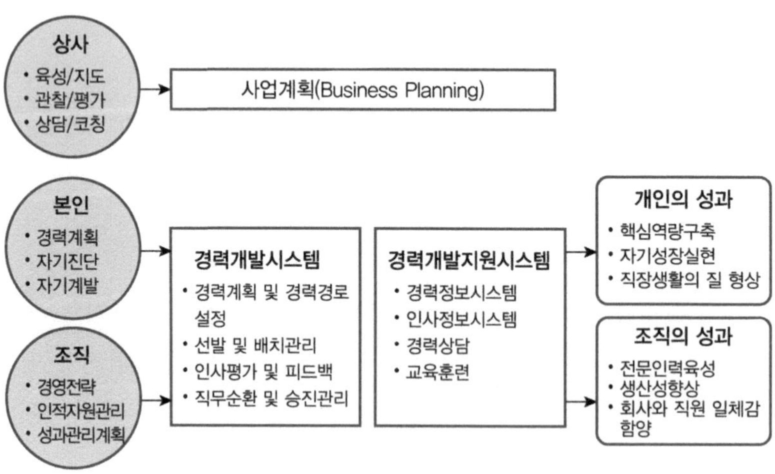

〈그림 6-3〉 경력개발제도의 구성체계

3 경력개발 제도의 운영

조직 내 경력개발제도는 일반적으로 〈그림 6-4〉와 같은 절차를 걸쳐 운영된다. 우선적으로 개인은 입사하여 조직에서 제공하는 경력경보를 통하여 경력목표를 선택하게 된다. 경력목표가 선택이 되면 상사와의 경력상담을 통하여 경력목표의 확정 및 경력계획이 수립하게 된다. 구성원들은 상사와 협의를 통하여 결정된 경력개발계획을 토대로 경력개발활동이 이루어지는데, 조직은 교육훈련, 인사평가, 승진제도, 전환배치 등과 연계지원을 통해서 개인적으로 경력개발이 잘 이루어질 수 있도록 지원하여야 한다. 그리고 경력개발활동을 전개하면서 조직환경, 구성원의 목표 및 가치관의 변화에 따라 개인적인 경력경로를 조정할 필요가 생기게 되는데, 조직은 경력상담 및 자기신고제도 등을 통하여 이에 적절히 대응하여야 한다.

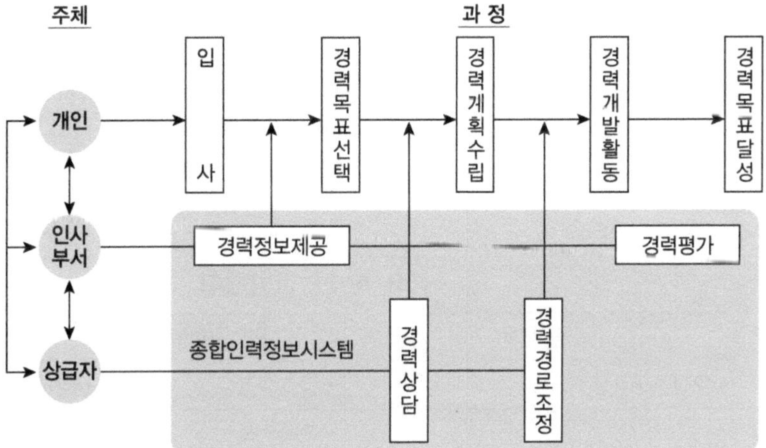

〈그림 6-4〉 경력개발제도의 운영

(1) 경력경로(career path)의 설정

경력경로는 개인이 조직 내에서 달성하고자 하는 경력목표에 대한 달성 과정 및 경로를 말하며 수평적 차원에서의 이동경로와 수직적 차원에서의 승진경로를 통합한 개념이다. 경력경로가 설정되기 위해서는 조직 내 사전 직군분류 및 직무분류가 되어 있어야 하며, 일반 조직에서 활용하는 경력경로 유형에는 〈표 6-1〉에서 보는 바와 같이 다양하다.

〈표 6-1〉 경력경로 유형

유형	내용
ㅜ형(▽형)	하위직급에서는 Rotation 없이 전문화하고 상위직급에서 폭 넓은 Rotation을 통해 넓은 시야를 갖게 함
ㅗ형(△형)	하위직급에서의 폭 넓은 Rotation을 통해 많은 직무를 경험하게 하고 상위직급에서 전문화함
工형(모래시계형)	상・하위직급에서의 어느 정도 Rotaion을 실시하고 중간직급에서 전문화 함
↑형	입사 이래로 전문분야만 종사하고 Rotation은 없음

(2) 경력계획 수립

경력계획(career planning)이란 경력목표를 설정하여 그것에 도달하기 위한 경력경로를 구체적으로 선택하는 과정을 말한다.

경력계획을 수립하기 위해서는 〈표 6-2〉와 같이 다섯 단계 접근을 통하여 향상될 수 있다.[2]

〈표 6-2〉 경력계획 수립

단계	개인의 활동	조직의 활동
• 오리엔테이션	• 경력책임	• 워크숍
• 나는 누구인가?	• 경력분석 • 검사받기	• 경력 상담자로서의 관리자
• 나는 어떻게 비춰지는가?	• 자기분석 • 조직인식	• 성과평가 • 직무공고
• 나의 선택지는 무엇인가?	• 경력지원센터 활용	• 경력지원센터 • 인적자원센터
• 나의 목표를 어떻게 달성할 수 있는가?	• 경력계획	• 경력 상담자로서 관리자 • 경력계획 멘토링

1단계는 개인의 경력책임이 강조되는 오리엔테이션이다. 조직은 워크숍을 개최하거나 관리자의 경력상담을 통하여 회사의 경력개발제도를 소개하고, 경력개발 방법을 설명하며, 경력개발의 책임이 개인에게 있음을 지적하고 촉진시킨다.

2단계는 개인의 자기분석이다. 이 단계에서 조직은 개인에게 나는 누구인가?라는 질문에 답을 하도록 한다. 개인은 자신이 가지고 있는 장점 및 단점을 성찰하고, 조직 내에서 희망하는 직무가 무엇이며, 희망하는 직무가 본인의 적성에 맞으며 잘 해낼 수 있는 역량을 가지고 있다고 생각하는지 등을 분석한다.

3단계는 현실성 검토이다. 이 단계에서는 개인이 조직에 어떻게 비춰지는가라는 질문에 답을 하도록 한다. 이를 위하여 조직은 개인의 적성검사, 역량평가 결과와 조직 내 개인이 희망하는 직무에 대한 직무환경 및 수행여건에 대한 정보를 제공함으로써 개인이 희망하는 직무가 개인의 의사, 적성, 능력뿐만 아니라 회사의 여건에 대한 고려도 할 수 있도록 지원해 주어야 한다.

4단계는 직원들에게 가능한 경력목표를 선택할 수 있도록 하는 단계이다. 이 단계에서 직원들은 조직인식을 발전시키고 자신의 성장 개발활동을 통하여 경력대안을 찾는다. 이때 인적자원개발 전문가는 조직의 인적자원계획의 요구를 알려주거나 직원들이 직무공고에 응하도록 장려한다.

5단계는 직원들의 경력목표 달성을 위하여 관심을 실행계획으로 발전시키는 단계이다. 이 단계에서 중요한 것은 경력계획의 수립 및 수정이다. 이때 인적자원개발 전문가는 멘토링에 참여하고, 관리자를 경력상담자로 활용하여, 직원들이 경력계획을 개발하도록 해야 한다

(3) 단계별 경력개발제도의 운영[3)]

개인의 경력에 대한 열망과 관심은 경력에 대한 지향과 경력단계에 따라 변한다. 따라서 경력에 대한 지향과 경력단계에 따라 상이한 종류의 기회와 도움이 효과적이다. 즉, 경력단계에 맞는 경력상담정보를 제공하게 되면 개인적으로 다음이동 시에 참고가 되고, 새로운 기회를 창출하는 데 더 효과적이다.

(가) 초기 경력개발

신규로 채용되는 직원은 조직 내에서 상당한 불안을 경험한다. 그들이 입사 당시에 생각하였던 조직과 입사한 후에 느끼는 조직의 현실 사이에 상당한 차이를 지각하게 된다. 그 차이가 크면 클수록 직원을 그 조직을 떠날 가능성이 커지게 된다. 신입직원이 입사 전후에 느끼는 차이가 그들을 실망하게 만들고 불안하게 만든다. 경영자나 관리자는 그 차이를 만드는 원인이나 요인을 이해할 필요가 있다. 직원들이 입사하여 처음으로 맡은 직무가 그들 자신이 생각하였던 것보다 단순한 것은 아닌지 또는 그들의 직무가 자신의 충분한 능력발휘의 기회가 제공되지 못 하는 것은 아닌지를 살펴볼 필요가 있다. 초기 경력개발에서 중점을 주어야 할 사항을 살펴보면 다음과 같다.

① 도전적 직무 부여

신입직원은 자신의 생각보다 낮은 수준의 업무가 주어지거나, 주어진 업무가 자신의 성장욕구를 충족시키지 못한다고 생각하고 생각하면, 그들은 조직을 떠날 가능성이 높아진다. 경영자는 신입 직원들에게 가능한 직무 중에서 도전적인 직무를 배치할 필요가 있다. 초기에 도전적 직무를 경험한 직원은 추후에도 효과적으로 성과를 보일 가능성이 크기 때문이다.

② 직무충실화(job enrichment)

직무충실화(job enrichment)는 성장·성취 욕구가 강한 직원들에게 동기부여를 시키는 전문적인 기법이다. 직무를 충실화시키는 전형적인 방법은 직원들에게 보다 많은 권한과 책임을 부여하거나, 자신의 아이디어를 실행할 수 있게 하거나 또는 고객과 직접 상호작용을 허용하는 것이다.

③ 멘토링

멘토링은 상급자가 부하 직원의 정신적 조언자가 되어 여러 가지의 문제에 대하여 상담해주는 것을 말한다. 핵심 인재를 붙들어 두기 위해서는 조직이 직원의 성장과 개발을 지원하는데 관심이 있음을 보여주어야 하는데, 멘토링이 이 역할을 아주 잘 수행해준다.

④ 금전 이외 추가적 보상

조직의 젊은 인재들은 금전적 보상이나 직장에서의 성취 외에도 무언가 보람 있는 일을 하고 싶어 하는데 조직은 이에 대응한 프로그램을 만들어 시행할 필요가 있다.

(나) 중기 경력개발

경력직원들에게도 근무 과정 중 상당한 위기가 존재하는데, 이는 성공에 따른 스트레스, 중년에 오는 개인 및 가정의 문제, 그리고 강성한 활동시기의 경과 등이 발생하기 때문이다. 따라서 중기 경력직원에게도 조직적이고, 체계적인 경력관리 과정이 필요하다.

① 경력상담

의사들과의 전문적 상담을 통하여 중기 직원들에게 그들의 의기소침과 스트레스에 대한 전문적 도움을 받게 할 수 있는데, 객관적인 청취자(의사)에게 자신의 문제점을 이야기 하는 과정만으로도 중기 경력의 직원들은 자신의 문제를 인식하고 건설적으로 대처할 수 있다.

② 교육 및 훈련기회의 제공

중기 경력의 직원에게 지식이나 기술을 향상시킬 수 있는 훈련을 실시한다는 것 자체가 조직이 그들을 소중히 여기고 있다는 신호이자 증거로 받아들여진다.

③ 다양한 대안의 준비

중기 직원의 위기가 경력과 관련된 요인에 기인한 것이라면, 조직은 횡적 이동, 하향적 이동, 직책복권 등을 통하여 위기를 효과적으로 해결할 수 있다.

횡적 이동은 한 부서에서 다른 부서로 조직계층의 변환이 없이 이동하는 것을 말한다. 하향적 이동은 한 단계 아래의 직책으로 여겨질 만한 곳으로 옮겨가는 것을 말한다. 직책복권은 전환 배치된 직원이 새로운 직책에서 원만한 업무를 수행할 수 없을 경우, 기존 또는 새로운 직책으로 재배치될 수 있다는 것을 사전에 약속하는 것을 말한다.

(다) 퇴직전 경력개발

퇴직대상자에 대한 상담이나 교육프로그램은 그들의 심리상태를 고려하여 조심스럽게 설계되어야 한다. 이들에 대한 상담이나 교육프로그램은 고용에서 퇴직으로의 순조로운 이행을 목적으로 하는 것이어야 한다. 인적자원 기능이 주도하는 워크숍이나 세미나 등은 퇴직으로의 이행을 순조롭게 하는데 도움을 줄 수 있다.

(4) 경력개발제도 운영을 위한 제 기법

경력개발제도를 운영하기 위해서는 경력평가, 경력상담, 멘토링, 다면평가, 직무순환, 사내공모제 등 여러 가지 기법 및 제도를 필요로 하게 된다.

(가) 경력평가

경력평가는 조직 구성원의 경력개발을 위해 가장 기본이 되며, 조직에서 가장 먼저 실시할 수 있는 기법이다. 커리어 평가를 통해 자신의 흥미, 적성, 성격 및 가치 등을 파악하는 자기탐색 과정을 거침으로써 자신에게 적합한 경력이 무엇인지를 결정하고 이를 달성하기 위한 경력계획을 세우게 된다. 조직에서는 주로 경력계획 워크숍과 경력책자를 통해 조직 구성원들의 자기탐색 과정을 돕고 있다.

(나) 경력상담

상담자가 직접 조직 구성원과 일대일로 만나 조직 구성원의 흥미, 목표, 현재의 직무 수행, 그리고 경력목표 등에 관해 상담하는 것으로서 가장 많이 사용하는 경력개발 프로그램 중 하나이다. 경력상담은 개인이 자신의 정체감과 의미를 찾는 과정이며 모두 개인의 생존, 안녕 및 가정의 라이프스타일 등 개인의 문제를 다루는 과정이다.

(다) 멘토링

경력개발에서 멘토는 크게 두 가지 기능을 한다. 첫 번째 경력기능으로서 조직 구성원이 그 조직에서 경력을 쌓아나갈 수 있도록 도움을 주며, 두 번째는 심리사회적 기능으로서 조직 구성원에게 심리적 안정감을 주는 기능을 의미한다. 조직은 구성원들이 멘토링 프로그램에 자발적으로 참여하도록 유도하는 것이 바람직하며, 프로그램을 실시 전 멘토와 조직 구성원을 대상으로 서로가 무엇을 기대하고 있고, 기대하는 바를 어떻게 얻을 수 있는지에 관한 교육이 필요하다.

(라) 다면평가

다면평가는 조직 구성원과 가까이에서 일하는 상사, 동료, 부하, 또는 고객 등 모든 관련 있는 사람들로부터 평가를 받는 것으로서, 중요한 역량이나 구체적인 행동에 대해 여러 사람들이 제공하는 피드백을 통해 자신의 강점과 개발해야 할 부분에 대해 분명하게 이해하는 데 그 목적을 두고 있다.

(마) 직무순환

직무순환의 목적은 조직 구성원에게 다양한 직무를 경험하게 함으로써 조직 구성원의 능력을 향상시키는 것이다. 일종의 직무순환제도를 통해서 기능이 서로 다른 여러 부서에 근무하게 함으로써 오랜 기간 동안 한 직무에서만 근무하기 때문에 더 이상 발전하지 못하고 정체되는 문제점을 극복할 수 있다.

(바) 사내공모제

사내공모제는 조직에서 자리가 공석이 생길 경우 조직 내부에서 새로운 사람을 선발하기 위해 게시판, 뉴스레터, 인트라넷 등을 통해 사내에 공고를 하고 조직 구성원들로부터 지원을 받은 뒤, 적합한 사람을 선발하는 제도를 말한다.

참고문헌

1) Douglas T. Hall(1976), Careers in Organizations (Santa Monica, Calif.: Goodyear Publishing.
2) 박주희(2008), 신인적자원개발, 대학서림, pp. 138~139.
3) 박주희(2008), 전게서, pp. 156-160

7 수행관리

Chapter

7 수행관리

학습목표

1. 수행관리의 의미 및 발전과정을 알 수 있다.
2. 수행관리의 핵심요소인 직무분석과 직무설계를 이해할 수 있다.
3. 수행관리 개선 절차와 방법을 설명할 수 있다.

인적자원개발에서 수행관리(performance management)는 단기적 성과 향상을 위한 대상으로서 개인이 아닌 조직에 초점을 두고 있는 개념으로 최근에 인적자원개발의 한 구성요소에 인정되고 있는 연구분야이다. 수행관리는 학문적으로 볼 때 수행공학에서부터 출발한 개념으로서, 수행관리를 이해하기 위해서는 수행공학을 이해하여야 한다. 또한 수행관리의 목적은 조직의 수행요소를 확인하고 수행 개선활동을 규명하며, 업무분석을 통해 필요요건을 명시하여 과업의 기대수준을 설정 하는 것이다. 수행개선을 위한 주요전략으로는 경영개발활동 형성, 자기주도적이고 자부심 있는 직원 개발, 성과를 내는 보상전략 등이 있다. 수행관리에 있어서 관리자의 주요 역할은 조직 구성원들과 상호작용을 위한 훈련, 경력지도, 멘토링 등이 있으며 직원의 역할은 중요한 변화시점을 인식하고 목표 달성을 위해 자신을 증진하며 자신의 학습을 계획하여 조직에 기여하는 것이다.

본 장에서는 수행관리의 기초적인 이론과 더불어 개인 및 조직의 성과향상을 위한 수행관리의 요체를 알아보고자 한다.

제 1 절 수행관리의 이론적 기초

1 수행관리의 의미

우선 먼저 수행관리를 이해하기 위해서는 수행(performance) 이란 의미를 이해하는 것이 필요하다. 독자들이 수행관리(performance management)를 영어로 해석할 때 '수행관리'라는 용어보다 '성과관리'라는 말이 더 익숙할 것이다. 그러나 굳이 성과대신 수행이란 용어를 사용하는 이유는 성과가 성취한 결과라는 사전적 의미가 있다면, 수행이라는 것은 성취한 결과 뿐만 아니라 결과를 낳는 과정까지 포함한 개념이기 때문이다.

수행관리란 조직의 성과를 극대화 할 수 있도록 하기 위하여 조직의 업무수행 상태를 파악하고, 현재의 수준과 기대성과와의 차이(gap)를 발견하여 원인을 분석하여 해결방안을 선정하며, 해결방안 실행결과에 대한 평가가 이루어지는 시스템을 말한다.

수행관리에 있어서 핵심은 조직의 체제를 규명, 분석, 평가 하는 것이다. 조직에서 수행개선을 추구하기 위해서는 수행상태를 확인하고 수행능력이 부족한 부분에 대해서는 인적자원개발 활동을 통하여 수행능력을 향상시켜야 한다.

2 수행관리의 발전과정

수행관리의 이론적 배경은 인간수행공학(Human Performance Technology : HPT)과 밀접하게 관련되어 있다. 수행공학은 인간과 조직의 수행을 증진시키기 위하여 문제를 해결하는 체계적인 과정이며, 모든 인적자원(HR)의 해결책을 활용하여 경영전략과 목적을 수행할 직원들의 능력에 연결시키는 실제적인 분야이다. 즉, 수행공학은 현재와 바람직한 수행 상태의 격차를 분석하여 비용 효과적이며 효율적인 해결책을 설계함으로써 수행을 개선하는 공학적 접근방법이며, 교육 및 훈련을 포함한 다양한 해결책으로 조직의 목적 및 전략을 달성하기 위해 종업원의 능력과 경영전략 및 목적을 연계하는 체계적인 과정이다.

수행공학 이론은 1960년대 초에 개념이 태동하여 1970년대에 학습과 적용에 관한 중요한 이론이 제시되면서 발전하기 시작하였다. 1970년대에 들어와서 체제적 교수설계 (Instructional Systems Design : ISD), 성과분석, 원인분석 등의 교수학습 분야의 제 이론이 수행공학의 발전에 크게 기여하였는데 대표적인 학자에는 룸러(Rumler), 매이거(Mager), 길버트(Gilbert) 등이 있다.

룸러는 행동연구 기관에서 활동하면서 학습이 항상 업무성과 개선 결과를 가져오지 않는 것에 관심을 갖고, 행동변화를 위한 시스템 관점을 제시하여 수행시스템(Human Performance System, HPS)모형을 개발하였다.

매이거는 작업자가 기대하는 성과가 나오기 위해서는 중요한 환경 조건과 수용할 만한 성과수준을 분명히 하여야 함을 제시함으로써 수행공학 실천가들이 원하는 성과를 명확화 하는데 도움을 주었다.

길버트는 수행공학의 개념적 틀의 상당 부분을 제시하였는데 그는 성과 창출에 유용한 행동으로서 '가치 있는 성과' 라는 개념을 정의하였고, 성과향상에 영향을 주는 인간행동을 일으키는 중요한 여섯 가지 요인을 제시함으로써 행동공학모형(Behavior Engineering Model, BEM)에서 제시하고 있는 성과 및 원인분석을 위한 기본적인 요소를 제공하였다.

제 2 절 수행관리 절차와 방법

수행관리의 절차와 방법은 수행공학의 산실이라고 할 수 있는 ISPI(International Society for Performance Improvement)에서 수행공학을 보급·확산시키고 현실적용을 용이하게 하기 위해 수행공학의 모형을 제시했다. 본 모형에서는 수행관리 절차를 수행분석, 원인분석, 해결책 선택 및 설계, 실행과 변화관리, 그리고 결과평가 등 다섯 단계로 나누었다.[1] 본 모형은 먼저 진단, 분석을 통하여 조직의 수행문제를 분석하고 수행문제의 근본원인을 5~6가지 요인에 따라 분석한 뒤에, 해당 수행문제를 제거할 수 있는 해결책들을 인적자원개발(HRD), 조직개발(OD), 인적자원관리(HRM),그리고 환경공학(environment engineering)의 범주에서 찾아내고 설계하여 실시하고 난 뒤에 그 결과를 평가하는 것이다.

그 이후 ASTD(American Society for Training and Development) 에서는 1996년에 ISPI모형을 기초로 하여 로스웰(Rothwell)박사가 주축이 되어 〈그림 7-1〉과 같이 수행개선모형을 개발하였는데 그 내용을 살펴보면 다음과 같다.2)

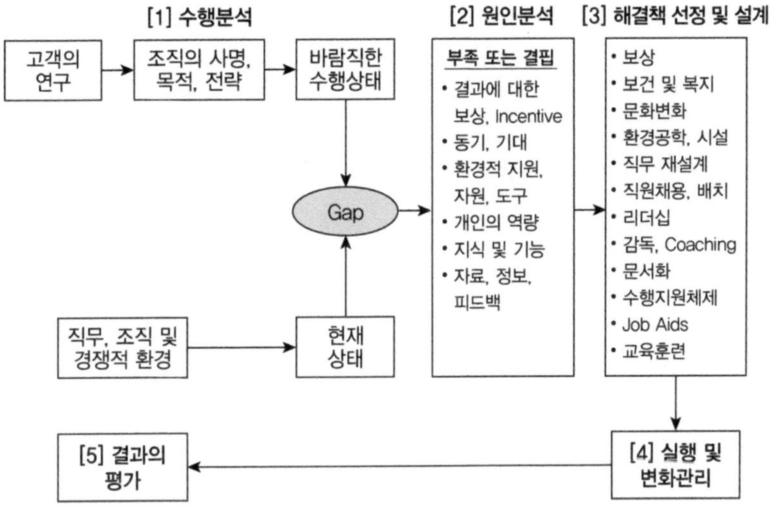

〈그림 7-1〉 로스웰의 수행관리모형

수행관리의 첫 단계인 수행분석은 현재 조직에서 필수적으로 요청하는 수행요건을 규명하고 그것을 조직목표 및 역량과 비교하는 과정이다.

둘째 단계인 원인분석은 조직의 요구와 현재의 상태 간 차이(gap)가 존재하는 문제에 대한 수행상의 원인을 규명하는 단계이다.

셋째 단계인 해결책 선정은 둘째 단계에서 규명한 여러 원인 중 가장 중요한 근본 원인을 찾아내고 그 근본원인을 해결하기 위한 제 대안을 마련하고 최적의 대안을 선택하는 단계이다.

넷째 단계인 변화관리 단계에서는 해결책을 실행하는 과정에서 발생하게 되는 구성원들의 변화에 대한 저항을 해소하고 구성원들의 적극적인 동참을 이끌어냄으로써 의도한대로 바람직한 변화가 이루어지도록 한다.

마지막 단계인 평가 단계에서는 해결책 실행결과에 대한 효과를 확인하고 피드백하는 단계이다. 그러면 지금부터 수행관리 프로세스를 좀더 자세하게 살펴보기로 한다.

• 제1단계 : 수행분석

수행분석은 수행관리의 첫 번째 단계이며 가장 중요한 단계로 볼 수 있다. 이 단계에서는 수행 상의 문제를 명확히 하고 현재의 수행상태와 조직에서 기대하는 바람직한 수준 간 차이를 분석하는데, 수행 분석 단계는 이후 단계인 원인분석 및 해결방안 수립의 방향성을 결정하기 때문에 매우 중요하다. 조직은 수행분석을 통해 조직 내 주요 수행상태 및 성과를 면밀히 탐색하고, 현장에서 조직과 리더가 갖고 있는 수행에 대한 관점이 무엇인가를 정확히 알아내야 한다. 또한 최종 수행성과를 창출하기 위한 수행의 원인이나 성과동인이 무엇인가에 대해서도 파악해야 한다. 궁극적으로는 수행분석을 통해 현 조직 상황에서 모든 수행수준에 영향을 주는 내・외부의 영향력을 파악해야 한다.

로스웰(Rothwell)은 수행분석을 위한 방법으로서 다음과 같은 질문에 답하는 방식으로 진행하는 것이 바람직하다고 제시하고 있다.[3)]

1. 어떤 결과(수행성과)가 나타나고 있는가?
2. 어떤 결과를 바라는가?
3. 수행격차가 얼마나 되는가?
4. 수행격차가 조직에 얼마나 영향을 미치는가?

조직에서 수행분석 시 필요한 주요활동에는 (1) 자료 분석(document review), (2) 요구분석(needs analysis), (3) 직무분석 및 과업분석(task analysis), (4) 절차분석(procedure analysis), (5) 시스템분석(system analysis)등이 있다.

각 활동 시에 분석도구는 특정상황에 맞게 적절히 개발해야 하는데, 주요 분석도구에는 인터뷰(interview), 그룹면접(focus group interview), 관찰법(observation), 설문조사(survey) 등이 있다. 수행 분석은 조직, 환경 그리고 차이분석으로 이루어진다. 각 분석 단계별로 세부절차 및 활동은 〈표 3〉에 제시되어 있다.

• 제2단계 : 원인분석

원인분석은 길버트(Gilbert)의 행동공학모형에 기초하여 현재 성과수준과 원하는 성과간의 차이가 발생한 원인을 결정하기 위해 실시된다. 원인 탐색은 현재뿐 아니라 미래의 성과차이에 대한 예측까지도 진행하여야 한다. 이러한 활동을 통해 수행공학 전문가는 성과 차이의 근본 원인을 발견하고, 성과향상에 있어 촉진 및 방해요인을 추출하여 촉진요인을 강화하고 방해요인의 부정적 영향을 최소화할 수 있는 해결책을 다음 단계에서 설계 및 개발하게 된다.

원인 분석의 토대인 수행공학모형에서는 성과차이 발생 원인을 환경에 의한 차이와 개인에 의한 차이로 구분하고 있다. 환경에 의한 원인은 자료, 도구 및 보상이 부족할 때 발생하고, 개인에 의한 원인은 개인의 지식, 능력 및 동기가 부족할 때 발생된다.

원인 분석 단계의 핵심은 단순히 어떤 증후(symptom)가 있는지를 찾아내는 것이 아니라 근본 원인(root cause)을 탐색하고 원인 별 중요도, 영향력에 따라 종합적으로 판단하여 우선 해결과제를 선별해 낼 수 있어야 한다. 원인 분석 단계의 세부절차 및 활동을 살펴보면 〈표 7-1〉과 같다.

〈표 7-1〉 원인분석 내용

세부 절차	활동
A. 문제에 대한 원인(cause)을 분석한다.	1. 부정적 성과차이 원인을 가능한 많이 찾는다. 2. 인간수행환경에 따라 원인을 분류한다. 3. 분류된 원인별 영향력을 파악한다. 4. 파악된 원인이 제대로 도출되었는가를 검토한다. 5. 원인별로 우선순위를 정한다. 6. 우선적으로 해결해야 할 원인을 확정한다.
B. 기회에 대한 동인(driver)을 분석한다.	1. 긍정적 성과차이 동인을 가능한 많이 찾는다. 2. 인간수행환경에 따라 동인을 분류한다. 3. 분류된 동인별 영향력을 파악한다. 4. 파악된 동인이 제대로 도출되었는가를 검토한다. 5. 동인별로 우선순위를 정한다. 6. 우선적으로 해결해야 할 동인을 확정한다.

- 제3단계 : 해결책 선정 및 설계

성과차이에 대한 원인분석이 마무리 되면, 적절한 해결책을 통해 원인에 대한 조치를 취하게 된다. 여기서 해결책(Intervention : 개입)이란 인간수행에 영향을 주는 계획화된 행위로 볼 수 있으며, 그 대상은 조직 전체, 부서나 팀, 개인이 될 수 있다. 수행공학 전문가는 다양한 해결책에 대한 지식을 갖고 있어야 한다. 그래야 교육만이 아니라 성과향상을 위한 시스템 관점에서 복합적인 조치를 할 수 있기 때문이다.

해결책을 성공적으로 선정하기 위해서는 슈핏쩌(Spitzer)가 제시한 11가지 기준에 따라 해결책을 검토해 볼 수 있다.[4)]

(1) 해결책 설계는 상황에 대한 종합적 이해에 바탕을 두어야 한다.
(2) 해결책은 주의 깊게 목표가 정해져야 한다. 이 해결책의 대상자가 옳게 선정되어야 할 뿐만 아니라 해결책 그 자체가 시간, 사람 및 자원을 투자할 충분한 가치와 영향을 가지고 있어야 함을 의미한다.
(3) 해결책에는 후원자가 있어야 하는데 프로젝트가 고객(client)에 의하여 시작되지만, 모든 고객이 후원자(sponsor)가 되는 것은 아니다. 고객은 수행공학 컨설턴트에게 어떤 일을 해주도록 요구하는 사람이지만, 후원자는 프로젝트의 성공에 책임감을 가지고 관여하기 때문에 재정적, 정책적으로 지원해 줄 수 있다.
(4) 해결책은 팀 기반으로 설계되어야 한다.
(5) 해결책은 비용 효과적(cost effective)으로 설계되어야 한다.
(6) 해결책은 요구의 포괄성과 우선순위에 기초하여 설계되어져야 한다.
(7) 해결책은 다양하게 조사되어야 한다. 수행공학자는 수행 문제를 해소할 수 있는 여러 가지의 해결책 중에서 가장 비용 효과적인 것을 모색해야 한다. 적절하다면 이전에 사용하던 프로그램을 재사용하거나 현장에서 가용한 산출물을 구입할 것도 신중히 고려할 만하다.
(8) 해결책은 충분한 효력이 있어야 한다.
(9) 해결책은 지속력이 있어야 한다.
(10) 해결책의 설계는 개발과 실행을 염두에 두고 행하여져야 한다.

(11) 해결책은 순환적인 접근으로 설계되어야 한다.

해결책 선정, 설계 및 개발에 있어 수행공학 전문가는 무엇보다 원하는 성과가 무엇인가에 대해 끊임없이 고려하고 검토해봐야 한다. 또한 이해관계자들, 고성과자 및 주제전문가(subject matter expert : SME)가 해결책 선정, 설계 및 개발 전 과정에 적극적으로 참여할 수 있도록 분명한 역할과 책임을 부여해야 한다.[5)] 해결책의 선정, 설계 및 개발 단계에서 진행해야 하는 세부 절차와 활동 내용은 〈표 7-2〉와 같다.

〈표 7-2〉 해결책 선정 및 설계의 세부활동

세부 절차	활동
A. 해결책을 선정한다.	1. 우선적으로 해결해야 할 원인에 대한 해결책 대안들을 목록화한다. 2. 최적안을 몇 가지 기준에 따라 선정한다(비용대비 효과성, 실행가능성, 중요도 등).
B. 해결책을 설계한다.	1. 선정된 해결책의 개략적 설계를 진행한다. 2. 해결책 초안 설계상의 문제가 없는지를 검토한다(Spitzer의 11가지 기준 활용). 3. 완성된 해결책 설계 중 개발이 필요한 해결책을 선별한다.
C. 해결책을 개발한다.	1. 해결책 개발팀을 조직하여 개발계획을 수립한다. 2. 해결책 프로토타입(Prototype)을 개발한다. 3. 해결책 프로토타입에 관한 의견을 수렴하여 반영한다. 4. 해결책 개발을 마무리한다.

• **제4단계 : 해결책 실행 및 변화관리**

아무리 좋은 해결책이 설계되어 개발되어도 제대로 실행되지 않는다면 가치 없는 해결책이 되어버린다. 이렇듯 해결책 설계와 개발 이후 실행은 실질적 결과를 산출하는데 핵심 단계로서 역할을 한다. 이 단계에서는 조직 내 성과변화를 위해 구심점을 만들고 변화하려는 노력을 통합하여 확산시켜 나가면서 저항을 잘 관리해 나가는 것이 중요하다. 그러기 위해서는 1) 변화관리, 2) 프로세스 컨설팅, 3) 구성원 개발, 4) 의사소통, 네트워킹 및 연계 구축 등 ISPI에서 제시한 네가지 접근방법이 필요하다.

첫 번째로, 변화관리(change management)는 수행공학 전문가가 변화관리자로서, 성과 관련 이슈에 관해 솔직하게 접근하고 구성원들이 변화에 대한 저항을 최소화할 수 있는 방식으로 접근해야 한다. 그러기 위해서 우선적으로 구성원들이 변화에 대한 주인의식을 가질 수 있도록 권한을 위임하고, 신규 정책, 제도 및 프로세스 활용에 대한 인센티브 제공방안을 마련해야 한다. 또한 실행의 모든 단계에서 구성원들의 역량과 스킬이 발휘될 수 있도록 참여를 유도해 나가야 한다. 다음으로, 성과 변화에 대한 공감을 형성한다. 이는 구성원 의견을 경청하고 질문하고 의견교환 및 피드백을 해나가면서 변화를 수용할 수 있도록 한다. 마지막으로, 지속적인 성과개선을 위해서 고객의 요구사항 파악, 성과와 기대 간의 차이 분석 및 이에 따른 목표 재설정, 프로세스 재설정과 개선결과를 측정하고 모니터링 하는 활동을 유지한다.

두 번째로, 프로세스 컨설팅(process consulting)은 사람이나 팀에 부여되고 협업하는데 있어 주요한 활동이다. 전형적으로 프로세스 컨설팅은 협업하기 위해 전체 조직 또는 주요 관련 부서들과 진행하게 된다.

세 번째로, 구성원 개발(employee development)은 업무현장에서 요구되는 능력 향상을 통해 조직의 경쟁력을 지속시켜 나갈 수 있거나 향후 필요한 지식 및 스킬을 준비해 둘 수 있다.

마지막으로, 의사소통 및 네트워킹 및 연계 구축(communication, networking and alliance building)은 가장 기본이 되는 실행의 활동이다. 의사소통은 조직의 방향과 변화노력에 대한 명확한 이해를 이끌어 내고 이러한 노력과 이해가 유지될 수 있도록 하는데 결정적 역할을 한다. 그리고 네트워킹과 연계구축은 원하는 행동으로 수행하고 있는 사람들과 앞으로 그러한 행동을 해야 하는 조직, 개인들 간 팀워크를 이루게 해준다.

정리해 보면, 해결책을 실행하는 단계에서는 이론적 고찰 및 현장경험을 통하여 검증된 실행 및 변화관리 방법을 활용하고 원하는 결과에 초점을 두고 일관되게 진행해 나가야 한다. 최우선적으로 해야 할 일은 주요 이해관계자들의 참여와 관심 확보일 것이다. 이것이 되어야만 구성원들이 충분한 주인의식을 갖고 자원, 시간 및 에너지를 투입할 것이다. 성공적으로 성과향상 해결책이 조직에서 작동하기 위해서 선행되어야 할 것이 가능한 모든 이해관계자들이 서로의 분명한 역할을 공유하고 성과향상 활동의 목표, 절차 및 전략에 대한 합의이다. 이를 통해 경영진뿐 아니라 구성원들의 적극적인 참여를 이끌어 낼 수 있다.

실행단계에서 핵심은 해결책을 효율적으로 사용하는 것이고 이러한 변화가 지속될 수 있도록 관리해 나가는 것이다. 그러기 위해서는 적절한 변화관리 전략이 필요하다. ISPI에서는 변화관리 전략으로 변화에 대한 소통 방법, 실제 변화 실행 접근법, 변화된 행동에 대한 보상 방법, 저항에 대한 적절한 대응방안 및 해결책 실행을 지원하고 강화하는데 필요한 인력을 어떻게 활용할 것인가에 대해 실행 전 계획을 수립할 것을 제시하고 있다.[6)]

• **제5단계 : 평가**

평가는 형성, 총괄, 확정 및 메타 평가로 이뤄진다. 형성평가는 성과 분석, 원인분석 및 해결책 선정, 설계 및 개발 단계에 이르는 수행관리 프로세스 상의 일관성 및 질적 측면에서의 이슈를 평가한다. 총괄평가는 성과향상을 위해 적용된 해결책을 통해 성과 상의 문제가 해결되었는가를 확인하고자 실시한다. 그리고 확정평가는 성과향상 해결책이 타당했는가, 시의적절 했는가와 최근 조직 정책과의 연계를 분석하기 위하여 실시한다.

마지막으로 메타평가는 형성, 총괄 및 확정 평가의 프로세스 및 산출물의 문제가 없는지, 그 결과의 유용성, 평가 과정에 있어 윤리성 등의 이전 평가활동에 대한 전체적 검토를 진행한다. 이와 같은 평가 단계의 세부 절차를 정리해 보면 〈표 7-3〉과 같다.

〈표 7-3〉 평가단계와 분석내용

세부 절차	
A. 형성평가를 한다. (formative evaluation)	1. 평가계획을 수립한다. 2. 평가를 실시한다. 3. 평가 결과를 분석한다. 4. 평가 결과에 따라 수정이 필요한 단계로 돌아가서 진행한다.
B. 총괄평가를 한다. (summative evaluation)	1. 총괄, 확정 및 메타 평가에 대해 설계한다. 2. 총괄 평가 시 필요한 평가도구를 개발한다. 3. 설계 및 계획에 따라 평가를 실시한다. 4. 성과향상 해결책 패키지를 통해 성과상의 변화가 있었는지 확인한다. 5. 총괄평가 결과를 조직 내・외부 관계자들에게 공유한다.

C. 확정평가를 한다. (confirmative evaluation)	1. 성과향상 해결책 패키지에 대한 내용을 검토한다. 2. 성과향상 패키지의 고유한 효과를 분석한다. 3. 확정평가 결과에 따라 지속적으로 개선이 필요한 사항을 정리한다. 4. 확정평가 결과를 조직 내·외부 관계자들에게 공유한다.
D. 메타평가를 한다. (meta evaluation)	1. 메타평가 질문을 통해 형성, 총괄 및 확정 평가 과정 및 결과를 검토한다. 2. 메타평가 결과를 정리한다. 3. 향후 평가 시 반영한다.

제3절 수행관리 기본 요소

앞 절에서 설명한 바와 같이 체계적인 수행관리를 위해서는 지속적인 수행개선활동이 필요하며, 이를 위한 도구로서 직무분석, 과업분석, 그리고 직무설계가 필요하다. 직무분석 및 과업분석은 수행관리 첫 단계인 수행분석 과정에서 이루어지고 직무설계 및 재설계는 원인분석 이후 수행성과 개선을 위한 해결방안을 실행하는 과정에서 필요한 요소이다. 그러면 체계적인 수행관리를 위한 기본적 요소로서 직무분석, 과업분석 및 직무설계에 대하여 자세히 살펴보기로 한다.

1 직무분석

가. 직무분석 개요

직무분석의 개념을 정확하게 이해하기 위해서는 직무에 대한 개념을 살펴보는 것이 필요하다. 직무란 〈그림 7-2〉에서 보는 바와 같이 조직의 목표를 달성하기 위하여 필요로 하는 업무(일) 또는 과제에 사람이 결합한 것을 말한다. 예를 들어 조직에서 인적자원개발을 위한 업무가 필요하다고 하자. 그러면 직원의 인적자원개발을 위한 활동이 생겨나는데 이것이 바로 교육훈련 업무이다. 이어서 교육훈련 업무를 누가 맡을까를 정해야 하는데, 이 업무를 맡게 될 사람을 정하면 그는 교육훈련 담당자가 된다. 여기에서 교육훈련은 업무이고 교육훈련 담당은 직무이다. 일반적으로 규모가 큰 조직에서는 교육훈련 업무를 한사람이 전담해서 그 일만 하는 교육훈련 담당 직무가 별도로 존재한다. 이에 반해 중소기업 등 작은 조직에서는 총무업무 담당자가 총무 업무 이외에 인사 및 교육 업무를 겸하기도 한다. 이와 같이 회사의 여건에 따라 직무의 정의 및 업무수행 내용이 달라진다.

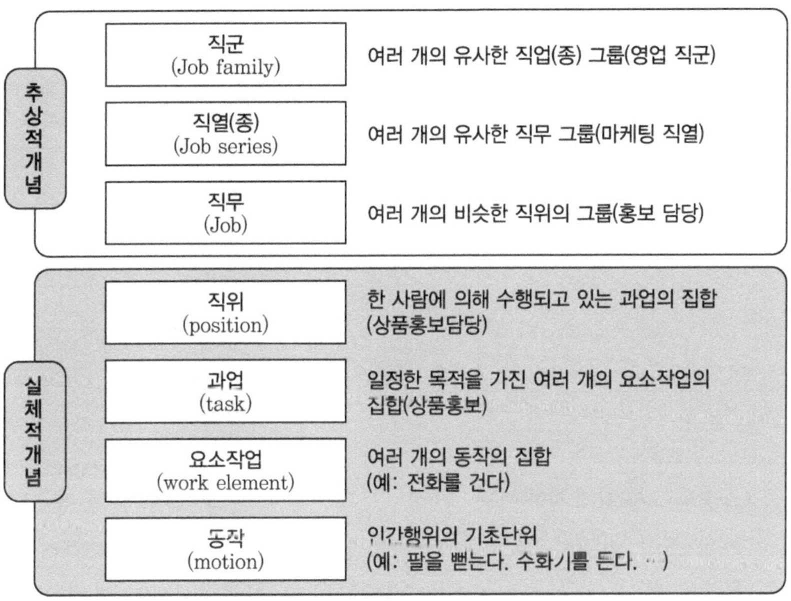

〈그림 7-2〉 직무분석 관련 용어

직무분석(job analysis)이란 조직 및 인사제도의 개선을 목적으로 조직 내 현재의 직무를 정의하고 직무수행 내용 및 요건을 정리하는 과정이다. 한국직업능력개발원은 직무분석을 직무의 성격에 관련된 중요한 모든 정보를 수집하고, 이들 정보를 관리 목적에 적합하게 정리하는 체계적인 과정으로 정의하고 있다.[7]

직무분석은 직무의 내용을 밝히고 해당 직무를 수행하기 위하여 담당자에게 요구되는 경험, 지식, 기능, 능력, 책임과 그 직무가 타 직무와 구별되는 요인을 각각 명확히 밝혀서 기술하는 활동으로 이루어지며, 직무분석 결과는 직무의 표준화, 정원산정, 직무평가, 조직재설계, 인사제도 개선 등에 활용된다.

나. 직무분석 절차

직무분석 절차는 〈그림 7-3〉과 같이 투입과정, 변환과정, 산출과정 등 3단계로 진행이 된다.

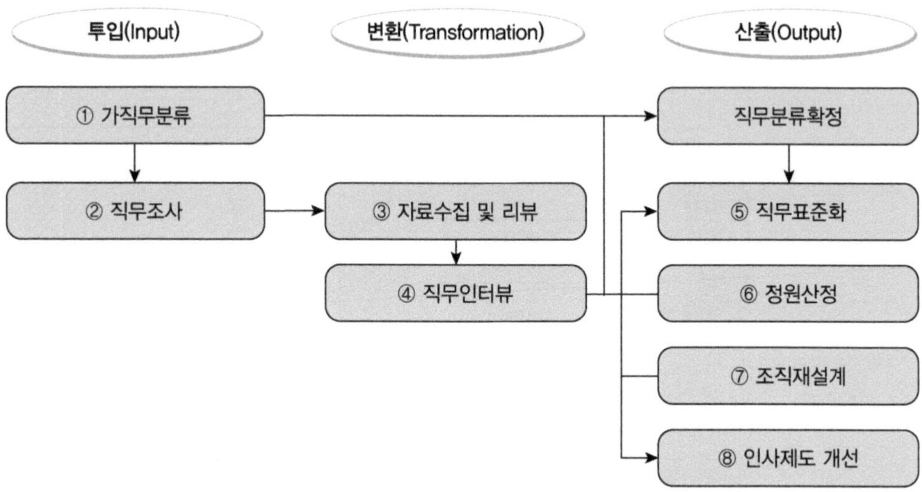

〈그림 7-3〉 직무분석 절차

첫째, 투입과정에서는 가직무분류 및 직무조사가 이루어진다. 가직무분류는 현재 조직 내에서 업무에 사람이 결합되어 있는 상태를 파악하여 조직 내 직무를 확정하기 전에 잠적정적으로 가직무명을 정하는 것을 말한다. 가직무가 확정이 되면 직무별로 직무조사가 이루어진다. 직무조사란 직무별 대표자를 정해서 현재 수행하고 있는 세부업무 내용, 역할, 타직무와의 관계 등에 대한 정보를 입수하기 위하여 구성원들에게 직무조사서 양식을 배포하여 작성하게 한다. 여기서 중요한 것은 직무분석의 활용목적에 따라 양식의 달라진다는 점이다. 예를 들어 정원산정을 위한 직무조사에서는 직무별 업무내용을 연간 발생 빈도 및 시간을 정확히 파악하기 위한 양식이 필요하며, 직무표준화를 위한 경우는 직무별 업무내용, 역할, 타직무와의 관계 등을 정확히 파악하기 위한 양식을 필요로 한다.

둘째, 변환과정에서는 구성원들이 작성한 직무조사서를 토대로 양식이 정확이 작성이 되었는지를 확인하고, 양식을 작성한 구성원을 대상으로 직무인터뷰를 통하여 작성된 내용에 대한 구체적인 정보를 밝히는 과정이다. 직무분석 담당자는 인터뷰를 통하여 작성된 양식 이외에 본인이 얻고자 하는 정보를 얻을 수 있으며 작성한 양식이 오류가 많은 경우 필요에 따라 재작성을 요구하기도 한다.

셋째, 산출과정은 자료수집 및 직무조사 인터뷰를 통하여 얻은 정보를 가지고 조직 및 인사제도 개선에 활용하는 단계이다. 이 단계에서는 투입단계에서 임시로 정한 가직무명을 정식 직무명으로 확정하고, 직무분석 목적에 맞추어 직무표준화, 정원산정, 조직재설계, 인사제도 개선 등에 활용하기 위한 방안을 결정함으로써 직무분석을 마무리 하게 된다.

다. 직무분석 결과의 활용

직무분석 결과는 직무의 표준화, 정원산정, 직무평가, 조직재설계, 인사제도 개선 등에 활용되며, 각각의 구체적인 내용을 살펴보면 다음과 같다.

1) 직무표준화

직무표준화란 직무의 내용을 정리하고 직무수행요건을 정리해놓는 과정을 말한다. 〈그림 7-4〉와 같이 직무분석을 통하여 해당 직무의 활동 내용을 정리해 놓은 것을 직무기술서라고 하고, 〈그림 7-5〉와 같이 직무를 수행하기 위한 요건, 즉 지식, 기술, 경험, 자격, 전공, 교육훈련, 타직무 경험 등을 정리해 놓은 것을 직무명세서라고 한다.

2) 정원산정

정원산정은 조직 전체 및 부서별 필요한 적정인원을 산정하는 것을 말하며, 정원산정 방식에는 거시정원과 미시정원이 있다. 거시정원은 조직의 전체정원을 산정하는 것으로서 주로 생산성이나 부가가치를 통하여 허용인건비를 도출함으로써 산정한다. 이에 비해 미시정원은 직무조사를 통하여 산정된 직무별 정원을 합하여 부서정원을 결정한다.

직군	일반	직열	경영기획	직무	경영관리담당

직무 개요	회사 경영 관련 일반적인 업무를 원활하게 수행하기 위하여 이사회 및 주주총회 운영, 감사, 대외기관 관리, 경영공시, 윤리경영, 소송 및 기타 경영관리에 관한 업무를 담당한다.

구분	단위업무명	세부업무내용 및 처리절차	업무비중	최종산출물	타부서 관련 업무	비고
기본 업무	이사회 및 주주총회운영	이사회 및 주주총회 운영	30%	이사회 회의록	총무팀	
	감사	외부감사 수검	20%	감사결과보고서	감사실	
	대외기관	주주관리	30%	업무보고서	전부서	
		정부기관대응	10%			
	경영공시	통합공시 및 경영공시	10%	공시사항보고서	공시항목 담당부서	
	윤리경영	윤리경영 관리	10%	윤리경영 현황보고	전부서	
	소송 및 법무	소송 및 법무 관련 업무	10%	소송결과보고서	전부서	

〈그림 7-4〉 직무기술서(예)

<table>
<tr><td rowspan="2">직무</td><td>학문적 지식</td><td colspan="5">경영학/회계학/법학</td></tr>
<tr><td>직무지식</td><td colspan="5">조직/인사관리, 전략경영 관련 지식</td></tr>
<tr><td colspan="2">필요기술 및 기능</td><td colspan="3"></td><td>숙련기간</td><td>1년</td></tr>
<tr><td>타직무경험 필요 유무</td><td>유</td><td colspan="3">사전경험 필요직무 및 자격증</td><td colspan="2">회사 경영전반에 관한 실무지식</td></tr>
<tr><td>학력수준</td><td colspan="2">석사 이상</td><td colspan="2">전공</td><td colspan="2">상경계열</td></tr>
<tr><td rowspan="3">교육훈련</td><td colspan="2" rowspan="3">- 전략경영, 지식경영, 정보화 교육, 조직관리, 재무관리</td><td colspan="2" rowspan="3">외국어 및 전산능력정도</td><td>항목</td><td>내용/수준</td></tr>
<tr><td>외국어</td><td>영어(양문자료분석/중급회화)</td></tr>
<tr><td>전산능력</td><td>워드, 인터넷, 엑셀</td></tr>
<tr><td rowspan="2">순환기능 직무</td><td>본직무에서 타직무</td><td colspan="5">전부서</td></tr>
<tr><td>타직무에서 본직무</td><td colspan="5">전부서</td></tr>
<tr><td>보안책임 유무</td><td>㊒ / 무</td><td colspan="2">보안책임내용</td><td colspan="3">자체 업무보안(2급 수준)</td></tr>
<tr><td>능력요건 (3개 선택)</td><td colspan="6">❶ 기획력 ② 의사전달 및 협상능력 ③ 전략적 리더십 ④ 업무추진력
⑤ 목표실정능력 ⑥ 표현력 ❼ 조직관리능력 ⑧ 창의력 ❾ 문제해결능력
⑩ 판단력 ⑪ 조직화능력 ⑫ 계수력 ⑬ 표현력 ⑭ 정보화능력</td></tr>
</table>

〈그림 7-5〉 직무명세서(예)

3) 조직재설계

조직재설계는 직무분석 결과를 토대로 조직의 구조, 기능을 개선하는 것을 말한다. 직무분석을 실시하는 경우 직무에 대한 현재의 업무만을 파악하는 것이 아니라 업무의 절차 및 프로세스, 결재단계, 타 업무와의 연결관계 등을 파악할 수 있으며, 이를 통하여 결재단계의 개선, 부서간 업무분장의 개선 등의 조직구조 개선에 활용할 수 있다.

4) 인사제도 개선

직무분석을 실시할 경우 직무표준화를 통하여 채용부터 퇴직까지 필요로 하는 많은 인사정보를 얻을 수 있다. 즉 직무명세서에는 직무요건으로서 지식, 기술,

경험, 자격, 교육훈련, 타직무경험 등 인사에 필요한 많은 정보를 가지고 있다. 따라서 조직은 인사제도의 진단을 통하여 현재의 인사제도의 문제점을 분석하고, 직무분석을 통해 얻은 직무별 정보를 토대로 채용관리, 배치 및 이동, 경력개발, 교육훈련, 인사평가, 승진관리 제도의 개선에 활용할 수 있다. 특히 교육훈련을 위한 직무분석은 교육훈련내용의 기준을 제공하고, 교육훈련과정 이수자에게 필요로 하는 지식, 기술 그리고 능력 정도를 판정하는 기준을 제공하는 것을 목적으로 한다.[8] 이러한 점에서 인적자원개발에서 직무분석의 활용가치는 매우 높으며, 인적자원개발 담당자는 직무분석을 통해 직무를 이해하고 직무분석 결과를 바탕으로 직무관련 교육훈련 프로그램을 개발할 수 있다.

2 과업분석

앞에서 설명한 바와 같이 수행관리에서는 수행개선을 위한 첫 단계로서 수행분석을 위하여 직무분석을 실시하는데 위하여 직무분석이 끝나면 과업분석과업분석이란 직무설계를 위하여 하는 것으로 사람들이 어떻게 업무를 수행하는지를 면밀하게 관찰하는 것을 말한다. 과업분석의 목적은 근로자들이 무엇을, 어떻게, 그리고 왜 하는지를 정확하게 파악하기 있다. 과업분석은 다음과 같이 다섯 가지 목적을 위하여 실시한다.[9]

(1) 만족스러운 업무수행을 위한 요소들을 밝힌다.
(2) 단순화하거나, 아니면 개선할 수 있는 활동들을 규명한다.
(3) 근로자가 특정한 업무를 배우기 위해 알아야 할 것, 행해야 할 것, 그리고 느껴야 할 것을 면밀히 분석한다.
(4) 만족스런 업무수행을 위해 필요한 조건들(장비 및 기타 다른 자원들)을 명시한다.
(5) 직원들이 직무기술서에 기술된 각 업무들을 어떻게 수행하여야 할지에 대한 최소한의 기대수준을 설정하다.

3 직무설계

가. 직무설계의 의미

직무란 일에 사람이 결합한 형태를 말하며 한 사람이 맡고 있는 일의 총합을 의미한다. 예를 들어, 모든 조직은 인사관리라는 업무가 있을 것이다. 그러나 인사관리 업무에 사람이 결합되면 어떤 사람은 인사관리 담당이 될 것이고 어떤 사람은 인사관리 총괄을 할 것이다. 이와 같이 직무란 조직에서 해야 할 업무에 사람을 배치한 것을 의미한다.

조직의 직무는 수많은 작업, 즉 과업으로 구성되어 있다. 이러한 수많은 작업이나 과업들이 모여 직무를 이루고, 또한 직무는 계획된 범위와 틀 속에서 체계적으로 그리고 유기적으로 이루어져야 한다. 따라서 조직의 기술뿐만 아니라 능력, 구성원의 선호 등을 충분히 반영할 수 있도록 신중하게 직무를 설계해야 한다. 이것을 통하여 구성원은 완전한 생산능력을 갖추게 된다.

직무설계(job design)란 업무에 사람을 배치하는 방식을 결정하는 것을 말한다. 직무설계는 조직구성원들에게 개인의 적절한 업무를 부여해서 하나의 직무를 결정할 때 활용이 된다. 어떤 직무는 작업이나 과업이 규격화되어 있고, 반복적으로 수행되기 때문에 일상적인(routine) 직무가 되지만 다른 직무는 그렇지 않다. 어떤 직무는 변화가 존재하고 다양하고 숙련된 여러 가지의 기술을 필요로 하지만 다른 직무는 한 가지 기술이 요구되는 경우도 있다. 또 어떤 직무는 정확한 순서와 과정을 따르도록 요구하여 구성원들을 구속하지만 다른 직무는 일하는데 있어 많은 자유를 주기도 한다. 그리고 어떤 직무는 팀을 이루어 일하는 경우 더 효과적이고 다른 직무는 개인이 혼자서 하는 경우 효과적일 수 있다. 결국 개인별로 부여되는 직무는 작업이나 과업들이 어떻게 결합되느냐에 따라 각각 다양한 형태로 나타나며, 과업의 다양한 결합으로 인해 다양한 직무설계가 이루어진다.

나. 직무설계의 방법

조직에서 개인별로 직무를 부여하기 위한 직무설계 방식에는 직무단순화, 직무순환, 직무확대, 직무충실화, 직무특성 이론 등 여러 가지 방법이 있는데, 지금부터 각 각의 직무설계 방식에 대한 구체적인 내용을 살펴보기로 한다.

1) 직무단순화

직무단순화란 분업의 원리에 충실히 해서 개인별로 부여하는 직무를 가급적 단순화해서 직무의 전문성을 높이는 방법이다. 일찌기 아담스미스(Adam Smith)는 국부론에서 분업의 잇점을 설명하면서, 개인별로 직무를 부여할 때 공정별로 세분화해서 개인별 과업을 단순화 시키면 개인별로 생산성이 증가하면서 조직 전체의 성과가 높아진다고 주장한 바 있다. 그러나 〈그림 7-6〉에서 보는 바와 같이 과업을 세분화하면 분업의 잇점으로 인하여 생산성이 증가하나 어느 수준을 넘게 되면 분업으로 인한 인간적인 측면에서의 비경제성, 즉 지루함, 피로, 스트레스, 낮은 품질, 결근, 이직 등과 같은 문제점을 유발하기 때문에 조직마다 적절한 수준의 분업이 이루어져야 한다.

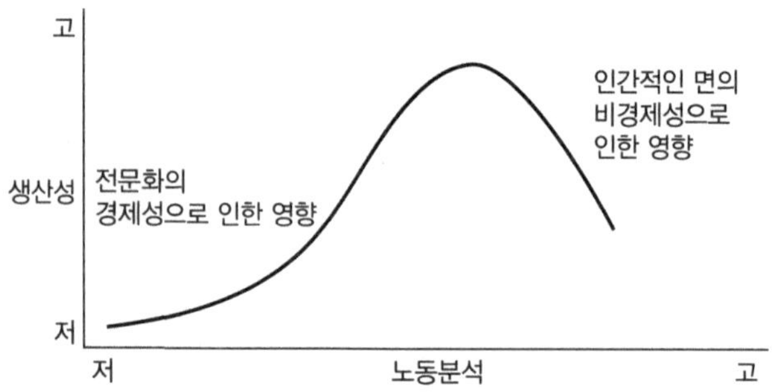

〈그림 7-6〉 분업과 생산성과의 관계

2) 직무순환

직무순환(job rotation)은 종업원이 단순화 및 세분화된 업무를 일정 기간 동안 순환하면서 직무를 수행하고, 동시에 직무수행 과정에서 실무를 통해서 직무의 성질과 처리방법 및 절차와 유기적 상호관계성을 이해하게 된다. 그리고 직무순환은 단순화된 작업의 단조로움과 권태감을 감소시킬 수 있는 반면 전문성을 요하는 직무에는 바람직하지 못하다.

따라서 직무순환은 조직 내 직무의 유기성과 수행능력을 파악하는 데에는 효과적이고, 또 동일직무를 장기간 수행하는 과정에서는 태만성과 권태감을 제거시키는 관리기법으로서 효과가 있다. 그러나 순환 과정에서 업무의 성격과 내용에 따라 순환기간과 순환시점의 타당성분석이 선행되어야 효과를 증대시킬 수 있다.

3) 직무확대

직무확대(job enlargement)는 직무 단순화와 반대의 개념을 갖고 있다. 즉, 직무확대는 특정인을 중심으로 하여 직무의 다양한 부분을 동시에 수행시켜 한 사람에 의해 몇 가지 직무가 수행되도록 직무를 확대시키는 것을 의미한다. 이 이론은 직무수행 과정에서의 다양성을 통해 직무의 지루함과 권태감을 감소시키면서 작업의 능률을 증대시키는데 있다. 그러나 직무확대는 직무수행의 주체인 개인의 능력과 자질을 고려하지 않고 제도적으로 운영을 강요하다 보면 업무수행 과정에서 작업결과의 질이 떨어질 가능성이 있다. 따라서 직무확대는 과학적이고 계량적인 분석결과를 기초로 하여 이루어져야 한다.

4) 직무충실화

직무충실화(job enrichment)는 직무수행에 대한 권한을 늘려주는 것을 의미한다. 즉 기존의 방식이 관리자가 업무 지시를 하면 구성원은 지시하는 대로 업무를 수행하는 방식이라면, 직무충실화는 관리자가 업무지시를 하지 않고 스스로 업무를 계획하고 자율적으로 업무를 수행하며 결과를 스스로 통제하게 하는 방식이다. 직무충실화는 구성원들에게 권한 및 자율성을 높혀줌으로써 스스로에게 책임감을 높이고 동기부여를 높혀주며, 결근율과 이직율을 감소시키는데 기여할 수 있다. 앞에서 살펴본 직무순환, 직무확대 및 직무충실화의 관계를 그림으로 나타내면 〈그림 7-7〉과 같다.

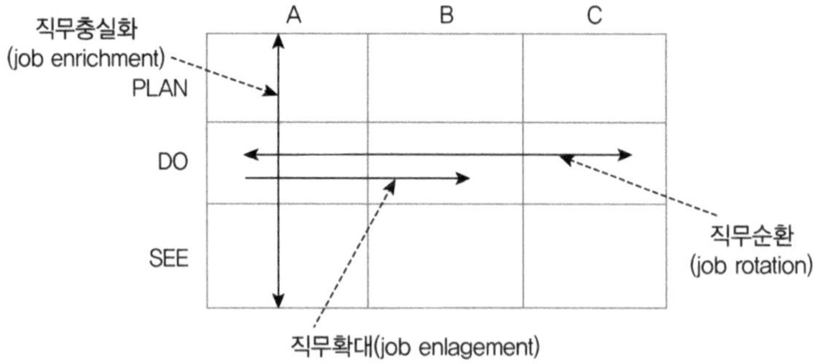

〈그림 7-7〉 직무순환, 직무확대, 직무충실화

5) 직무특성이론

직무특성이론(job characteristics theory)은 해크먼(J. R. Hackman)과 올드햄(G. Oldham)에 의해서 고안된 직무설계 이론 중 가장 대표적이고 타당성이 입증된 이론이다. 이 이론의 핵심은 개인이 맡고 있는 직무는 다섯 가지 요인, 즉 기술다양성, 과업정체성, 과업중요성, 자율성, 피드백 등의 특성이 다르며, 이와 같은 특성이 종업원의 주요 심리상태를 유발시키고, 이러한 심리상태는 개인의 동기부여와 직무만족에 영향을 미침으로써 생산성에 영향을 준다는 이론이다.

직무특성 이론은 기존의 직무충실화 이론이 안고 있는 문제점, 즉 개인과 직무 사이의 상호작용에 대한 인과관계가 설명되지 않았던 점과 개인 차이를 고려하지 않은 점을 보완하기 위해 어떠한 직무특성이 조직구성원의 동기유발이나 직무만족에 관련을 갖게 되는가 하는데 관심을 집중한 결과 나온 이론이다. 특히 직무수행자 개인이 일을 통해 성장하고자 하는 성장욕구강도(growth needs strength)의 수준에 따라 직무결과는 달라질 수 있기 때문에 개인의 내적 동기부여가 중요하다는 점을 이 이론은 강조하고 있다. 즉, 개인의 성장욕구강도의 수준이 직무특성과 심리상태, 심리상태와 성과 간의 관계를 조절하는 변수로 작용한다는 가정을 하고 있으며, 이를 도표로 나타내면 〈그림 7-8〉과 같다.

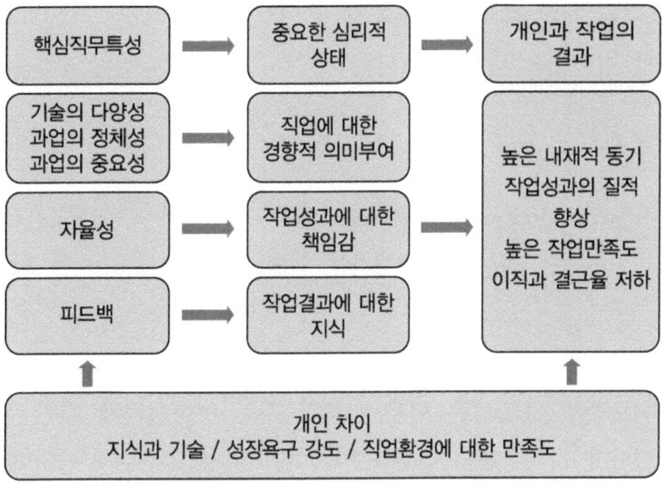

〈그림 7-8〉 직무특성 모델

가) 핵심직무특성

핵심직무특성은 개별직무가 가지고 있는 타 직무와 구별되는 고유의 주요 특성 요인을 말한다. 〈그림 7-8〉에서 알 수 있듯이 핵심직무특성은 작업자의 심리 상태에 영향을 미친다. 다섯 가지의 핵심직무특성의 정의는 다음과 같다.

■ 기능다양성

기능다양성(skill variety)은 업무수행에 요구되는 기술이 얼마나 여러 가지인가를 뜻하며 다양성이 높은 직무에서 수행자는 의미성(meaningfulness)을 느끼게 된다.

■ 과업정체성

과업정체성(task identity)은 업무내용이 시작부터 끝까지 전체에 관한 것인지 아니면 일부에만 관여하도록 되어 있는지에 관한 것으로 정체성이 높은 직무에서 수행자는 의미성을 얻게 된다.

■ 과업중요성

과업중요성(task significance)수행업무가 조직내・외에서 타인의 삶과 일에 얼마나 큰 영향을 미치는가에 관한 것으로 중요성이 큰 직무에서 수행자는 업무에 대한 의미성을 느끼게 된다.

■ 자율성

자율성(autonomy)은 업무수행에서 개인에게 부여된 자유와 재량권 정도로서 자율성이 큰 직무에서 수행자는 책임감(responsibility)을 느끼게 된다.

■ 피드백

피드백(feedback)은 업무 자체가 주는 수행성과에 대한 정보의 유무를 뜻하며 수행자가 직무수행의 결과를 알게 함으로써 직무수행 결과에 대한 지식을 높인다.

나) 동기부여 및 직무만족 수준의 측정

핵크먼과 올드햄은 특정 직무가 가지고 있는 다섯 가지 핵심직무특성을 측정하기 위한 도구로 〈그림 7-9〉와 같이 직무진단 설문(job diagnostic survey)을 개발하고 이를 통하여 동기부여 잠재력 점수(motivation potential score : MPS)를 계산하기 위한 공식을 제시하였는데 이를 수식으로 나타내면 다음과 같다.

$$\text{MPS} = \left\{ \frac{\text{기능다양성} + \text{과업정체성} + \text{과정중요성}}{3} \right\} \times \text{자율성} \times \text{피드백}$$

동기부여 잠재력 점수(MPS)는 개별 직무의 핵심적 특성이 내적 작업 동기유발을 촉진할 가능성이 높다는 것을 의미하며, 점수가 높다고 반드시 직무만족이나 동기부여수준이 높다는 것을 의미하지 않는 점에 유의할 필요가 있다. 직무만족이나 동기부여의 수준은 다음과 같은 3가지의 변수에 의하여 결정된다.

■ 성장욕구강도(growth needs strength)

성장욕구강도는 개인이 조직 내 성공이나 업무에서 바라는 성취욕구, 배움을 위한 기회의 정도 등을 의미한다. 높은 성장욕구를 가진 사람은 강화된 직무에 긍정적으로 반응하는 반면 낮은 욕구를 가진 사람들은 강화된 직무에 부담을 느

끼기 때문에 직무만족수준은 오히려 떨어질 수 있다

■ 수행직무에 대한 지식과 기술

MPS가 높은 직무, 즉 중요하고, 어려우며, 책임감이 높은 직무에 적합한 능력을 가진 사람들은 그들의 성과에 대해 자신감이 있기 때문에 직무만족도가 높을 수 있으나 지식과 기술이 부족한 사람은 직무에 대하여 부담감이 크기 때문에 반대의 심리가 작용할 것이다.

■ 직무수행 관련 환경에 대한 만족(context satisfaction) 정도

급여수준, 감독의 질, 동료와의 관계, 작업환경 등에 만족하는 정도에 따라 직무만족수준은 달라지게 된다.

1. 귀하가 하시는 일은 어느 정도의 다양한 지식과 기술 또는 기능을 필요로 합니까?

1 2 3 4 5 6 7

지식과 기술 또는 기능이 전혀 필요없다 / 중간이다 / 매우 다양한 지식과 기술(또는 기능)을 필요로 하는 일이다

2. 귀하의 일은 시작과 끝이 명확한 하나의 완전한 일입니까? 아니면 다른 사람들에 의해서나 또는 기계(기기)에 의해서 완성되는, 전체 일의 과정 중 작은 부분에 불과합니까?

1 2 3 4 5 6 7

나의 일은 전체과정 중에서 매우 작은 부분에 불과하다 / 중간이다 / 나의 일은 처음부터 끝까지 일의 전체를 다 다룬다

3. 대체로 귀하가 맡은 일은 얼마나 중요합니까?

1 2 3 4 5 6 7

전혀 중요하지 않다 / 중간이다 / 매우 중요하다

4. 귀하는 일을 함에 있어서 얼마만큼의 자율성을 갖고 있습니까? 즉, 일을 할 때 귀하가 마음대로 처리할 수 있는 자유재량권이 어느 정도입니까?

1	2	3	4	5	6	7
자율성이 전혀 없음			중간이다			자율성이 매우 많음

5. 귀하의 일은 귀하가 일을 하고 계실 때 어떻게 처리되고 있는지(잘 되는지 못 되는지) 귀하 스스로가 알 수 있도록 되어 있습니까? 즉, 일 자체로부터 일의 과정이나 결과에 의해 어느 정도 알 수 있습니까? (상사나 동료가 주는 피드백 정보는 제외함)

1	2	3	4	5	6	7
전혀 모른다			중간이다			매우 많이 안다

〈그림 7-9〉 직무특성 설문지

6) 직무설계의 지침

직무특성이론은 직무설계를 위한 구체적인 지침을 제공하고 있다. 다음에 제시하고 있는 것은 직무특성이론에서 나온 제안들로 5가지 직무의 핵심차원의 향상을 주도한 변화의 유형을 보여준다.

■ 작업을 결합한다.

세분화되어 존재하는 작업이나 과업을 새롭고 더 큰 단위의 일로 결합시켜야 한다. 이로써 직무수행자의 기술을 증가시키고 전체적인 직무를 완성할 수 있도록 해준다.

■ 자연스런 작업단위를 형성한다.

전체를 형성할 수 있는 과업을 설계해야 한다. 그럼으로써 직무수행자의 소속감이나 주인의식을 증가시켜 자신의 직무가 의미있고 중요한 것으로 여기게 할 수 있다.

■ 고객과의 관계를 이룬다.

고객은 작업수행자가 만든 제품의 사용자이고 제공되는 서비스의 수혜자이다. 어디서든 가능하다면 작업수행자와 고객 간의 직접적인 관계가 형성되도록 해야 한다. 이는 작업수행자의 기술을 향상시켜 그들에게 피드백을 제공하게 된다.

■ 직무를 수직적으로 확대한다.

수직적인 확대는 직무수행자에게 관리층에게 일임된 책임과 통제권한을 주게 된다. 그것은 부분적으로 직무 측면에서 수행(doing)과 통제(see) 사이에 존재하는 차이를 줄이는 것이고 동시에 직무수행자의 자율성을 높이게 된다.

■ 피드백 경로를 개방한다.

피드백을 증가시킴으로써 직무수행자들은 자신이 얼마나 일을 잘해내고 있으며 또 업무수행이 얼마나 향상되었는지, 악화되었는지 아니면 현재 수준에 머물고 있는지를 배우게 된다. 이상적으로 말하자면 직무수행자는 업무수행 피드백을 가끔씩 경영층에 의해 받기보다는 자신의 직무를 통해서 직접적으로 인식되어야 한다.

참고문헌

1) 이진구 (2003). 인적자원개발 담당자의 조직역할 인식유형에 따른 수행공학가로서의 역량 중요성 지각 및 보유 수준의 차이.고려대학교 교육대학원 학위논문.
2) Rothwell, W. J. (1996c). ASTD models for human performance improvement. VA : ASTD.
3) Ibid.
4) Spitzer, R. A.(1992), "The Design and Development of Effective Interv-entions", San Francisco : Jossy-Bass. pp. 163-184.
5) ISPI. (2002). ISPI Performance Technology Standards. Retrieved from http://www.ispi.org/uploadedFiles /ISPI_Site/About_ISPI/About/Standards.pdf.
6) ISPI(2002). Performance TechnologyStandards
7) 한국직업능력개발원 (2003). 직업교육훈련과정 개발을 위한 직무분석 지침서. 서울 : 한국직업능력개발원.
8) 한국직업능력개발원(2003), 상게 외
9) Gilley 원서, 노남석역. p. 116.

Human Resources Development

인적자원개발

8

조직개발

Chapter

8 조직개발

학습목표

1. 조직개발의 정의 및 필요성을 설명할 수 있다.
2. 조직개발의 역사적 변화과정을 이해할 수 있다.
3. 조직개발의 기본적 요소 및 추진절차에 대하여 설명할 수 있다.

모든 조직은 환경과의 상호작용을 통하여 존재하고 성장한다. 그러므로 모든 조직은 환경의 변화에 따라 같이 변화하고, 환경과 같이 생존하고 번영한다. 조직이 지속적으로 생존하고 번영하려면 환경에의 적응력, 변화의 방향을 알아내고 이러한 변화를 조직구성원들이 받아들이고 그에 적합한 행동의 변화가 있어야 한다.

하지만 모든 조직이 환경변화를 예측하고 그에 따른 적응과 대응을 하는 역량을 갖는 것은 아니다. 대부분의 인간이 그러하듯이 조직도 변화를 좋아하고 새로운 방식을 선호하는 것은 아니다. 현재의 방식을 더 선호하며, 새로운 것에 저항하는 속성을 가지고 있는 것이다.

따라서 이러한 변화에 저항하는 것을 환경의 변화에 적합하게 조직을 변화할 수 있도록 하고 지속적인 성장과 번영이 있도록 하는 것이 필요하다. 뿐만 아니라 현대는 과거보다 더 큰 불확실성의 시대로 조직 생존의 위험성이 증대되고 있으며, 이에 따라 조직의 효과적인 변화를 유도하는 조직개발의 중요성이 더 커지고 있다. 따라서 본 장에서는 조직개발에 대한 기초적 이론을 살펴보고 조직개발의 발전 배경 및 조직 내 조직개발을 실천하기 위한 제 방안에 대하여 모색해 보고자 한다.

제 1 절 조직개발의 이론적 기초

1 조직개발의 개념

오늘날 환경변화에 대한 적응은 현대조직에서 필수적인 문제이지만 급격한 조직변화는 오히려 조직의 지속적이고 안정된 활동을 해치기 쉽다. 불규칙적・단기적・비계획적 조직변화는 이전에는 없었던 또 다른 문제를 야기할 수도 있으며, 그러한 결과는 본래의 문제보다 나쁜 상태를 가져오는 경우가 많다. 단지 변화를 위한 변화는 결코 유효한 것이 아니며, 오히려 역기능적인 것이 될 수 있는 것이다. 따라서 조직변화를 수행할 때에는 그 조직의 지속성과 안정성을 해쳐서는 안되며, 무엇보다 현재의 목표달성을 용이하게 할 수 있도록 하는 과학적이고도 효율적인 접근이 필요하다.

조직개발이란 이러한 변화를 체계적으로 도모함으로써 조직의 유효성과 조직구성원의 태도 및 가치관을 개선하는 것을 의미한다. 조직개발의 정확한 개념은 학자와 조직개발전문가에 따라 다르게 접근하기도 한다. 좁은 의미에서 조직개발은 조직구성원의 행동변화를 위한 감수성훈련(sensitivity training)과 거의 동일시되기도 하고, 또 일부 학자들은 조직개발을 주로 새로운 기술과 시장변화 등 환경적 도전에 대응할 수 있는 구성원들의 태도와 가치관의 개발을 위한 교육훈련전략으로 이해하기도 한다. 또한 조직개발의 다른 개념으로 구성원들의 팀워크와 조직문화의 개선을 통하여 조직의 문제해결능력을 향상시키는 장기적인 노력으로 이해하기도 한다.

조직개발이란 〈표 8-1〉의 조직개발의 정의에서와 같이 다양한 견해를 보여주고 있다. 버크(Burke)는 조직개발은 행동과학 기법, 연구, 이론을 사용하여 조직문화를 계획적으로 변화시키는 과정으로 보았고, 바나드와 아지리스(Barnard & Agiris)는 '바람직한 조직이란 조직과 개인이 함께 성장하고 발전할 수 있는 조직이며, 조직개발은 성장 및 자기 개발을 원하는 개인의 욕망과 조직의 목표를 통합함으로써 조직의 유효성을 증대시키기 위해 마련된 과정'이라고 보았다. 조직개발의 대표적인 학자인 벡커드(R. Beckhard)는 현대적인 관점에서 조직개발을 정의하였는데, 그는 '조직개발이란 조직의 유효성과 건전성을 증진시키기 위해서 행동과학의 지식을 이용하여 조직 과정에서 최고경영층에서부터 실시되는 조직 전체에 걸친 계획적인 노력'이라고 함으로써 조직개발의 개념을 감수성 훈련과 같은 협의의 개념에서 개념적 영역을 넓혀주었다.[1]

상기와 같이 조직개발에 대한 학자의 다양한 견해를 종합해볼 때, 조직개발이란 조직의 유효성을 제고시키기 위해서 행동과학기법을 기초로 다양한 요인을 포괄하는 조직적 변화에 효과적으로 대응할 수 있는 계획적이고 총괄적인 구성원의 능력과 조직의 전략을 유도하려는 장기적인 노력이라고 정의할 수 있다.

〈표 8-1〉 조직개발의 정의

학자	정의
Burke (1982)	조직개발은 행동과학 기법, 연구, 이론을 사용하여 조직문화를 계획적으로 변화시키는 과정이다.
French (1969)	조직개발이란 조직 내외의 행동과학 컨설턴트나 변화담당자의 도움을 통하여 조직의 문제 해결능력과 외부환경 변화 대응능력을 향상시키는 장기적인 노력이다.
Beckhard (1969)	조직개발은 행동과학을 사용하여 조직 '과정'에 계획적으로 개입하여 조직의 효과성과 건강을 증대시키기 위해 최고경영자가 주도하여 범조직적이고 계획적으로 이루어지는 노력이다.
Beer (1980)	조직개발은 (1) 조직구조, 과정, 전략, 조직구성원 및 문화 사이의 조화를 꾀하고, (2) 새롭고 창조적이고 조직적인 해결책을 마련하여, (3) 조직의 자기혁신능력을 개발하기 위하여 시스템 전반에 걸쳐 자료 수집, 진단, 액션 플래닝, 개입 그리고 평가를 하는 과정이다. 이는 행동과학 이론, 연구, 기법을 사용하여 변화담당자와 조직구성원의 협력에 의하여 이루어진다.

자료 : Cummings, T. G., & Worley, C. G.(2001), Organisational development and change. 8'h ed. Mason, Ohio : South-Western College.

2 조직개발이론의 생성 배경

현대사회는 단절의 시대(The Age of Discontinuity)[2] 혹은 불확실성의 시대(The Age of Uncertainty)[3]라고 불리워지고 있을 정도로 기술, 사회, 문화의 모든 분야에서 급격한 변화가 이루어지고 있다. 이와 같은 동적인 환경변화에서는 적절한 대응책을 강구하지 않으면 조직의 발전은 물론이고 존속조차도 힘들게 된다. 조직개발은 이러한 환경적인 이유에서 뿐만 아니라 발전지향적인 조직 자체의 요구에 대응하기 위해서도 필요한 것이다.

베니스(W. G. Bennis)는 조직개발의 생성기초가 되는 요인으로서 다음과 같은 세 가지 요인을 들고 있다.4)

첫째, 새로운 조직형태의 필요성이 대두되었다. 즉, 급격한 환경변화는 보다 강력한 적응력을 갖춘 조직을 필요로 한다.

둘째, 문화적 변화에 중점을 두고 있다. 즉, 조직은 신뢰와 가치관의 시스템인 조직문화를 형성하는데 조직을 변화시키는 최선의 방법은 조직문화의 제반요소를 변경시키는 것이다.

셋째, 조직 내에 사회적 인식이 더욱 요청되고 있다. 즉, 사회적 여건의 변화는 조직구성원들로 하여금 독재적인 관리 형태를 수용하지 않고 있으므로 보다 민주적이고 발전지향적인 조직형태의 개발이 요구되는 것이다.

이상과 같이 베니스가 언급한 조직개발의 생성배경은 다음과 같이 두 가지로 요약된다.

첫째, 조직환경의 변화이다. 사회, 문화, 경제적 발전은 조직구성원의 생활양식, 욕구, 노동력에 대한 가치관 등을 변화시켰으며, 특히 조직에 대한 충성심 내지 귀속의식을 저하시켰다. 그리고 선근내적인 조직중심의 시고방식에서 개인중심의 사고방식으로 의식이 변하고 계층적인 역할이 아닌 협동적 역할의 선호경향이 농후하게 되었다. 따라서 조직은 종래의 관료적 구조에 비해 유연성과 적응력이 큰 조직적 과정과 구조(organization process and structure)를 요구하게 된 것이다.

둘째, 행동과학이론의 발전이다. 행동과학의 발전은 조직의 인적 요소에 대한 중요성을 강조하였으며 구체적인 조직개발기법을 발전시키는 데 공헌하였다. 즉, 행동과학의 발전에 따라 사회적 · 정신적 요인들이 작업수행에 영향을 미친다는 인식을 하게 됨으로써 집단의사결정의 중요성을 인식하여 집단을 변화담당자로 이용하게 되었다.

조직개발(organizational development)은 계획적인 조직변화에 대한 이론과 실천을 이용하여 조직과 조직구성원을 발전시키기 위한 행동과학의 응용분야이다. 조직개발은 주로 행동과학적 개념과 방법에 근거를 두고 있으며 또한 조직을 전체시스템의 관점에서 그 조직의 장기적 효율성을 제고하려는 것으로 이해할 수 있다. 조직개발은 개인, 팀, 조직의 인간적, 사회적 과정의 효과성을 증대시키는 방법을 찾아내기 위해 조직의 '인간적 측면'과 관련된 문제에 초점을 두고 있다. 조직개발은 그 말이 암시하듯 조직을 개발하는 일에 관한 것이다. 또한 개인을 개발하는 일에 관한 것이기도 하다. 이러한 이중적인 측면은 조직개발의 독특한 강점이다.

조직개발은 조직이론의 발전에 따라 이를 조직에 실용적으로 활용하여 조직구성원의 역할이나 직무와 같은 단위시스템의 전략, 구조, 과정을 포함하는 조직 전반에 다양한 변화에 적용된다. 또한 사람과 조직, 즉 조직구성원과 조직의 운영방식을 그 대상으로 한다.

3 조직개발의 특징

조직개발의 특성에 관해서 베니스(Bennis)는 다음과 같은 7가지를 제시하고 있다.[5)]

- 조직개발은 계획된 조직변화를 일으키기 위하여 채택된 교육적 전략이다.
- 추구하는 변화는 조직이 극복하려는 위급한 상황이나 요구와 직접적으로 연관되어 있는 것이 보통이다. 이러한 요구는 새로 급격히 팽창하는 조직에서 전형적으로 발생하는데, 종종 커뮤니케이션이나 집단 간의 갈등이나 조직의 주체성 및 목적 등의 문제를 야기시키며, 이는 조직개발의 실시에 의하여 제시되는 해결책에 순응하게 된다.
- 조직개발의 노력은 거의 언제나 직접적인 경험을 강조하는 전략에 의존하게 된다. 이것은 자료의 피드백(feedback)이나 감수성훈련(sensitivity training)이나 대면회합(confrontation meetings)의 형태를 취할 수도 있다.
- 조직개발의 노력에는 변화담당자가 필요한데, 변화담당자는 거의 언제나 외부 컨설턴트가 그 역할을 수행하는 것이 보통이다.

- 변화담당자는 맥그리거(McGregor)의 Y이론에 해당하는 인간 및 조직에 관한 가치관과 사회철학을 갖고 있다.
- 변화담당자는 조직구성원들과 협력적인 관계에서 활동적으로 작업한다.
- 변화담당자는 때때로 자신의 사회철학에 근거와 기준이 되는 목표를 갖고 있다. 비록 그 목표가 변화담당자별로 상이하다고 해도 변화담당자는 개인적 경쟁에서의 진보와 향상된 갈등해결의 방법, 효율적인 팀관리, 이해의 증진 및 인간의 감정을 정당하다고 간주하는 가치체계의 설정과 같은 목표를 찾는다. 더욱이 변화담당자는 보편적으로 기계적인 체계보다는 유기적인 체계를 발전시키는 데 목표를 두고 있다.

이상과 같은 조직개발의 특성에 관한 베니스(Bennis)의 견해는 조직개발의 실제적인 특성이라고 말할 수도 있을 것이다. 전술한 조직개발에 관한 다양한 정의를 고려하여 볼 때 일반적이고 개괄적인 조직개발의 특성을 요약해 보면 다음과 같다.[6] 즉 ① 계획적 변화(planned change), ② 포괄적인 변화(comprehensive change), ③ 작업집단(work group)에 대한 강조, ④ 장기적 변화(long-range change), ⑤ 변화담당자(change agent)의 역할 강조, ⑥ 개입(intervontion)과 행동연구(action research)에 대한 강조 등으로 요약된다.

4 조직개발의 목표

조직개발의 내용에는 인간의 가치관과 태도 및 신념을 변화시키는 것을 전제로 인간이 이들을 어떻게 생각하고 있느냐의 포괄적인 의미를 갖고 있다.[7] 그래서 조직개발의 구체적인 목표를 다음과 같이 요약할 수 있다.[8]

- 조직구성원 간의 신뢰와 협동의 수준을 향상시킨다.
- 개방적이고도 확실한 커뮤니케이션을 발전시킨다.
- 조직의 문제를 규명하고 해결책을 제시한다.
- 전문지식과 숙련에 기초를 둔 권한에 의해 부여된 역할을 수행하는 권한이 확대될 수 있는 분위기를 조성한다.

- 조직의 커뮤니케이션의 확실성과 신빙성을 증대시킨다.
- 조직구성원 개개인의 정열과 자기통제(self-control)를 증대시킨다.

이와 같은 조직개발의 목표를 조직개발 차원(level)을 기준으로 살펴보면 ① 개인 또는 개인 간의 관계, ② 팀(team), ③ 집단 간의 관계, ④ 전체 조직시스템으로 대별할 수 있다. 이 경우 조직개발 목표는 ① 개인의 능력이나 지식의 개발, ② 팀 구성원 전체의 태도변화, ③ 집단 간 협력의 강화, ④ 조직의 유효성 제고 등으로 분류해서 생각할 수 있다.

이와 같이 조직개발의 목표를 조직개발 차원 별로 고찰하는 이유는 일반적으로 개발 행위가 특정의 목표를 지향하고 있으므로 조직개발의 전체 수준별 정합성을 가져야 하기 때문이다. 예를 들어 어떤 조직개발 프로그램이 개인 수준의 목표에는 유효하나 집단 목표나 조직전체의 목표에는 그렇지 못한 경우가 발생할 수 있다.

제 2 절 조직개발의 역사

1 조직개발의 형성 및 발전과정

조직 개발 기법은 행동과학의 이론 지식과 연구 방법들이 기업체의 문제해결을 위한 대안으로 인식되면서 본격적으로 발전하기 시작했다. 조직개발 기법들은 2차 세계대전 이후 실험실 훈련, 설문조사 피드백과 같은 행동개발 기법을 중심으로 급속히 발전했으며, 이후 규범적 접근, 생산성 및 근로생활의 질(QWL), 전략적 변화 및 조직혁신 등 시대별로 관점을 달리하여 큰 흐름을 형성하여 왔다. 본 절에서는 시대별 흐름에 따라 이를 좀 더 세부적으로 살펴보고자 한다.

가. 실험실 훈련

실험실 훈련(Laboratory training)은 비구조적인 소집단을 활용해 피교육자들의 개방적이고 자유스런 상호작용을 통해 행동 개선을 유도하는 기법을 말한다. 이러한 실험실 훈련은 집단역학연구소의 커트 레윈(Kurt Lewin)이 중심이 되어 1946년부터 자유토의 방법을 사용해 여러 차례의 실험을 거쳐 행동개선 방법으로 개발되었다. 1947년에는 NTL(National Training Laboratories for Group Development)이 창설되면서 NTL 훈련기법으로 널리 보급되었다. 이후 실험실 훈련은 감수성 훈련(sensitivity training) 혹은 소집단 훈련(T-group training)으로 불렸다.[9]

나. 설문조사 피드백

설문조사 피드백은 1945년 설립된 MIT집단역학연구소가 처음 개발했다. 주로 설문지를 사용하여 조직 구성원들의 태도를 조사하고 그 결과를 그들에게 피드백하고, 토의를 헤서 구성원과 집단, 조직 전체를 진단·평가한다. 문제 진단은 문제 해결을 위한 계획 수립과 실천으로 연결되며, 전체 조직 개발 과정에서 매우 중요한 부분을 차지한다.

다. 규범적 접근

규범적 접근은 실험실 훈련과 설문조사 피드백(Survey Feedback) 이후 인간관계적 접근이 지적으로나 현실적인 측면에서 조직을 관리하는 데 '유일한 최선의 방식'이라는 사고가 정착되며 나타난 조직개발의 새로운 접근 방법론으로서, 대표적인 이론에는 리커트(Likert)의 참여경영과 블레이크와 머튼(Blake & Mouton)의 격자(grid) 이론이 있다.

리커트는 조직을 독선적 전제(시스템 I), 온정적 전제(시스템 II, 협의적 시스템(시스템 III), 참여적 시스템(시스템 IV)으로 나누고, 의사결정 권한이 조직전체에 고르게 분포된 분권화된 의사결정 구조를 가진 참여적 시스템(시스템 IV)이 가장 이상적인 조직으로 제시하고 있다.

한편 블레이크와 머튼은 관리 그리드(management grid) 이론을 통하여 관리자의 관리 스타일을 유형별로 나누어 제시했는데, 그들은 생산에 대한 관심 및 종업원에 대한 관심을 기준으로 관리 유형을 무관심형(impoverished), 권위-순응형(authority-compliance), 사교형(country-club), 중도형(middle of the road), 팀형(team management) 등 다섯 가지로 나누고 가장 이상적인 유형으로서 팀형을 제시하고 있다.

라. 생산성과 근로생활의 질

규범적 접근 이후 조직개발은 생산성과 근로생활의 질(Quality of Working Life : QWL)을 동시에 강조하는 것이 새로운 조직개발 방향으로 부각이 되기 시작하였다. 근로생활의 질(QWL)은 직무만족의 수준향상과 근로환경의 민주화를 통한 근로생활에 있어서 '인간성 회복운동' 이라고 할 수 있다. 생산성과 근로생활의 질 흐름은 1950년대에 유럽에서의 최초의 프로젝트가 시작이 되어 1960년대에 미국으로 이전되었으며, 초기에는 기술과 인간이 잘 통합할 수 있는 작업설계 방식의 개발하고,[10] 그 이후로 생산성과 만족에 영향을 주는 보상시스템, 작업흐름, 경영스타일, 물리적 환경 등 생산현장의 다른 요소에 까지 영역이 확장되었다. 오늘날조직개발에서는 근로생활의 질(QWL)이라는 명칭보다는 전사적 품질경영, 식스시그마, 구성원 관여(employee involvement : EI) 등 사회기술적 개입방법으로 그 명맥을 계속 유지하고 있다.

마. 전략적 변화 개입

전략적 변화 개입은 최근에 들어와서 경영환경이 급변함에 따라 환경변화에 적응을 위하여 새로이 부각된 조직개발 기법이다.

전략적 변화는 조직의 환경, 전략, 조직구조 간의 정합성(alignment)을 증진시키는 의미를 내포하고 있다. 전략적 변화개입은 조직과 환경 간 관계를 증진시키고, 조직 내 기술, 구조, 정보, 인적자원, 문화요소간 적합성(fit)을 향상시키는 두 가지 목적을 가지고 있다.

2 조직개발 발전 방향

앞에서 살펴본 조직개발 발전 역사를 연구의 흐름 별로 크게 분류하여 종합해 보면 다음과 같이 정리해 볼 수 있다.

가. 제1세대 조직개발

1세대 조직개발 프로그램은 조직개발에 대한 초기 연구들로서 행동과학 연구를 현장에 실용적으로 적용하기 위한 연구 들을 중심으로 이루어졌다. 1세대 연구에는 팀 중심의 조직운영, 팀 빌딩, 촉진자의 활용, 과정에 대한 자문, 조사 피드백, 집단 간의 문제해결, 직무설계에 대한 사회기술적 시스템 이론의 접근방법, 참여적 경영 등이 있으며, 이 세대의 연구의 한계점은 환경의 변화에 따른 조직의 대응 및 적응에 대한 관점을 도외시하고 전개되었다는 점이다.

나. 제2세대 조직개발

제 2세대 조직개발 프로그램은 환경의 변화에 대한 성찰과 조직변화의 중심에 인간적인 측면에 초점이 맞추어 졌다. 이 세대의 조직개발의 특징은 〈표 8-2〉에서와 같이 행동과학 연구를 기반으로 한 인간 중심의 1세대 연구에서 벗어나 조직변혁, 학습조직, 조직문화혁신, 자율관리팀, 비전 및 전략 수립 등 시내직 요청에 부합할 수 있도록 연구의 분야가 확대되었다는 점이다.

〈표 8-2〉 제2세대 조직개발의 기법과 내용

2세대 기법	의미(내용)	비 고
조직변혁	패러다임 변동을 포함한 다차원적이고, 다양한 수준을 갖는 질적이고, 단절적이며, 근본적인 조직의 변화.	미국식 조직 문화 변화 방법
조직문화	조직구성원들이 공유하는 가치체계, 신념체계, 사고방식의 복합체	조직 목표달성의 중요한 척도
학습조직	조직구성원에 의해 지식이 창출되고 이에 기초하여 조직혁신이 이루어지며 조직의 환경적응력과 경쟁력이 증대되어 나가는 조직	EX) 도요타의 학습 DNA

자율관리 팀	조직개발의 사회 기술적 시스템 관점에서 비롯된 반자율 팀 개념의 연장선상에서, 품질 개선 및 유연성 확대와 관리자층 사원의 사기를 강화해야 한다는 압력이 가중되면서 자율관리팀에 대한 관심이 빠르게 증대됨.	
전사적 품질관리	사원, 고객이 특별한 가치가 있다고 느낄 만큼 질 좋은 제품과 서비스를 고객의 요구에 부응하여 제공할 수 있는 능력의 지속적인 개선을 추구하는 분위기를 창출하고 정착시키는 기업의 전반적인 노력	
비전 설정	비전설정은 조직 전체를 통해 개인적인 비전과 연결된 후에야 비로소 진정한 의미의 공유가 가능하므로 이는 명백히 조직개발의 프로세스를 요구하고 있음.	
참여형 회의	가능한 한 다양한 직급과 직무를 담당하는 직원들을 회의에 참가시키는 대규모 회의를 통한 조직개발운동과 연계	회의의 효율성 제고
기타사항	• 생산성 이익배분제 • 능력급제를 포함한 적절한 보상체계 수립 등	

현대에 들어와 조직개발은 외국의 경우 프록터&갬블, 보잉사, 포드 자동차, 엑슨 등과 같은 기업뿐 아니라 정부기관, 대학, 사회복지기관, 경찰서, 그리고 미국산업교육협회(ASTD) 등 범세계적으로 참여하며 그 적용범위를 넓혀가고 있다. 또한 국내에서도 조직개발의 필요성에 대한 인식이 확산이 되면서 대기업 뿐만 아니라 정부의 주도적인 지원 하에 중소기업으로 확대되어 가고 있으며, 조직개발을 지원하는 외부의 전문가 집단으로서 경영컨설팅 산업이 급속도로 성장하고 있다.

다. 조직개발의 새로운 방향

21세기에 들어와 전 세계가 산업사회에서 지식사회로 바뀜에 따라 조직개발의 양상은 새롭게 바뀌어 가고 있다. 조직들은 세계화와 정보기술의 발전에 영향을 받아 새로운 형태의 조직개발 전략을 만들어 내고 있다. 세계화에 대응하여 많은 조직들은 노동력의 다양성(diversity)을 의미 있게 받아들이고 이를 활용하여 조직의 경쟁 우위 향상에 활용하고 있다. 또한 정보기술의 발전에 따라 조직의 유통구조 및 제조방식이 바뀌어 가고 있으며, 구성원들의 일하는 방식도 전통적인 방식에서 벗어나 정보통신기술을 활용한 새로운 직무설계를 요구하고 있다.

최근에 들어와서 디지털 혁명을 넘어선 새로운 패러다임으로 4차 산업혁명이 주요 이슈로 등장하고 있다. 인공지능과 로봇기술, 3D 컴퓨터, 사물인터넷, 자율주행차, 나노 기술 등으로 대변되는 4차 산업혁명을 주도하는 새로운 기술들은 조직의 경영방식을 완전히 바꾸어 놓을 것이다. 이에 따라 새로운 패러다임에 맞추어 조직개발 학자 및 전문가들은 새로운 패러다임에 부합하는 새로운 조직개발 비전과 목표를 제시하고, 새로운 형태의 리더십, 조직구조, 관리시스템 및 조직문화를 구축하는데 기여하여야 할 것이다. 조직들도 변화하는 산업환경에 발맞춰 이에 대응하기 위한 조직개발 전략을 구상하고 다양한 프로그램을 개발하여 적절히 실행에 옮겨야 한다.

제3절 조직개발의 실천

1 조직개발의 기본적 구성요소

모든 조직들은 변화를 추구하고자 할 때 변화 주도자, 변화대상자, 개입(intervention)등의 기본 요소가 필요하며, 이 세 가지가 부족하면 조직의 올바른 변화를 기대하기 어렵다.

가. 변화 주도자

변화주도자란 변화중개인(change agent)이라고도 하며, 조직 내 변화를 이끌어 가는 사람을 말한다. 변화주도자는 경우에 따라서는 조직내부의 사람이 될 수도 있지만 대부분은 조직 밖의 전문가들을 활용한다. 경영컨설턴트나 산업별 전문가와 같은 외부 전문가를 변화주도자로 영입하였을 경우에는 전문가와 내부구성원 각자의 역할 및 활동범위에 대해서 상호간 협의 및 동의를 통하여 명확하게 구분 지어야 한다. 변화주도자는 변화 대상 및 주제에 대하여 이론적 지식뿐만 아니라 문제의 진단 및 분석능력, 행동과학에 관한 기본지식, 문제해결 및 대안 제시 능력을 갖추고 있어야 한다.

나. 변화 대상자

조직개발에서 변화의 대상자는 크게 개인, 집단 혹은 조직 전체로 나누어지나 변화의 대상이 분명히 구분되지 않을 때도 있다. 그 이유는 조직개발이 의도적인 조직변화를 추구하는 것임을 생각할 때, 한 개인 혹은 한 집단만을 변화시키는 것만으로는 조직 전체의 변화가 일어나지 않기 때문이다. 또한 한 가지 대상을 변화시킬 경우 또 다른 대상에게도 영향을 미칠 수 있는 경우도 많기 때문에 조직개발 담당자는 개인, 집단 및 조직전체의 영향관계를 종합적으로 판단하여 대상자를 선정하여야 한다.

다. 개입

개입(invention)이란 변화 주도자가 대상을 변화시키기 위해서 실행하는 다양한 활동을 말한다. 변화 주도자는 문제의 진단, 변화대상자 선정, 변화를 위한 교육과 훈련, 지도와 카운셀링 등을 통하여 변화대상자를 변화시키는 활동을 한다. 변화주도자에 의해서 조직개발 과정을 통하여 조직변화를 위한 새로운 해결방안이 제시되었다면 그 해결방안을 실행함에 있어서 개인, 집단 및 조직전체의 역할을 규명하고, 궁극적으로 사람들이 조직이 기대하는 대로 새로운 변화에 잘 적응하고 스스로 문제를 해결할 수 있도록 적정한 개입을 하여야 한다.

2 조직개발 과정

조직개발 컨설턴트와 고객조직은 조직이 추구하는 목적과 변화를 달성하기 위해 일정한 프로세스에 따라 조직개발 활동이 진행되는데 이를 조직개발 프로세스라고 한다. 이러한 프로세스는 조직개발 컨설턴트와 고객조직 간의 관계가 형성되어 작업이 실시되는 시작점과 컨설턴트가 고객조직을 떠나는 종결점을 갖고 있으며, 이러한 두 시점 사이에는 몇 개의 기본적인 단계들로 분할될 수 있다.

조직개발 프로세스는 〈그림 8-1〉과 같이 착수 단계, 조직진단 단계, 개입설계 단계, 실행 단계 등 4단계로 진행되며, 각 단계별로 추진해야 할 작업들에 관해 간략히 살펴보기로 한다.

가. 착수

착수는 조직개발의 필요성을 파악하고, 본격적인 조직진단을 하기위한 준비와 계획수립을 하는 단계이다. 착수 단계에서는 예비진단(prelominary problem di-agnosis)을 통하여 조직개발 대상 주제를 찾아내고, 이를 위한 조직진단 계획이 이루어지고, 조직개발을 외부 전문 컨설턴트에게 의뢰할 경우에는 컨설팅 계약에 대한 협상과 합의가 이루어진다. 외부 컨설턴트는 고객조직과의 접촉을 통해 고객조직이 달성하고 변화시키고 싶어 하는 것이 무엇이며, 컨설턴트가 어떻게 도

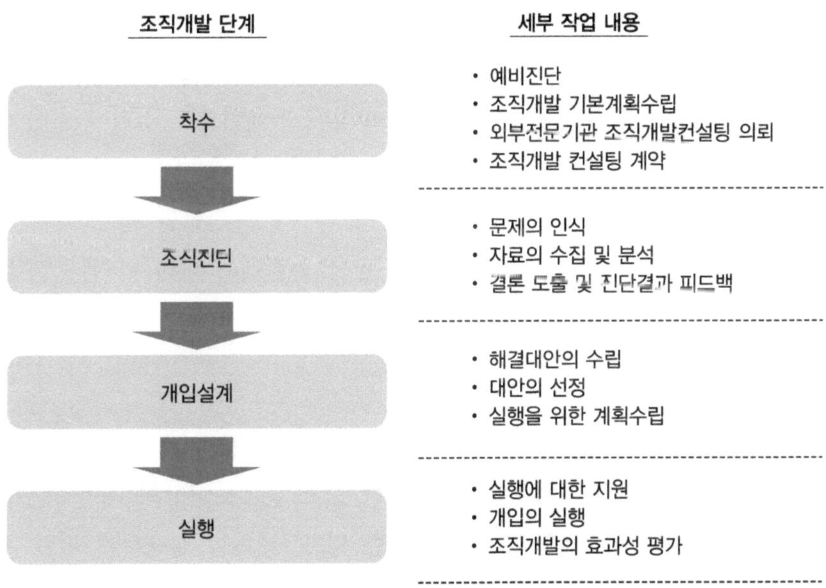

〈그림 8-1〉 조직개발 과정

와줄 수 있는가에 관한 논의가 이루어지고 고객과 컨설턴트 각각의 역할이 명확하게 정해진다.

나. 조직 진단

착수단계를 통하여 조직개발 대상이 확정되고 진단 계획이 완성되면 본격적인 조직진단에 착수하게 된다. 조직진단 단계는 해결해야 할 문제에 관한 깊이 있는 진단이 진행된다. 외부 컨설턴트와 고객조직은 서로 협력하여 필요한 변화의 종류를 확인하고 조직개발 프로젝트를 통해 달성하고자 하는 상세한 목적들을 정의하며, 고객조직이 지금까지 달성해 놓은 성과, 자원, 니즈, 전망 등에 대한 평가 작업들이 이루어진다. 이러한 평가 작업을 통해 변화가 필요한 근본적인 문제가 기술적인 것인지, 조직적인 것인지, 정보적인 것인지, 아니면 심리적인 것인지에 대한 판단작업이 이루어진다. 만약 이러한 차원들이 모두 관련되어 있다면 어떤 것이 결정적인 역할을 하고 있는지, 조직 내에서 변화에 대한 필요성이 인식되고 있는지, 아니면 변화에 대한 필요성을 사람들에게 설득해야만 하는지, 변화에 대해 어떤 태도들이 널리 퍼져 있는지 등에 대한 분석이 이루어진다.

이렇게 조직진단 단계에서 분석된 결과들이 통합되어 문제를 해결하고, 원하는 목적을 달성하기 위한 활동계획 수립의 방향을 어떻게 설정할 것인가에 대한 결론을 낸다. 그리고 활동계획 수립 방향이 구체적으로 수립이 되면 이를 고객조직에 피드백함으로써 진단 결과의 적정성 여부를 평가받게 되며, 만일 고객조직이 기대한 방향이 아니거나 진단이 잘못되었다고 판단할 경우 이에 대한 재검토가 필요하고, 경우에 따라서는 조직진단을 원점에서 다시 하여야 한다.

다. 개입설계

개입설계는 활동계획 수립이라고도 하며, 문제의 해결안을 발견하는 데 목적을 두고 있다. 활동계획수립 단계는 한 개 또는 그 이상의 대안적인 해결안을 만들어내는 작업, 이러한 대안들에 대한 평가, 변화를 실행하기 위한 계획의 정교화, 고객의 의사결정을 위한 제안서의 프리젠테이션 등을 포함하고 있다. 만약 이 단계에서 고객이 적극적으로 참여한다면, 컨설턴트는 폭넓은 기술적인 범위 안에서 추진해야 할 활동을 선택할 수 있을 것이다.

활동계획수립 단계에서 컨설턴트가 실현 가능한 대안들을 탐색하여 발전하고 사소하면서도 불필요한 변화를 초래할 수 있는 제안들을 제거하고 어떤 해결안을 제안한 것인가를 결정하기 위해서는 논리적이고 체계적인 접근방법은 물론, 풍부한 상상력과 창의력을 활용해야 할 필요가 있다. 또한 변화에 대한 사람들의 저항을 어떻게 극복하고 이들로부터 변화에 대한 강력한 지지를 어떻게 얻어낼 것인가와 같은 인간적인 차원에서의 문제점에 관한 전략과 전술을 개발하는 것도 매우 중요하다.

라. 실행

실행 단계는 고객조직과의 협력을 통해 컨설턴트가 개발한 개입설계 안에 대하여 실현가능성을 감안하여 단계적 이행계획이 수립이 되고, 실행과정에서 반드시 나타나는 구성원의 저항에 대하여 어떻게 극복하고 조기에 성공적으로 정착시킬지에 대한 변화관리 계획을 작성하게 된다.

실행 단계에 접어들게 되면 개입설계 활동을 통해서 계획되었던 것과 달리 예상하지 못했던 새로운 문제와 장애가 발생할 수 있으며, 잘못된 가정과 계획상의 실수들이 실제적인 문제들로 드러나게 된다. 예를 들어 변화에 대한 저항의 크기가 진단과 활동계획수립 단계에서 예상했던 것과 상당한 차이를 보임으로써 초기에 설계된 실행계획을 수정해야 할 필요가 발생할 수도 있다. 사실 조직개발 추진 결과로서 미래에 발생할 일들을 상세하게 예측한다는 것은 불가능하기 때문에, 실제의 실행과 계획 간에는 차이가 있을 수 있다. 따라서 이러한 실행 단계에서는 모니터링과 관리가 매우 중요한 요소로 작용한다. 이러한 이유들로 인해서 착수, 조직진단, 개입설계 단계에 참여했었던 조직개발 컨설턴트들이 실행 단계에도 참여하기를 원하는 경우가 많다.

외부 컨설턴트에 의해 조직개발 프로젝트가 진행된 경우에는 컨설턴트는 고객조직에 최종보고서를 제출하고 보고회를 통하여 조잭개발이 계약이 종료된다. 그러나 고객이 지속적이고 협력적인 관계를 구축하는데 관심을 갖고 있다면 사후관리(follow-up)와 향후의 작업들에 관한 계약이 이루어질 수도 있다.

3 조직개발 기법

가. 조직개발을 위한 개입 방법

개입(Intervention)이란 일반적으로 개인, 집단 또는 그 이외의 어느 변화대상에 대하여 변화가 효과적으로 이루어지도록 변화과정에 간섭하는 행동을 의미한다.18) 조직개발을 위한 개입기법은 크게 4가지로 나누어진다.

첫째, 인간관계 과정 개입 방법(human process interventions)으로서, 조직의 목표를 달성하기 위한 과정과 조직내 구성원에 초점을 둔 개입을 말한다. 여기에는 커뮤니케이션, 문제해결, 집단 의사결정과 리더십 등을 변화시키는 방법이 있다.

둘째, 기술-조직구조 개입 방법(techno-structural interventions) 으로서, 조직의 기술(업무수행방법과 직무설계 등)과 구조(부서편제, 계층구조 등)에 초점을 둔 개입을 말한다. 탄력근무시간제(flexible time), 직무순환, 직무확대, 직무충실화 등의 직무재설계를 통해 변화시키는 방법들을 동원한다.

셋째, 인적자원관리 개입 방법(human resource management interventions)으로서, 조직의 구성원을 통합시키는 인사활동에 초점을 두고 있다. 이 방법에서는 임금과 보상, 선발과 배치, 수행성과, 인사평가 ,경력개발 등의 방식을 변화시키는 방법을 활용한다.

넷째, 전략적 개입 방법(strategic interventions)으로서, 경영환경의 변화에 따라 조직을 변화시키고 내부환경을 적응시키는데 초점을 둔다. 이 방법에서는 사업전략과 구조, 조직문화 등을 일치시키는 전략을 활용한다.

나. 조직개발 개입 수준

조직개발 개입 방법은 개입에 따른 영향을 수준에 따라 개인수준, 집단수준 및 조직전체의 수준으로 나누어진다.

1) 개인수준의개입

개인수준의 개입은 부서 목표에 따른 개인 목표의 설정, 개인 실적관리, 개인간 갈등관리 등 개인 수준의 문제점을 관리하는 과정이다. 인지이론, 욕구이론,

동기이론, 직무만족이론 등 주로 개인직무(Job)와 관련된 내용을 다룬다.

2) 부서수준의 개입

부서수준의 개입은 부서 단위의 집단, 즉 부서와 팀 수준에 영향을 주기 위한 조치를 취한다. 부서의 목표설정, 리더십, 갈등관리, 업무 흐름 기획(work flow planning), 조직 간 협조능력 향상(두 집단이나 조직이 보다 효과적으로 협동하는 관계를 수립하기 위한 개입), 집단간 갈등 관리, 제3자 개입, 기능간(cross-functional) 훈련 등을 다룬다.

3) 전체조직수준의 개입

전체조직 수준의 개입은 조직 전체의 의도적 계획적 변화를 실현하기 위하여 실시하는 개입을 말한다. 여기에서는 조직의 목표 및 사업구조의 재편, 경영혁신, 조직문화 혁신, 업무수행방식 혁신 등 조직의 모든 구성원들에게 영향을 주기 위하여 개입이 실시되며, 일반적으로 개인수준이나 부서수준보다 개입이 어렵고, 개입에 따른 실패의 위험이 크며 시간이 오래 걸린다.

개입활동은 조직개발의 과정에서 발생하게 되는 필연적인 과정이며, 개입에 따른 영향의 수준, 즉 개인수준, 부서집단수준, 전사조직수준에 따라 적용기법이 달라진다. 그러나 조직개발에서 개입을 위한 많은 기법들은 세 차원의 개입수준에서 어느 하나의 영역에만 적용되는 것이 아니라 여러 영역에 동시에 사용할 수 있으며, 문제에 따라 적절한 방법론을 선택하는 것이 바람직하다.

참고문헌

1) Beckhard R.(1969), Organizational Development : Strategies and Models, Reading, MA : Addison- Wesley.
2) 피터 드러커 저, 이재규 역, (2003), 단절의 시대(Age of discontinuity), 한국경제신문사.
3) Galbraith, J. K.(1977), The Age of Uncertainty (Boston : Houghton Miffin Company,
4) Teichroew D.(2002), Changing Organizations by Warren G. Bennis, Technology and Culture Vol. 8 No. 1, pp. 143-146.
5) Teichroew D.(2002), op. cit.. pp. 148-150.
6) Filley, A. C., R. J. House and S. Kerr(1976), Managerial Process and Organizational Behavior, 2nd ed. (Glenview, Ill. : Scott, Foresman and Co., p. 488.
7) Hampton, D. R. and R. A. Webber(1973), Organizational Behavior and the Practice of Management (Glenview, Ill. : Scott, Foresman, p. 850.
8) French, W. L.(1974), The Personnel Management Process, 3rd ed. (Boston : Houghton Mifflin Co., p. 665.
9) 한국심리학회(2014), 심리학용어사전.
10) Gyllenhamer P.(1977), People at Work, Reading, MA : Addison-Wesley.

9 학습조직

Chapter

9 학습조직

학습목표

1. 학습조직과 지식경영과의 관계에 대하여 설명할 수 있다.
2. 개인학습과 조직학습을 비교하여 설명할 수 있다.
3. 학습조직의 구축방법을 설명할 수 있다.

과거에 경쟁이라고 불리웠던 용어들이 요즈음은 전쟁이라는 용어로 바뀌었다. 오늘날 기업경영 환경을 나타낼 때 무역전쟁, 기술전쟁, 경제전쟁, 마케팅 전쟁 등 전쟁이란 용어를 많이 사용하고 있음을 볼 수 있다. 그러나 전쟁과 경쟁에는 엄연한 차이가 있다. 전쟁에서의 2등은 존재하지 않는다. 1등에서 먹히고 말기 때문에 종적을 찾을 수도 없다.

오늘날과 같이 치열할 경쟁 속에서 조직의 생존은 조직이 가지고 있는 지식에 의하여 이루어진다. 왜냐 하면 많은 지식과 창의력을 가진 조직만이 생존할 수 있기 때문이다. 지식을 만들려면 학습이 필요한데, 학습은 개인에 의하여 이루어진다. 그리고 학습의 주체인 개인학습이 모여져서 집단학습으로 이어지고 집단학습이 모여져서 조직학습 수준이 결정된다. 하지만 조직학습은 단순한 개인학습의 합으로 이루어지는 것이 아니라 조직이 어떻게 개인학습을 장려하고 조직 내에서 개인학습을 집단 및 조직학습으로 연결 및 활용할 수 있는 체계를 구축함에 따라 그 유용성은 차이가 발생한다. 본 장에서는 성공적인 인적자원개발을 위한 필수 요건인 학습조직의 개념과 구축 및 운영방법에 대하여 설명하고자 한다.

제 1 절 학습조직 개요

1 학습의 개념

학습은 개인에 있어서 가치있는 삶과 성장의 바탕이 되고 사회전체의 발전을 위하여 절대적으로 필요한 요소이다. 개인 뿐만 아니라 조직, 국가 등 인간이 모여있는 집단은 학습에 의하여 지속적인 성장 및 발전이 이루어진다.

사전적 의미의 학습이란 "과거의 경험을 통해서 새로운 지식이나 기술을 배워서 익히는 것"을 말한다. 그러나 심리학에서의 정의는 자못 다르다. 먼디(R. W. Mondy et als.) 등은 학습이란 유형화된 행동과 실천을 통해 기능, 지식, 능력 및 태도를 얻는 활동이라고 하였고, 로빈스(S. P. Robbins)는 학습이란 경험의 결과로서 일어나는 비교적 영속적인 행동의 변화(relatively permanent change in behavior that occurs as a result of experience)라고 하였으며, 킴블(Kimble)은 학습의 정의로 학습이란 "훈련의 결과 일어나는 행동 잠재력의 비교적 영속적인 변화"라고 정의하였다.

이러한 내용들을 종합하여 볼 때, 학습(learning)이란, 배우고 익히는 것을 말하며 그래서 모르던 것을 알거나 할 줄 알게 되는 것을 말한다. 이러한 정의에 따라 학습의 중요한 특성을 찾아본다면 다음과 같은 몇 가지로 정리할 수 있다.

첫째, 학습은 형태에 있어서 개혁을 필요치는 않더라도 변화(change)를 수반한다. 학습된 후에는 그 이전보다도 어떤 모습으로든 달라진다. 변화는 조직의 관점에서 보면 좋은 것일 수도 있고 나쁜 것일 수도 있다. 종업원이 바람직한 행동을 학습하는가, 아니면 바람직하지 못한 행동을 학습하는가에 따라 조직의 생산성에 미치는 결과가 다를 수 있기 때문이다.

둘째, 이때의 변화는 상대적으로 영구적(永久的)인 것을 의미한다. 말하자면 학습에 의해 일어난 변화는 오랫동안 지속되는 경향이 있다. 일시적인 변화는 반응적인 것일뿐 참다운 학습이라고 할 수 없다.

셋째, 학습은 행동과 관련된다. 학습은 현재의 행동뿐만 아니라 잠재적인 행동에도 영향을 미친다.

넷째, 학습은 경험의 결과이다. 이때의 경험은 직접적인 것일 수도 있고 간접적인 것일 수도 있다. 또한 학습을 위해서는 어떤 형태로든지 경험을 필요로 한다.

다섯째, 학습은 지식과 기능만이 아니라 태도와 사회적 행동을 포함한다.

여섯째, 학습은 분명히 조직행동에 영향을 미치는 요인이다. 그러나 학습은 행동에 영향을 미치는 여러 개 요인 중의 오직 하나일 뿐이다.

일곱째, 성장, 피로 또는 잠과 같은 신체적 변형(variation)에 따른 행동변화는 학습이 아니다. 말하자면 학습결과 얻은 행동변화와 성숙 또는 나이를 먹음에 따라 일어나는 변화는 다르기 때문이다. 보다 직접적으로 말하면 학습은 환경과의 경험에서 나오는 것이기 때문에 조직의 업적에까지 연결되는 행동변화의 하나의 원천이기도 하나 본능적 또는 유전적인 다른 행동변화의 원천과는 여러 가지 측면에서 성격을 달리하는 독특한 원천이다.

2 학습조직

조직이 급변하는 경영환경에 살아남기 위해서는 조직을 환경에 적응시키는 노력이 필요하며 이의 효과적인 추진 방법 중의 하나로 배우는 문화를 조직내부에 정착시켜 학습조직을 구축하는 것이다. 미래의 기회발견을 위한 학습력의 극대화는 조직의 생존 조건이라는 차원을 넘어서 조직의 성장 발전을 가속화시키기 위한 가장 중요한 원동력으로 간주되기 시작하였으며, 조직의 학습능력은 전략적 실천행위를 설명하는 또 하나의 중요한 변화요인으로 등장하고 있다.

가. 학습조직의 정의

지금까지 학습조직에 대한 많은 논의가 이루어지고 있지만 학습조직이 무엇을 의미하는지에 대한 통일된 개념은 없으며 지금까지 내려진 학습조직에 대한 많은 정의는 의미의 포괄성과 강조점에 따라 각양각색이다. 대표적인 연구자들이 정의하고 있는 학습조직의 정의는 다음과 같다.

(1) 학습조직이란 종업원들이 진정으로 원하는 욕구를 끊임없이 창출시켜주는 조

직, 조직구성원들의 창의적 사고양식을 새롭게 전향시켜주고 확장시켜주는 조직, 집단적인 열망으로 가득찬 조직, 조직구성원들이 함께 학습하는 방법을 지속적으로 학습하는 조직이다.

(2) 학습조직이란 격변하는 외부환경에 대처하고 조직의 내적 성장능력을 극대화하기 위해 조직의 전 구성원이 끊임없이 새로운 지식을 창조, 습득, 전파하고 이러한 활동 속에서 일정한 노력의 결과를 산출해내며, 이에 대한 비판적 분석과 성찰적 종합을 통해 조직의 당면문제 해결이나 미래의 비전 및 경영전략을 체계적으로 정립하는 조직이다.

(3) 학습조직이란 모든 조직구성원들의 학습활동을 촉진시킴으로써 조직 전체에 대한 근본적인 변화를 지속적으로 촉진시키는 조직이다.

(4) 학습조직이란 늘 새로운 학습을 일상적으로 되풀이함으로써 위기상황이든 아니든 관계없이 자기변화가 신속하고 효과적으로 일어날 수 있는 상태에까지 이른 조직이다.

(5) 학습조직은 최종적인 해를 구하기보다는 끊임없이 실험하는 조직, 예측보다는 순간 대응력(즉흥성)을 존중하는 조직, 과거 행동을 방어하기보다는 새로운 행동을 고안하는 조직, 문제 제기를 제거하기보다는 장려하는 조직을 말한다.

이상과 같은 정의를 종합해보면, '학습조직이란 조직 내외적으로 정보를 발굴, 입수하여 조직의 전 구성원이 공유함은 물론 일상적 업무활동에 적용함으로써 새로운 지식을 창출하고, 이를 조직 전체에 전파 보급함으로써 급변하는 경영환경에 대한 대처능력과 국제 경쟁력을 향상시켜 조직 자체의 성장 발전 능력을 배가시킬 수 있도록 지속적인 학습활동을 전개하는 조직'이라고 할 수 있다.

나. 학습조직의 등장배경

학습조직에 대한 논의가 본격화된 것은 1990년대 이후이지만 이론적 토대는 1970년대 전후로 꾸준히 모색되어 왔다. 아지리스와 숀(Argyris & Schon)은 조직학습이 이루어지는 동안에 유입되는 정보, 학습의 과정과 결과 등에 대한 내면적·외면적 특징을 강조함으로써 학습조직에 대해 구체적이고 체계적으로 접근하였다.[1] 학습조직에 대한 관심이 높아져서 본격적으로 연구가 진행되고, 조직에서의 적용이 이루어진 것은 셍게(Senge)가 시스템적 사고 관점에 입각하여 학습에 대한 이론적인 논의를 기업현장의 학습조직 논의로 전환시키면서 부터이다.[2] 이후, 학습조직은 지식·정보의 폭발적 증가로 인해 이의 효과적인 활용여부가 장기적인 조직 경쟁력을 확보할 수 있는 결정적인 요인이라는 인식이 확산되면서 등장하게 되었다. 학습조직이 등장하게 된 시대적 배경은 다음 네 가지로 요약할 수 있다.

(1) 단기간에 가시적인 효과를 거둘 수 있는 TQM, 벤치마킹, 고객만족경영, 시간관리운동, 성과중시경영, 시간중심경영 등과 같은 경영혁신 기법만으로는 장기적인 조직전체의 변화를 가져올 수 없다는 인식이 확산되면서 새로운 측면에서의 총체적인 경영혁신 전략을 모색하게 되었는데, 이러한 노력의 일환으로 등장한 전략이 바로 학습조직이다.
(2) 조직이 급변하는 경영환경에 대응하여 살아남기 위해서는 조직을 환경에 적응시키는 노력이 필요한데, 이를 효과적으로 추진하는 방법 중의 하나가 배우는 문화를 조직 내부에 정착시켜 학습조직을 구축하는 일이다.
(3) 학습조직은 미래지향적 관점에서 조직의 전략 경영능력을 향상시키고 생성적 학습을 통해서 조직의 창의성을 극대화시킬 필요에서 등장한다.
(4) 지식사회에서 지식 노동자들이 습득하고 있는 지식의 가치에 대한 새로운 인식은 광의의 측면에서는 학습사회, 협의의 측면에서는 학습조직의 출현을 가속화시키고 있다.

미래사회에서는 지식이 토지, 자본, 노동 등과 마찬가지로 중요한 자원으로 등장하여 조직이 소유해야만 하는 가장 경쟁력있는 자산으로 평가 받게 될 것이다. 학습조직의 가치는 이런 관점에서 더욱 배가될 것이다. 과거보다 많은 양의 정보를 지속적이고 신속하게 학습하는 사람들과 이들로 구성되는 조직만이 살아남을 수 있다는 자각이 확산되면서 학습조직 구축의 필연성은 이제 모든 조직이 추구해야 할 21세기의 비전으로 부각되고 있다.

다. 학습조직의 특징

학습조직의 정의에서 학습조직의 공통적인 특징을 정리하면 다음과 같다.

(1) 학습조직은 학습한 내용이 많은 학습조직이 되면 될수록 학습해야 할 영역 또한 증대되어 학습의 필요성을 더 절감하여 더욱 빨리 학습조직화되는 반면에, 학습이 정체되면 될수록 학습의 필요성도 적어져 점점 덜 학습조직적으로 되어간다.

(2) 학습조직은 습관적으로 학습을 반복해야 하고, 학습이라는 것 자체가 이제까지와는 다른 새로운 지식이나 행동능력을 보일 수 있느냐의 여부에 의해 판단되기 때문에 어느 시점에서 학습조직이 '완료'되었다고 말할 수가 없다. 따라서 학습조직이란 끝없이 추구하고 가까이 갈 수 있을 따름이지 벤치마킹이나 비즈니스 리엔지니어링처럼 그 목표를 달성하고 '끝낼 수 있는' 혁신기법이 아니다.

(3) 학습조직은 이미 학습된 역량으로 말미암아 문제 자체를 소멸 또는 예방할 수 있다. 따라서 이미 발생한 문제나 위기를 해결하는 프로그램이나 기법들에 비해 그 효용성이 저평가될 가능성이 있어 학습조직 구축이 높은 우선 순위를 차지하기가 힘들다. 그러나 학습조직에 일단 구축된 학습역량은 전 조직에 광범위하게 확산, 분산되어 있는 경향이 있으므로 그 효과는 지속적이며, 다른 조직들이 이를 단기간에 모방, 이식하기도 힘들다. 즉 학습조직은 응급처방적인 양약(quick fix)이 아니라 한방적인 조직 건강법이라고 할 수 있다.

(4) 학습조직은 학습행위의 특수한 성격으로 말미암아 주체적, 자발적으로 구축될 수 밖에 없다. 조직의 상층부에서 중심이 되어 하향식으로 전개될 수가 없고, 경영진에서 할 일은 학습풍토를 조성하고 학습역량이 구축될 수 있는 제반 기반구조를 조성해주는 일로 끝나야 한다. 학습조직의 주체적, 자발적 특성으로 말미암아 외부의 어떤 자문기관이나 집행부서가 일정기간 독자적으로 작업을 해서 학습조직을 구축할 수도 없다. 학습조직은 강제적으로, 일시에, 과격하게, 외부 주도적으로, top-down식으로 구축될 수 있는 것이 아니다. 학습조직 구축의 주도자나 집행부서는 어디까지나 지원자 내지는 촉진자

적 역할에 머물러야 한다.

(5) 학습조직은 그 구축과정과 학습조직이라는 최종결과가 분리될 수 없다. 즉 학습조직을 구축해가는 그 과정 자체에서 학습조직도 구축되어간다고 볼 수 있다. 따라서 학습조직 구축을 위한 학습행위 자체가 학습조직이 될 수 있는 좋은 방법이고 자기 조직 나름의 학습조직 구축을 위한 시행착오적 노력이 바로 학습조직이 되어가는 과정이라고 할 수 있다.

(6) 학습조직이라는 비전의 내용을 초기에 어떻게 규정하였든지 간에 학습조직 구축과정을 통하여 새로운 학습이 일어나면 학습조직 그 규정 자체가 달라질 수도 있는 열린 개념이자 시스템이라는 특성을 갖고 있다.

라. 학습조직에서 학습의 수준

학습조직에서의 학습은 〈그림 9-1〉과 같이 개인학습, 집단학습(팀 학습), 그리고 조직학습 등 세 가지 차원에서 일어난다. 그림에서 보는 바와 같이 개인학습, 집단학습, 조직학습 등은 상호 밀접한 관계를 가진다. 개인학습이 집단학습을 구성하고, 집단학습이 조직학습을 구성하기도 하며, 반대로 조직학습이 개인학습이나 집단학습을 지원하고 촉진하기도 한다. 이와 같이 학습조직은 개인학습, 집단학습 조직학습 등의 활성화를 통하여 복합적으로 이루어진다.

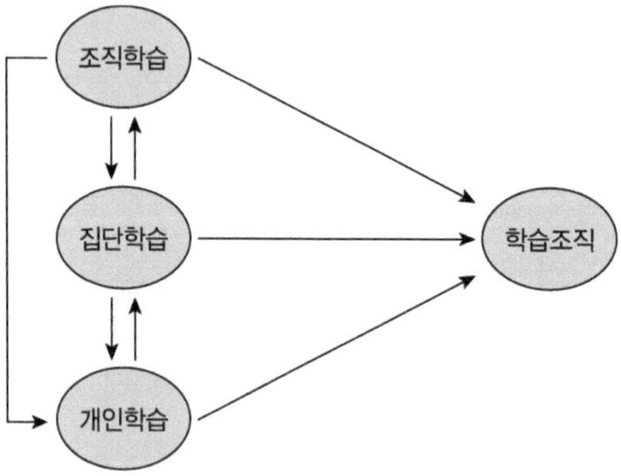

〈그림 9-1〉 학습조직에서 학습의 수준

개인학습은 조직을 구성하는 가장 기본이 되는 단위인 개인이 학습주체가 되는 학습이다. 개인이 자신의 계획에 따라 독서를 하거나 특정 교육이나 세미나에 참석하여 지식이나 정보를 배워 자신의 가치관이나 행동을 수정하고 문제해결 능력을 향상시키는 것이다.

집단학습(팀 학습)은 조직의 구성원들이 팀이나 집단을 이루어 수행하는 학습이다. 집단학습은 조직 내에서 팀이나 집단이 워크샵이나 토론 등을 통한 공동학습을 통하여 그들의 지식의 수준을 높이고 가치관이나 행동을 변화시키고나, 집단 내 구성원이 가지고 있는 정보와 지식을 공유·활용함으로써 집단의 문제해결 및 성과향상을 도모하는 학습이 바로 집단학습이다.

조직학습은 조직 전체가 학습주체가 되어 수행하는 학습이며, 그것은 조직을 구성하는 개인과 집단들을 포함하는 조직 전체의 목표달성을 위하여 이루어지는 학습이다. 일반적으로 조직학습은 새로운 지식을 전 구성원이 함께 학습하거나 전 구성원에게 필요한 지식·정보를 창출·공유하는 과정을 통하여 이루어진다.

그런데 학습조직과 조직학습의 개념적 차이에도 불구하고, 이 둘이 혼용되어 혼란을 야기하기도 한다. 〈그림 9-2〉에서 알 수 있는 바와 같이 조직학습은 학습조직을 구축하기 위한 조직 차원의 학습활동의 과정이라면, 학습조직은 조직학습에 대한 결과의 개념인 것이다. 즉 조직학습은 학습조직의 비전과 기본방향을 설정하고, 개인학습, 집단학습과 연계한 조직 전체의 학습이 이루어지며, 학습결과의 평가 및 피드백이 이루어지는 총체적 학습과정이고, 학습조직은 이러한 조직학습이 반복되고 일상화됨으로써 나타나는 조직의 형태이다.

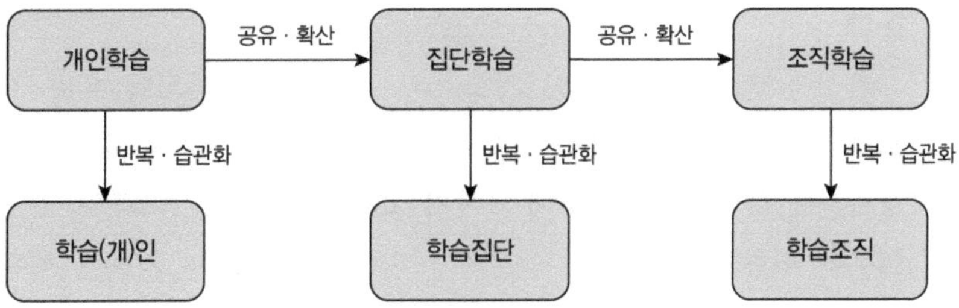

〈그림 9-2〉 학습조직 구축방법

제2절 학습조직과 지식경영

1 지식의 개념

지식이란 매우 다층적이고 다의적인 개념으로서, 기억하고 있는 정보뿐만 아니라 개념, 법칙, 이론, 가치관, 세계관에 이르기까지 추상성과 포괄성을 함께 가진다. 그러므로 지식을 한마디로 정의하기란 매우 어렵다. 노나카(Nonaka)는 지식은 단지 무엇인가를 '안다'는 것 그 이상의 의미를 내포하고 있는데, 이러한 지식에는 특허, 프로세스, 조직구성원의 능력, 기술, 고객정보, 공급자 정보, 경험 등이 속한다. 지식에 대한 관점은 두 가지 측면에서 살펴볼 수 있다. 객관적인 측면과 주관적인 측면이다. 객관적인 측면에서는 인식론적 접근방법으로서 진리, 신념, 정당화라는 세 가지 조건이 필요하다. 즉 지식을 '정당화된 참된 신념(justified true belief)'으로 보았다.[3]

또한 리베스킨트(Liebeskind)는 지식을 '타당성이 검증된 정보'로 정의하고 있으며,[4] 나스(Nass)는 지식이란 조직 내에서 공식적으로 설정된 사실, 규칙, 정책, 절차를 말하며 기존에 만들어진 정보를 포함한다고 정의하고 있다고 하였다.[5] 이와 같은 개념적인 지식이 아닌 실용적인 차원에서 피터 드럭커(P. Drucker)는 '지식이란 작업 방식을 개선 또는 개발하거나 기존의 틀을 혁신함으로써 부가가치를 증가시키는 것'이라고 하고 있다.[6] 이러한 다양한 개념들을 종합하여 볼 때 지식이란 타당성이 검증된 정보가 개인에게 체계화된 상태를 말한다.

지식사회에 있어 조직의 경쟁력은 공장이나 자본처럼 유형 자산뿐만 아니라 조직구성원의 지식과 아이디어, 우수한 프로세스, 차별화된 고객만족과 같은 무형자산에 있다. 이러한 눈에 보이지 않는 지식이 데이터나 정보보다 가치가 있는 이유는 역동성 때문이다. 인간의 머릿속에 들어있는 지식은 행동으로 전환되어 부가가치를 만들어 낸다. 그러나 지식에서 어떤 가치를 어떻게 효율적으로 도출하여 활용할 것인가 하는 것이 지식사회에서 새로운 과제로 대두되고 있다. 급변하는 환경 속에서 조직의 활동에 실질적인 의미를 갖는 지식은 결코 정태적

(Static)일 수 없다. 드럭커는 지식의 역할을 세 가지로 분류하였다.

첫째, 지식은 제조공정 · 제품 ·서비스를 끊임없이 개선시켜야 한다.

둘째, 새롭고 다른 제조공정 ·제품 ·서비스를 개발하는데 활용되어야 한다.

셋째, 지식은 혁신을 지속적으로 추구할 수 있어야 한다.

2 지식의 체계

지식을 이해하는 과정에서 정보(Information)와 지식(Knowledge)은 혼동하기 쉬운 개념 중의 하나이다. 그러므로 먼저 사실(Fact), 데이터(Data), 정보(Information), 지식 (Knowledge), 그리고 지혜(Wisdom)에 이르기 까지 이들 간의 개념적 차이를 살펴보면 〈그림 9-3〉과 같다.

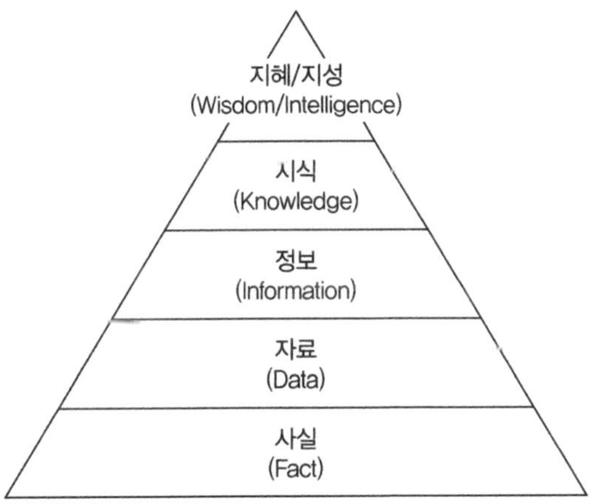

〈그림 9-3〉 사실, 데이터, 정보, 지식, 지혜의 관계

사실(Fact)은 위의 그림에서 보는 것처럼 객관적으로 실재하거나 일어난 일을 가리키며, 이러한 사실이 객관적 실재로 기호 또는 수치화한 것이 '데이터'이다.

데이터(Date)란 사건이나 사태를 단순히 기술적으로 표현한 것으로 그것을 활용하는 사람에게 포착되기 이전까지는 아무런 의미와 가치를 지니지 못하는 한계를 지니고 있다. 데이터를 특정 목적과 문제해결에 도움이 되도록 가공하여 부가적 의미를 창출해낸 것이 정보(Information)이다.

정보는 지식을 창조할 때 사용하는 다양한 매체이며 그것을 활용하는 사람의 목적과 의도에 따라 체계적으로 수집, 분류, 가공된 상태를 말하는 것으로 지식으로 승화될 때 비로소 가치를 갖게 된다. 이러한 정보의 토대는 데이터이다. 드럭커는 정보를 "관련성과 목적을 갖춘 데이터"라고 정의하였으며,[7] 스트롱(Strond), 대번포트와 프루삭(Davenport & Prusak)은 "데이터는 그것을 창조한 자가 의미를 부여할 때" 정보가 된다고 하였다.[8]

지식(Knowledge)은 '지'의 축적된 형태(Stock)로 파악하고 있다. 다시 말해 피상적 사실을 이해하는 수준을 넘어서서, 특정한 현상이나 사건이 발생한 원인이 무엇인지를 이해하기 위한 관련 정보를 조합·분석하고, 분석한 자료를 토대로 주어진 현상의 이면을 근원적으로 이해하는 행위 또는 그 행위의 결과를 의미한다. 그러므로 자신의 관심사항이나 기대를 충족시키기 위해 획득한 정보를 문제해결 과정에 적극적으로 활용하거나, 특정 가치를 창출하기 위해 주체적으로 판단하는 일련의 실천 활동을 내포하고 있다.

드럭커는 '정보를 통해 사회, 경제적으로 부가가치를 이끌어 낼 때 이를 지식'이라고 정의하였다. 아무리 많은 정보가 주변에 산재해 있다고 할지라도 그것을 활용하지 않는다면 객관적인 정보밖엔 되지 않는다. 지식은 동태적인 성격을 지니고 있다. '구슬이 서 말이라도 꿰어야 보배'라는 속담처럼 획득한 정보가 가공, 재구성, 축적, 판단과정을 거쳐 행동으로 옮겨져 유용한 가치창출로 이어질 때 비로소 지식으로서의 의미를 부여받을 수 있는 것이다. 이렇게 볼 때 지식은 정보보다는 상위의 개념이다. 지식은 정보를 받아들인 사람이 주체적으로 가공하고 판단하는 능동적인 과정까지 포함한다.

정보가 어떻게 조직이나 개인의 능력을 향상시킬 수 있는 지식으로 전환되는가? 지식은 실제 사용된 정보, 또는 사용이 가능한 형태를 갖추고 있는 정보를 의미한다. 우리의 능력을 결정짓는 것은 지식이며, 정보의 가치 또한 그것을 이끌어 내는 지식의 가치에 의해 결정된다. 지식은 이를 머릿속에 담아 둘 사람의 활동과 관련된 문제인 것이다. 대번포트와 프루삭은 지식을 "일정한 틀을 갖춘 경험, 전후관계에 대한 정보, 새로운 경험과 정보를 평가하고 통합하는 구조를 제공할 수 있는 전문가적 식견이 한데 섞인 유동체"라고 하였다.[9] 따라서 지식은 내면화된 정보에다 정보 사용 능력이 더해진 것이라 할 수 있다. 〈표 3-1〉은 데이터, 정보, 지식의 특성을 요약한 것이다.

〈표 9-1〉 데이터 - 정보 - 지식의 특성

특성	데이터	정보	지식
구체성 수준	낮은 구체성 개체적 구체성	통합된 구체성	고도의 추상성 구체성이 제거됨
상황(맥락)	상황적 의미가 거의 없음	특정 상황 의존적	광범위한 상황에 적용 가능
범위	매우 협소	특정 상황에 제한	정보의 범위 이상으로 확대 가능
시간 제약성	해당 안됨	어느 정도 시간 제약	시간 제약이 거의 없음

지식보다 한 단계 위의 개념이 바로 지혜(Wisdom)나 지성(Intelligence)이다. 넓은 의미에서는 지식이라는 개념에 포함될 수 있겠지만 지식과는 다른 차원의 의미가 내포되어 있다. 토빈(Tobin)은 "지혜는 지식을 통해 원리를 깨달음으로써 계속 하여 응용하는 것"이라고 하였다.[10] 지혜나 지성은 지식축적과 함께 일정한 수준에 도달하여, 미래의 복잡한 시태를 예견할 수 있는 혜안이나 식견이 형성된 상태를 뜻하는 말이다. 지혜가 많은 사람은 객관적이고 과학적인 정보로는 도저히 설명하거나 이해하기 어려운 상황에 대해, 거의 직관적인 판단 및 대응능력을 보여준다. 즉 지성이나 지혜는 지식에 통찰력이나 상상력이 결부되면서, 기존의 과학적이고 합리적인 설명의 수준을 넘어서서, 새로운 지력이 생성된 경우이다. 결론적으로 사실을 관측하고 인식함으로써 데이터를 획득하고, 데이터를 분석하거나 구조화하는 과정을 거침으로써 정보를 얻게 된다. 지식은 업무와 관련하여 효과적인 행위를 취할 수 있도록 정보를 가공하고, 현실 속에서 체험하고 학습함으로써 얻어진다.

3 지식의 유형

지식은 여러 기준을 사용하여 분류할 수 있다. 지식은 크게 형태에 따른 분류와 생성과정에 따른 분류로 나뉘어진다. 또한 지식을 활용할 수 있는 능력의 여부로도 분류할 수 있으며, 지식을 실증주의와 구성주의로 보는 견해도 있다.

첫째, 형태에 따른 분류는 〈표 9-2〉와 같이 형식지와 암묵지로 구분한다.

〈표 9-2〉 형식지와 암묵지

분류기준	형식지	암묵지
정의	언어로 표현 가능한 객관적 지식	언어로 표현하기 힘든 주관적 지식
획득	언어를 통해 습득된 지식	경험을 통해 몸에 벤 지식
축적·전달	언어를 통한 전달	은유를 통한 전달
	다른 사람에게 전이하는 것이 상대적으로 쉬움	다른 사람에게 전이하기가 어려움
예	컴퓨터 매뉴얼	자전거 타기

형식지는 명시적 지식(explicit knowledge)이라고도 하며, 문서화되어 있거나 데이터베이스에 저장되어 있는 것으로서 논리적이고 기계적인 지식을 말한다. 또한 참과 거짓, 수단과 목적을 쉽게 구분할 수 있는 특징을 가지고 있다. 따라서 내용을 명확하고 쉽게 공유할 수 있고, 객관적으로 측정할 수 있으며 관찰할 수 있다. 언어적으로 쉽게 표현할 수 있는 제품사양, 문서, 데이터베이스, 매뉴얼, 컴퓨터 프로그램, 업무 매뉴얼, 특허권, 설계도 등이 속한다. 그러므로 서술하기 쉽고 객관화하기가 편리한 '디지털 지식'이라고 볼 수 있다.

암묵지는 묵시적 지식(tacit knowledge)이라고도 하며, 언어적으로 쉽게 표현하기 어려운, 개인적 경험이나 노하우, 이미지, 숙련된 기능으로서 개인의 머릿속에 존재하거나 조직문화나 풍토 속에 내재하는 지식을 말한다. 따라서 한 마디로 외형적으로 표현하기 어려운 지식이다. 예를 들어 자전거를 잘 타지만, 자전거를 잘 타는 방법에 대해 명쾌하게 정의 내리는 사람은 그리 많지 않다. 이러한 암묵지는 형식지에 비해 감성적이며 직관적이고 주관적이다. 그러므로 고객감동, 비전창출, 새로운 조직문화 및 공유가치 창출, 특정 전문분야에 대한 경험 등이 이에 해당하며, 목적과 수단을 분명하게 구분할 수 없는 '아날로그 지식'이라고 말할 수 있다.

둘째, 생성과정에 따른 분류 방식으로 경험지식과 분석지식으로 나누어진다. 경험지식은 조직 내 업무수행 중 동일하게 반복되는 과정에서 겪게 되는 경험과 시행착오를 통해 지속적으로 누적 시켜온 지식을 일컫는다. 반면에 분석지식은 업무를 수행하기 위해 조직이 오랫동안 보유하고 있던 데이터나 정보를 활용 및 분석하여 얻어낸 지식을 말한다.

셋째, 지식을 활용할 수 있는 능력의 여부에 따라서 위의 표와 같이 축적지와 활용지로 구분한다. 축적지란 조직이 보유하거나 획득한 지식을 말하며, 조직구성원의 지식과 노하우, 특허, 고객관계, 연구개발, 프로세스, 하부구조, 조직 역량 등을 포함된다. 반면에 활용지란 지식을 활용할 수 있는 지식이다. 즉, 조직이 보유하거나 획득한 지식을 새롭게 재구성하고 활용할 수 있는 지식이다. 이러한 지식은 비즈니스에 활용할 수 있는 역량으로써의 지식이다. 지식을 활용한다는 것은 단순히 응용 범위를 넘어서 지식을 활용하여 부가가치를 창출 하는 것이다.

〈표 9-3〉 축적지와 활용지

분류기준	형식지	암묵지
지식의 활용	기업에 축적되어 있는 지식	축적되어 있는 지식을 활용할 수 있는 지식
지식의 종류	• 임직원의 지식과 노하우 • 프로세스, 하부구조 • 고객과의 관계 • 혁신 역량	• 지식창조 역량 • 지식활용 역량 • 지식전파 · 공유 역량
존재형태	축적물(Stock)	흐름(Flow)

넷째, 스베이비(Sveiby)는 지식을 두 가지 관점으로 분류했다. 하나는 지식을 관리되어야 할 객관적 실체(object)로 파악하는 '실증주의 관점(positivistic view)'이고, 다른 하나는 지식을 인간의 역동적인 창조과정으로 파악하는 '구성주의 관점(constructivist view)'이다.[11)]

실증주의 관점은 외부세계에 객관적으로 존재하는 지식발견 및 체계적인 분류와 가공하는 땅법을 강조한다. 이러한 관점에서 지식을 하나의 객관적 실체로 파악하는 경우, 지식은 문서화될 수 있는 정적인 인공물 또는 정보기술을 통해 공유될 수 있는 소모품이 된다. 또한 언제 어디서나 지식을 활용할 수 있도록 해주는 정형화된 지식 패턴이나 공통적인 형식이 강조된다. 따라서 지식을 문서화하는 방법에 관심을 둔다.

구성주의 관점은 지식을 창출하는 주체의 의도나 관심에 따라, 다양하게 구성될 수 있는 주관적 경험의 결과로 지식을 정의한다. 그러므로 대인간의 직접적인 접촉을 통해 주관적인 경험을 어떻게 공유하는가에 강조점을 둔다. 그러나 끊임없이 생성되는 지식을 역동적인 과정으로 파악하는 경우, 상황적 맥락, 개인 특유의 고유한 체험, 개개인의 지식 차별성을 중시하기 때문에 전사적인 지식공유와 전달 방법에 많은 관심을 둔다.

4 지식의 변환과정

노나카(Nonaka)와 다케우치(Takeuchi)에 따르면 지식의 창출은 존재론(개인수준, 집단수준, 조직수준)과 인식론적 차원(형식지, 암묵지)의 상호작용에 의하여 이루어진다고 하고 있다. 인식론적 차원에서는 형식지과 암묵지의 상호작용에 의하여 새로운 지식이 발전적으로 창출되고 확대된다. 이러한 상호작용을 '지식변환(knowledge conversion)'이라고 하며 〈그림 9-4〉와 같은 과정을 통하여 적용된다.

원천지식(FROM) \ 산출물(TO)	암묵지	형식지
암묵지	사회화 (Socialization)	외재화 (Externalization)
형식지	내재화 (Internalization)	결 합 (Combination)

〈그림 9-4〉 지식의 변환과정

자료 : I. Nonaka and H. Takeuchi(1995), The Knowledge-creating Company. Oxford University Press.

■ 사회화 : 암묵지 → 암묵지

사회화는 한 사람의 암묵지가 다른 사람의 암묵지로 변환되는 과정이다. 경험을 공유하여 정신모델이나 기술 등의 암묵지를 창조하는 과정을 말한다. 여기서 암묵지란 문자나 이미지등으로 형식화 할 수 없는 개개인의 경험을 통해 축적된 지식을 말한다. 따라서 암묵지의 습득은 관찰과 모방, 연습 등을 통해서 이룰 수 있다. 이러한 특성을 지닌 공동화의 과정에서 대화는 필수 요소이다. 더불어 사회화를 위한 공간인 지식 창출의 장이 필요하다.

■ 외재화 : 암묵지 → 형식지

외재화는 개인이나 집단의 암묵지가 공유되고 통합되어 새로운 형식지가 만들어 지는 과정을 말한다. 암묵지를 구체적인 개념으로 구성하는 과정을 외재과과정이라고 한다. 이 과정은 지식창조의 필수적인 과정으로, 이 과정을 통하여 암묵지가 구체화되고 은유, 유추, 개념 등이 형태를 잡아가게 된다. 우리가 어떤 이미지의 개념을 잡으려고 할 때, 우리는 대부분 그 내용을 언어로 표현한다. 글을 쓰는 것은 암묵지를 형식지로 전환하기 위한 동작에 해당한다. 그럼에도 불구하고 표현은 종종 부적절하고 불일치하다. 그러나 이미지와 이미지의 표현 사이의 이 같은 갭은 개인 사이의 상호작용과 사고를 증진시켜주기도 한다. 지식전환의 외재화는 개념 창조과정에서 주로 볼 수 있으며 매력적인 은유나 유추를 사용함으로써 창조과정에 효과적으로 기여할 수 있다.

■ 결합 : 형식지 → 형식지

결합은 각각 다른 형식지를 분류, 가공, 조합, 편집해서 새로운 시스템적 지식으로 체계화하는 과정을 말한다. 개인들은 문서, 회의, 전화, 컴퓨터 통신망 등을 통하여 정보를 교환하거나 결합한다. 형식지를 분류, 추가, 결합하는 방법으로 기존 정보를 재구성하여 새로운 지식을 창조한다. 공식적인 교육과정을 통하여 이루어지는 지식창조는 주로 이런 형태를 취한다. 비즈니스 사회에서는 지식전환의 결합과정은 주로 중간관리자가 참여하여 조직 비전, 조직 이념, 제품 개념 등을 조작하는 과정에서 발견할 수 있다. 중간관리자는 수집한 정보나 지식망을 통해 신 개념을 창조해내는 데 중요한 역할을 한다. 컴퓨터 통신망이나 대규모 데이터베이스 등을 창조적으로 이용함으로써 연결화를 보다 손쉽게 진행시킬 수 있다. 기업의 최고경영자 층에서는 제품 개념 같은 중견 개념을 기업의 장래성 같은 거대 개념과 연결 및 결합시켜 새로운 의미의 기업 비전을 생성하는 데 이 결합과정을 활용하고 있다.

■ 내재화 : 형식지 → 암묵지

내재화는 글이나 문서의 형태로 표현된 지식을 암묵지로 개인의 머리와 육체에 체득화시키는 과정을 말한다. 이 과정은 '실천을 통한 학습'과 밀접한 관련이 있다. 사회화, 외재화, 결합을 통해 얻은 경험이 공유된 정신모델이나 기술적 노하우의 형태로 개인의 암묵지로 변화할 경우 이는 매우 가치 있는 자산이 된다. 형식지를 암묵지로 전환하기 위해서는 지식을 말로 표현하거나 문서나 매뉴얼 EH는 이야기 따위로 표현하는 것이 도움이 된다. 문서를 통해서 개인은 자신들의 경험을 내면화하여 암묵지를 더욱 풍부하게 한다. 아울러 문서자료나 매뉴얼은 형식지를 타인에게 전달하기 쉽게 하여 다른 사람들의 경험을 간접 체험하는 데 도움을 준다.

5 학습조직과 지식경영의 관계

앞에서 살펴본 바와 같이 지식경영이란 불확실하고 급격하게 변화하는 환경 속에서 창의적이고 상황에 적합한 조직의 활동을 위하여 조직이 보유하고 있는 모든 지식과 정보가 원활하게 생성, 저장, 공유, 활용될 수 있도록 관리하는 시스템을 구축하고 구성원들의 학습의 장을 마련해 주는 경영시스템을 말한다.

지식경영은 지식이라는 조직의 무형자산을 극대화하기 위하여 지식의 창출·공유·활용을 통하여 개인과 조직의 경쟁력을 함께 높이기 위한 조직의 경영혁신운동이라 할 수 있다.

조직에서 지식이 관리되는 과정을 보면 〈그림 9-5〉와 같이 개인 차원의 지식이나 아이디어가 창출이 되고 검증이 되어 조직의 지식으로 등록이 되면, 이 지식은 저장·공유·활용이 된다. 이 과정에 개인과 조직의 지식수준이 향상되고 그 결과 조직의 부가가치가 높아진다.

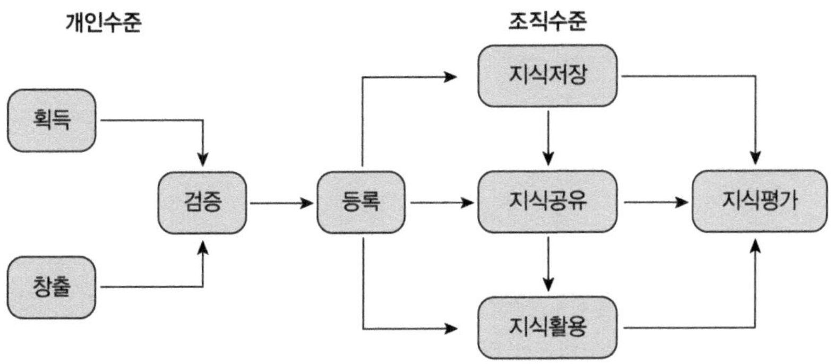

〈그림 9-5〉 지식의 관리 과정

지식경영 이론은 기존의 학습조직 이론이 실제 사례에의 적용이 활발하지 못한 것에 대한 비판으로 비교적 최근에 등장하였다. 학습조직과 지식경영과의 관계를 살펴보면, 학습조직이 조직의 변화, 즉 학습이 일상화되어 있는 조직이라고 하면, 지식경영은 학습의 일상화가 가능하도록 하는, 즉 학습조직의 구축을 가능하게 하는 수단으로서의 역할을 한다. 결국 지식경영은 학습조직의 구축을 지원하는 하나의 경영도구 내지 기법으로서의 역할을 수행한다. 조직은 지식경영을 통하여 조직 내 개인학습, 집단학습 및 조직학습이 활성화 되고, 이와 같은 학습이 반복되고 일상화 될 때 학습조직이 구현이 되는 것이다.

제 3 절 학습조직 구축방법

조직에서 학습조직을 구축하는 경우에 이상적인 학습조직의 구축방법은 존재하지 않는다. 성공한 조직들이 여타 다른 조직들과 다른 점은 문제에 대한 해결책들을 다른 곳에서 빌려오기 보다는 그들 스스로 찾아야만 한다는 사실을 인지하고 이러한 노력의 결과로 효과적인 학습조직을 구축할 수 있다. 여기에서는 학습조직의 구축에 필요한 가이드라인을 제공한다는 측면에서 몇 가지를 고찰하고자 한다.

1 학습조직 발전단계

지속적인 학습에 성공을 거두고 있는 조직들의 학습조직 운영형태를 살펴보면 이들은 일련의 발전단계를 거치면서 일과 학습이 하나가 되는 학습조직이 된다는 사실을 알 수 있다. 학습조직에 성한 조직들이 학습조직을 어떤 단계로 구축하고 있는가는 〈그림 9-6〉과 같이 학습조직의 5단계 발달 모델로 설명할 수 있다.

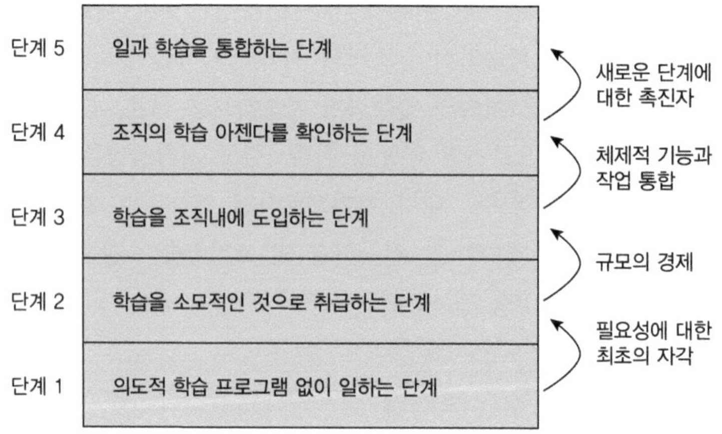

〈그림 9-6〉 학습조직의 5단계 : 일과 학습의 통합

- 제1단계 : 의도적 학습 프로그램이 없이 일하는 단계

이 단계는 조직의 초기 형태로서 생성학습과 적응학습을 위한 활동이 상당히 많이 일어나는 단계이다. 그러나 이러한 학습은 종종 주의를 끌지 못한다. 왜냐하면 이 단계에서의 학습은 기업들의 적합한 틈새시장을 물색하고 경쟁사들과 성공적으로 경쟁하고 그리고 효과적으로 제품을 생산하고 서비스하는 방법을 찾는 가운데 무의식적으로 이루어지기 때문이다.

• 제2단계 : 학습을 소모적인 것으로 취급하는 단계

이 단계는 공식적인 훈련 및 교육 프로그램을 통하여 학습을 증대시키고 제도화하기 위해 시도하는 단계이다. 그러나 상당부분 훈련은 조직의 성과향상을 위해서 보다는 구성원들에게 주는 보상이나 혜택으로 인식하고 있고, 조직 내 구성원들이 업무수행상의 문제를 가지고 있다면 어떤 문제이든지 훈련을 통하여 해결할 수 있다고 믿고 있다.

• 제3단계 : 학습을 조직 내에 도입하는 단계

이 단계는 훈련이 직무수행 성과에 가시적인 영향을 줄 수 있다는 신념과 함께 이와 같은 사실을 결과를 통하여 증명하려 하는 단계이다. 이 단계에서는 훈련이 맡은 직무에 확실히 적용되도록 그리고 참여자가 더욱 늘어날 수 있도록 훈련 프로그램을 많이 도입한다.

• 제4단계 : 조직에 학습조직 구축 청사진을 제시하는 단계

이 단계는 비로소 학습조직의 형태를 갖추고 실제 성과가 나타나는 단계로서 다음과 같은 중요한 변화가 일어난다. 즉 학습요구가 조직이 지면하고 있는 전략적 사업 이슈를 중심으로 조직된다. 조직자체의 기술과 지식을 개발해야할 필요성이 있다고 여기며 조직의 학습 계획(Learning Agenda)에 의해 야심차고 또렷한 목표를 지닌 일련의 교육 훈련 프로그램들이 실행된다. 그러나 제4단계에서는 대부분의 학습이 여전히 직무를 떠난 강의실 중심 프로그램을 통해서 이루어진다.

• 제5단계 : 일과 학습을 통합하는 단계

이 단계는 학습조직의 구축이 완료되고 운영을 체계적으로 함으로써 학습조직의 성과가 뚜렷이 나타나는 단계로다. 이 단계에 있는 조직은 학습이 공식적으로 명확하게 계획되어지고, 학습을 통해서 업무수행 성취도를 높이며, 학습이 구성원들의 일상의 일로 통합된다.

2 학습조직 구축 장애요인 및 촉진방안

가. 학습조직 활성화의 장애요인

조직의 학습은 개인학습으로부터 출발한다. 학습조직이 활성화되기 위해서는 개인학습이 활성화 되고 개인의 학습이 집단학습 및 조직학습으로 공유, 확산되어야 한다. 그런데 많은 조직들이 효과적인 학습조직의 구축을 바라고 있지만 다음과 같은 장애 요인으로 인하여 기대하는 대로 학습조직의 구축이 잘 되지 않고 있다.

학습조직의 구축 장애요인에는 〈표 9-4〉와 같이 개인적 요인과 조직적 요인이 있다. 개인적 요인으로는 구성원 개개인이 학습조직의 개념 및 필요성을 잘 인지하지 못하고 있고, 학습의지가 부족하며, 현실적으로 업무가 과다하여 학습할 여력이 없기 때문이다. 한편 조직적 요인으로는 학습조직 구축에 대한 경영층의 인식 부족과 전 구성원의 비전공유가 안 이루어지기 때문이다. 그리고 관료적 조직문화와 경직적인 조직구조 또한 학습조직 구축을 방해한다. 그리고 학습조직이 활성화되려면 개인학습 결과가 집단 및 조직으로 확산되려면 지식관리시스템(KMS) 등 정보시스템이 필요한데, 조직 내 지식관리시스템이 없거나 체계적인 데이터베이스 시스템이 갖추어져 있지 않은 경우 개인적 지식이 조직으로 확산, 공유 및 활용하는데 제약을 받는다. 한편 개인이 습득한 지식이나 아이디어를 타인이나 타 집단에게 전달, 확산했을 때 이에 대한 아무런 보상시스템이 없으면 지식의 확산 및 공유에 대한 동기부여가 일어나지 않아서 학습조직 활성화의 장애요인이 된다.

〈표 9-4〉 학습조직 활성화의 장애요인

근로자 개인적 요인	조직시스템 요인
• 학습조직의 개념에 대한 이해부족 • 근로자의 학습의지 부족 • 근로자의 업무 과다 ⋮ ⋮	• 제한된 비전의 공유 • 경영진의 인식부족 • 조직문화 • 경직적 조직구조 • 비효율적인 정보시스템 • 보상시스템의 미비

자료 : 이영현 외(2001), pp. 113-119.

나. 학습조직 활성화 방안

조직이 앞에서 언급한 장애요인을 극복하고 학습조직을 활성화하기 위해서는 〈표 9-5〉와 같은 조직의 역할 및 정부의 역할이 중요하다.

〈표 9-5〉 학습조직 활성화를 위한 기업 및 정부의 역할

학습조직 활성화를 위한 조직의 역할(기업)	학습조직 활성화를 위한 조직의 역할(정부)
• 경영진의 학습에 대한 인식 제고 • 조직의 학습문화 조성 • 학습에 대한 효율적 보상체계의 구축 • 정보 인프라의 구축 • 경영성과와 연계된 학습체계의 구축 • 근로자의 참여 제고	• 학습조직에 대한 홍보 실시 • 성공사례의 전파 • 학습조직 연구를 통한 지원 • 중소기업의 학습조직시스템 지원 • 재정적 지원 방안

자료 : 박주희(2008), 전게서, p. 259. 일부 수정 인용

먼저 조직에서는 경영진의 학습조직의 중요성에 대한 확고한 신념을 가지고 조직 내 학습문화를 조성하는데 힘을 기울여야 한다. 그리고 학습조직 운영을 위한 전담부서를 설치하는 등 적절한 조직체계를 갖추어야 한다. 또한 학습조직의 활성화를 위하여 지식관리시스템(KMS)데 대한 투자가 필요하고, 지식관리 평가시스템을 구축하여 평가 결과 우수하거나 조직성과에 기여도가 높은 지식을 등록한 구성원에게는 포상을 실시하거나 승진 등 인사제노에 반영힘으로써 구성원들의 참여를 제고하여야 한다.

한편 정부에서는 조직이나 기업이 학습조직을 활성화를 할 수 있도록 적절한 지원을 하여야 한다. 정부에서는 학습조직을 운영하는 중소기업에게 일정한 재정적 지원을 하고, 전문가를 파견하여 학습조직이 잘 구축할 수 있도록 지원하며, 국내 우수한 학습조직 구축 및 운영 사례를 전 기업에 전파할 수 있도록 학습경진대회를 개최하는 등의 지원을 아끼지 말아야 한다.

3 학습조직의 단계적 구축 방안

조직에서 조직의 특성에 맞는 효과적인 학습조직을 구축하려면 일정한 단계를 거쳐 체계적으로 접근해야 한다. 성공적인 학습조직 구축을 위한 단계적 접근방법을 살펴보면 다음과 같다.

• 제1단계 : 뚜렷한 리더십의 구축 (Visible Leadership)

리더십은 위기로부터, 미래에 대한 확신으로부터 나온다. 미래를 바라 볼 수 있으며, 미래에 조직이 어떻게 변해갈 것인가를 주도하며, 또한 미래에 대한 확신이 조직에 스며들 수 있도록 리더십의 발휘는 학습조직 구축의 기초단계에 필수적이다. 이는 조직의 모든 구성원들이 바라볼 수 있는 미래에 대한 그림을 명확히 하고 조직의 변화노력을 준비하고 이끄는 것이다. 분명히 리더는 하나의 팀이 고능률 업무수행 팀(High Performance Team)으로 까지 성장할 것인가의 여부에 결정적인 영향을 준다. 리더가 갖추어야 할 특성으로는 비전, 공약, 지속성, 집착력, 이해력, 확신, 의사소통의 기술 등이 있으며, 이러한 특성은 학습조직의 첫 번 째 기반을 형성하는 리더십의 자질향상에 필수적이다. 리더는 조직의 모든 부분에 존재해야 하고 혁신노력 (Effort for Transformation)에 있어 자신들의 役割을 적절히 준비하지 않으면 안 된다. 리더십의 개발에는 가르치는 역할, 조언하는 역할 및 전통적 교수방법에 의한 개발의 여러 행동이 요구된다. 이 첫 단계의 기초를 구축하는데 있어서 조직의 변화를 관리 할 준비가 되어 있음을 확신하기 위해 다음의 세 가지를 명심해야 한다.

- ○ 학습조직을 위한 리더의 개발에 왕도(Formula)는 없다
- ○ 어떠한 조직개발 적인 노력도 각자의 조직의 문화(Culture)와 배경(Context)에 의해 다듬어져야 한다.
- ○ 첫 단계 구축(리더십)에 시간을 충분히 갖는 것은 학습조직의 성공을 확신하도록 돕는다. 즉, 학습조직내의 리더들은 자기 자신의 혹은 조직의 업무수행 결과를 개선하기 위해 구성원들이 학습하고 적용하도록 격려하는 임무를 가진다.

• 제2단계 : 사고력의 개발 (Thinking Literacy)

학습조직 구축의 두 번째 단계인 사고력의 개발은 학습조직을 가동할 수 있게 하기 위해 모든 구성원들이 숙달해야 할 기본적 기술들이며 기능적 분야이다. 이는 21세기의 지구촌 시장에서 효과적으로 경쟁하기 위하여 모든 조직이 갖추어야 할 선행적 능력이다. 사고력의 개발에 요구되는 기술은 다음과 같다.

- 의사소통의 기술(Communication Skills)
- 수학적 산술의 기술(Mathematical Skills)
- 자기관리의 기술(Self-Management Skills)
- 비즈니스 기술(Business Skills)
- 팀 기술(Team Skills)
- 특별한 기능이 요구되는 기술(Function-Specfic Skills)

조직은 이 기본적인 기술을 숙달하도록 하기 위해 필요한 자원(Resource)을 지원해야 한다. 이 단계에서의 조직의 역할은 첫째 모든 수준의 구성원들이 필요로 하는 기능적 기술은 명확히 구분해야 하며, 둘째로 이러한 기술들을 통해 얻을 수 있는 이점을 명확히 하고, 셋째 훈련이 필요하다면 조직 내부 혹은 외부로부터 공조해 주어야 하며, 마지막으로 이러한 기술을 이용하여 조직의 특별한 자료 및 사례를 사용하는 프로그램을 활용할 수 있도록 학습환경을 마련하는 것이라 할 수 있다.

학습조직의 기본적 요구사항은 합리적으로 사고할 수 있는 능력이다. 이러한 능력은 상기의 기술을 훈련함으로써 향상될 수 있다. 즉, 학습조직에서 모든 구성원들은 자기 자신의 혹은 조직의 달성능력을 증진시키는 방법을 학습할 뿐만 아니라, 자신의 업무수행 시 필요한 기술들을 학습과정을 통해 습득해야 한다.

• 제3단계 : 기능적 근시안의 극복 (Overcoming Functional Myopia)

학습조직의 세 번째 기초단계 구축은 '기능적 근시안의 극복'이다. 모든 구성원으로 하여금 자신의 혹은 소속부서의 편협한 목표로부터 조직의 전반적인 목표로 시야를 넓히도록 훈련해야 한다. 기능적 근시안의 원인이 되는 것은 첫째로 문화적 원인(Cultural Roots)이라 할 수 있는데 이것을 극복하기 위해서는 교육훈련이 필요하고, 교육훈련을 통해 기능을 초월하는 팀워크를 개발하며 또한 문화적 경계를 극복할 수 있다. 둘째로 조직의 기반을 둔 원인(Organizational Roots)을 지적할 수 있는데, 조직의 구조를 변화시킴으로써 이러한 문제의 단서를 파악할 수 있다. 셋째로 관리적 방법에 원인을 둔 뿌리(Administrative Roots)를 들 수 있는데, 이것은 조직의 목표에 근접하도록 개인에 대한 측정방법과 포상을 상호 연결하도록 절차와 관리정책을 변화시킴으로써 극복할 수 있다.

이러한 세 가지의 원인은 조직이 성장함에 따라 발생하는 것으로 학습조직 구축을 위해 새로운 각도에서 조망한 후 극복해야 할 것이다. 즉 구성원들은 자신의 업무 프로세스내의 역할과 전반적인 업무의 흐름을 이해하고 부문의 지엽적 목표나 표준에 고정적인 초점을 맞추기보다는 전반적인 프로세스를 최적화해야 한다.

• 제4단계 : 팀 활동을 통한 학습

효과적인 학습팀 (Learning Team)으로 발전시키기 위해서 다음의 4단계가 필수적이며, 각 단계별 행동을 요약하면 〈표 9-5〉와 같다.

〈표 9-5〉 팀 개발 단계별 주요 행동

팀 개발의 단계	주요 행동
○ 1단계 : 팀의 구성(Formation)	– 구성원을 정한다. – 역할과 책임을 정한다. – 행동규칙을 설정한다. – 계획을 확립한다. – 보고절차 및 방법을 결정한다.
○ 2단계 : 팀 기술의 개발 (Development of Team Skills)	– 필요한 기술을 개발한다(의사소통, 협동, 회합의 관리, 협상의 기술, 갈등 해결방법 등) – 과제가 팀에 의해 수행될 때 연습하고 강화한다.
○ 3단계 : 관리기술의 개발 (Development of Management Skills)	– 필요한 관리기술의 개발 – 팀 관리자로부터 팀 전체로 관리의 책임을 이전 시킨다.
○ 4단계 : 자기관리 (Self-Management)	– 팀 관리자로부터 팀에게 관리책임의 이전이 완성되도록 한다.

• 제5단계 : 실행자로서의 관리자 (Manager as Enablers)

중간 관리자의 역할을 재정립할 때 요구되는 것은 조정자로서의 관리자(Manager as Controller)가 아닌 실행자로서의 관리자(Manager as Enablers)이다. 이 단계의 목표는 실행자로서의 관리자로 학습시키는 것이다. 조직의 중간계층에 속하는 사람들에게 이러한 학습의 단계가 필요한 것이다.

즉, 관리자는 개인적, 조직적인 학습을 용이하게 함으로서 학습에 대한 경계를 낮출 수 있도록 돕고, 또한 더욱 향상된 개인의 혹은 조직의 목표가 필요로 하는 기회와 기술을 갖도록 구성원을 도울 수 있다.

〈부록〉

학습조직 운영계획 사례[12)]

1. 배경

전사적 학습문화의 구성으로 업무의 수행과 관련된 제반 문제의 해결능력을 확인하고, 직원의 역량 및 조직의 생산성 향상을 기한다.

2. 학습조직의 정의 및 유형

(1) 정의

일정기간 동안 공통 사안에 대하여 함께 토의하고 시설을 공유하며 문제를 해결하는 조직이다.

(2) 유형

- 전략형 커뮤니티 : 조직의 전략목표 등 전사적 경영 현안의 문제해결
- 문제해결형 커뮤니티 : 업무수행과 관련된 구체적인 문제해결
- 레저형(학습형) 커뮤니티 : 레저, 교양, 자기개발 등을 위한 활동조직

3. 추진방향

전략적 커뮤니티는 조직의 전략목표 및 발전방향 등 중장기 해결과제에 중점문제해결형 커뮤니티는 전사 내지 소속별 현안 등 단기해결 과제에 중점지식경영시스템과 연계하여 커뮤니티를 통해 창출된 지식의 축적·활용

4. 세부 운영계획

- 과제의 선정 및 회원의 구성
- 전략형 커뮤니티 :
- 문제해결형 커뮤니티 :
- 레저형 커뮤니티 :

5. 활동 및 지원

(1) 활동

- 과제의 수행을 위해 월 1회 이상의 정기모임
- 학습활동은 가능한 한 근무시간 외를 활용
- 커뮤니티의 활동으로 형성된 지식은 커뮤니티 명의로 지식경영시스템에 등록

(2) 지원

연간 활동비를 ○○○백만 원 한도 내에서 지원한다.

6. 커뮤니티의 평가 및 보상

- 커뮤니티 리더의 성과발표를 토대로 우수 커뮤니티를 선정· 포상한다.
- 성과발표회의 참가 시에 교육 평점 및 해외출장 기회를 부여한다.

참고문헌

1) C. Argyris and D. Schon(1978). Organizational Learning, Addison-Wesley.
2) Senge, P. M. (1990). The Fifth Discipline : The Art and Practice of the Learning Organization. NY : Double day.
3) I. Nonaka(1994), A Dynamic Theory of the Organizational Knowledge Creation, Organization Science, Vol. 5. No. 1
4) J. P. Liebeskind(1999), Knowledge, Strategy, and the Theory of the Firm, Strategic Management Journal, Vol. 17,
5) C. Nass(1998), Knowledge or Skill : Which Do Administrators Learn from Experience?, Organization Science, Vol. 5. No. 1
6) P. F. Drucker, op. cit.
7) P. F. Drucker, op. cit.
8) Strong B. Davenport T. H. and Prusak L.(2008), Organizational governance of knowledge and learning, Knowledge and Process Management Vol. 15 No. 2. pp. 150~157. .
9) Davenport와 Prusak, op. cit.
10) Tobin, op. cit.
11) Sveiby, op. cit.
12) 박주희(2008), 신인적자원개발, 대학서림 p. 262.

Human Resources Development

PART 3

인적자원개발 과정

Human Resources Development

인적자원개발

10

인적자원개발 요구분석

Chapter

10 인적자원개발 요구분석

학습**목표**

1. 요구분석의 의미 및 필요성을 이해할 수 있다.
2. 요구분석의 절차와 방법을 설명할 수 있다.
3. 요구분석 제 모형 및 우선순위 결정 방법에 대하여 이해할 수 있다.

조직에서 인적자원개발 프로그램을 계획하고 실행하려면 우선적으로 인적자원개발 필요성을 확인해야 한다. 요구분석이란 조직 내 인적자원개발 필요성을 확인하는 과정이며 인적자원개발 프로그램을 설계하기 전에 반드시 수행하여야 할 절차이다. 따라서 조직에서 훌륭한 인적자원개발 프로그램을 설계하기 위해서는 사전에 요구분석의 정확한 개념에 대한 이해와 더불어 요구분석 수행을 위한 제 방법의 장·단점을 분석하여 조직에서 적절한 방법을 찾아야 한다.

인적자원개발의 필요성을 확인하기 위한 요구분석은 조직 전체의 수준, 집단 수준, 개인 수준으로 나누어 실시된다. 요구분석의 결과 도출된 해결과제 중 과제의 중요성 및 시급성에 따라 우선순위 과제가 선정이 되고, 단기적으로 해결하여야 할 과제는 교육훈련 등 개인개발에 반영하고 조직의 장기적인 변화 및 개인의 경력목표 달성을 위한 개발은 경력개발에 반영하게 된다.

본 장에서는 인적자원개발 요구분석에 관련된 이론 및 방법론을 살펴보고, 요구분석 결과에 따른 프로그램 개발 대상을 선정하기 위한 우선순위분석 방법에 대하여 알아보고자 한다.

제 1 절 요구분석의 이론적 기초

1 요구분석의 개념

요구분석의 개념에 대해 얘기하기에 앞서 먼저 '요구'란 무엇인지에 대해 정확한 개념 정의를 해야 한다. 알트슐트와 윗킨(Altschuld & Witkin)은 '요구'란 현재 상태와 바람직한 상태 간의 격차를 라고 정의한 바 있다.[1] 인적자원개발을 위한 요구분석에서 사용하고 있는 요구는 현재의 직무수행 상태와 바람직한 직무수행 상태 사이의 불일치로서 개인이 직무를 정확하게 수행하기 위해 필요한 기술, 지식, 태도 등의 부족을 말한다. 따라서 조직에서의 요구분석은 현재의 상태와 바람직한 상태 사이의 차이를 밝힌 후 그런 차이를 일으키는 원인을 우선순위에 따라 결정해 나가는 과정이다. 로제트(Rossett)는 요구분석(needs analysis)을 집단이 충족되지 않은 요구에 대한 문제의 본질과 원인을 규명하여 해당 문제를 가장 적절하게 해결할 수 있는 방안을 모색하고 미래의 행동을 위한 우선순위를 찾는 활동이라고 정의하고 있다.[2] 이러한 여러 학자들의 정의를 볼 때, 인적자원개발에서 수행하는 요구분석은 인적자원개발 프로그램 설계 시 프로그램 목표 및 내용을 결정하기 위해 필수적으로 수행해야 하는 활동이며, 프로그램 설계 이전에 요구 또는 문제를 확인하는 과정이다.[3]

요구분석이라는 용어는 요구분석(needs analysis), 요구사정(needs assessment), 차이분석 (gap analysis), 수행 분석(performance analysis) 등으로 학자들마다 다양한 정의를 하고 있다. 특히 요구분석과 요구사정은 구분 없이 쓰이고 있는데 이 둘의 의미는 약간 다른 의미를 가지고 있다.

요구사정은 거시적인 차원에서 현재 상태와 바람직한 상태의 차이를 알아내고 그에 대한 해결책을 제안하기 위한 분석과정이다. 요구사정에서는 전반적으로 조직의 문제가 무엇인지 조직 분석을 하고, 분석 결과 도출된 요구들의 우선순위를 결정한다. 그 후 우선순위들 중에서 가장 시급하게 해결해야 할 문제를 선정하여 그 문제를 해결하기 위해 교육적인 방법을 쓸 것인지, 혹은 비교육적인 방법을 쓸 것인지 결정한다.

반면에 요구분석은 요구사정 결과 제안된 해결책들을 만족시킬 수 있는 구체적인 도구와 수단, 전략 등을 찾아내기 위한 보다 구체적인 분석과정을 의미한다. 요구분석에서는 요구사정 결과 결정된 교육적 해결방법을 어떻게 설계하고 개발할 것인지 구체적인 해결방안을 만들어낸다.

이상과 같은 요구분석에 대한 의미를 바탕으로 본 서에서는 요구분석(Needs Analysis) 을 조직의 외부, 내부 그리고 구성원들의 이상적인 수준과 현재 수준의 차이를 파악하고, 이러한 차이를 극복할 수 있는 해결책을 만들기 위한 도구, 수단, 전략, 접근법 등을 합리적으로 선택하고 제안하는 과정으로 정의하고자 한다.

2 요구분석 필요시기

로제트(Rossett)는 요구분석이 필요한 상황은 크게 세 가지로 구분하고 있다.[4)]

첫째, 업무수행상의 문제가 있을 때이다. 업무수행 상의 문제는 고객 서비스에 불만이 많다거나 기계가 자주 고장 나는 상황 등이 일어나는 경우를 말한다.

둘째, 새로운 체제나 기술이 도입되는 경우이다. 조직에서 이전에 수행한 적이 없는 새로운 시스템이나 새로운 기계가 도입이 되면 새로운 정보와 관련된 교육의 필요성이 대두되게 된다.

셋째, 자동적 습관적으로 교육을 실시해온 경우이다. 수년간 교육프로그램을 거의 변경함이 없이 비슷하게 실시하는 경우, 과연 그 프로그램을 계속할 필요가 있는지를 파악할 필요가 있다.

3 요구분석 절차

요구분석 절차는 〈그림 10-1〉과 같이 7단계로 진행되며 각 단계별 구체적인 활동을 살펴보면 다음과 같다.[5)]

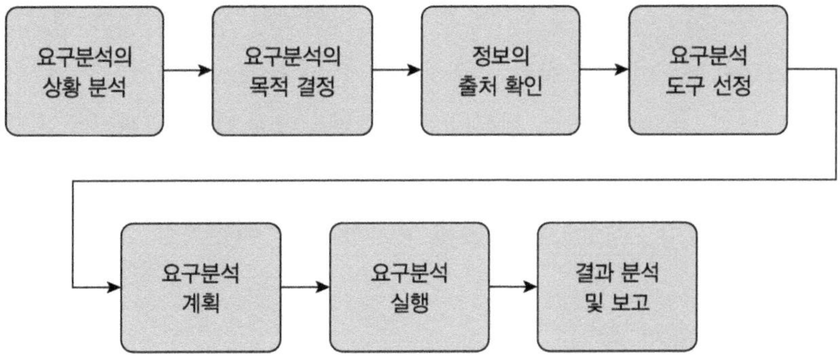

〈그림 10-1〉 요구분석 절차

가. 요구분석 상황 분석

요구분석의 첫 번째 단계는 왜 요구분석이 필요한지 상황을 이해하고, 필요한 정보를 분석해 내는 일이다. 첫 단계에서는 먼저 다음과 같은 질문으로 시작된다.

1. 요구분석이 왜 필요한가? (요구분석의 근본적 이유)
2. 분석을 통해 얻고자 하는 것은 무엇인가? (요구분석의 내용)
3. 요구분석 시 고려해야 할 사항은 무엇인가? (요구분석 방법)
4. 요구분석 단계에서의 후원자는 누구인가? (요구분석 주체)
5. 요구분석의 핵심인물은 누구인가? (요구분석 대상)
6. 시간과 자원의 제약은 어떤 것이 있는가?(요구분석 시 한계요인)

이와 같은 질문을 통하여 얻은 정보들은 요구분석을 실시하는 데 매우 요한 자료가 된다.

나. 요구분석의 목적 결정

요구분석을 위한 상황이 정리가 되면 요구분석을 통해 무엇을 파악할 것인가 하는 요구분석의 목적을 결정해야 한다. 요구분석의 목적은 문제의 근본 원인을 규명하면서, 그 문제를 해결하는 가장 한 솔루션을 제시하는 것이다. 요구분석을 통해 추구해야 할 목적은 다음과 같이 분류할 수 있다.

- 최적화 : 이상적인 업무수준 또는 바람직한 상태에 대한 정보
- 실제화 : 현재의 직무 수행상태에 관한 정보
- 느낌 : 문제가 있는 업무나 업무수행능력에 대한 관련자들의 의견
- 원인 : 문제가 있는 업무의 원인에 대한 정보를 탐색함
- 해결방안 : 요구분석을 통해 얻고자 하는 최종적인 정보

다. 정보의 출처 확인

요구분석의 상황과 목적을 결정한 후에는 요구분석을 위해 필요한 정보를 가지고 있는지 정보의 출처를 확인해야 한다. 즉 정보가 어느 곳에 있는가, 또는 필요한 정보를 누구로부터 얻을 수 있는가 등에 관한 사항을 조사하고 그 중 선별하여 요구분석을 위해 필요한 정보의 출처를 결정할 필요가 있다. 요구분석 상황 및 목적에 따라 필요로 하는 정보의 출처는 달라진다. 그리고 요구분석으로 얻은 결과가 실행으로 연결이 되려면 정보를 가지고 있는 사람을 요구분석 과정에 포함시킴으로써 요구분석 과정을 공유할 필요가 있다.

라. 요구분석 도구 선정

요구분석의 네 번째 단계에서는 요구분석 목적을 달성하기 위해 요구분석에 사용할 여러 가지 분석도구를 선택한다. 요구분석을 실행하기 위해서 사용되는 도구는 매우 다양하다. 일반적으로 가장 많이 사용되는 도구로 기존자료 분석(document review), 면담(interview), 관찰(observation), 집단 인터뷰(focus group interview : FGI), 설문조사 분석(survey) 등이 있다.

마. 요구분석 계획

조직에서 요구분석을 실제로 실행하기 위해서는 상사의 승인과 도움이 필요하다. 그러므로 요구분석 실행계획서를 작성하고 결재 받는 것은 필수적인 절차이다. 요구분석 계획서에는 문제의 상황, 요구분석의 목적, 요구분석 도구, 요구분석 절차, 요구분석자 역할 분담, 요구분석 실행 일정 등이 포함되어야 한다.

바. 요구분석 실행

계획된 일정과 요구분석 단계에 의거하여 자료를 수집한다. 요구분석을 통해 얻게 수집되는 자료는 질적 자료와 양적 자료가 있다. 질적 자료는 면담, 관찰, 표적집단 인터뷰 등을 통해 얻고 양적 자료는 주로 문헌조사나 설문조사를 통해 얻을 수 있다.

사. 결과 분석 보고

자료수집이 끝나면 자료를 분석하고 최적, 실제, 느낌, 원인, 해결방안과 같이 앞에서 제시한 요구조사의 목적에 맞추어 자료를 정리한다. 그리고 결과 분석에서는 수집된 자료를 기반으로 해결 방안에 관한 대안 및 우선순위 까지 제시함으로써 의사결정에 도움이 될 수 있는 지침을 제공한다.

4 요구분석을 위한 자료수집 방법

이미 언급한 바와 같이 교육요구를 분석하기 한 대표적인 자료수집의 방법에는 관찰법, 질문지법, 면접법 등이 있으며 각 각에 대한 구체적인 방법은 다음과 같다.[6)]

가. 관찰법

관찰법은 현장에서 직접 관찰을 통하여 요구조사 대상 업무와 관련한 자료를 얻는 방법이다. 관찰법은 업무 환경과 관련된 사실적 자료를 입수하기에 적합하고 자료조사를 할 때 업무방해를 최소화할 수 있다는 장점이 있다. 반면에 관찰법은 관찰자의 사전 편견으로 인한 정보의 왜곡가능성이 있고, 관찰을 통한 정확한 정보를 얻기 위해서는 관찰하고자 하는 내용을 사전에 충분히 준비하여야 하며, 숙련된 관찰자를 필요로 한다는 것이 단점으로 지적할 수 있다. 이와 같은 단점을 보완하기 위해서는 관찰자의 관찰 대상에 대한 중립적 태도를 견지하여야 하고, 관찰 이전에 관찰 목적, 영역, 내용 등이 정리된 관찰가이드를 작성하여 사용하는 것이 보다 객관적이고 효과적인 관찰을 위해 필요하다.

나. 질문지법

질문지법은 요구분석을 통하여 얻고자 하는 정보에 대하여 설문지를 통해서 수집하는 방법이며, 양적 분석을 위한 자료를 수집할 수 있어서 통계적 분석 가능한 방법이다. 질문지법은 질문지를 통해서 설문을 하기에 자료수집이 용이하나 기간이 생각보다 오래 걸릴 수 있으며,자료의 수집 시 대상자가 잘못된 응답을 하거나 응답이 불분명하게 기재된 경우 사후에 이를 확인할 방법이 없다는 단점을 가지고 있다.

다. 면접법

면접법은 요구분석에 필요한 정보를 가지고 있는 사람을 대상으로 직접 일대일 대면을 통해서 정보를 수집하는 방법이다. 면접법은 요구분석에 필요한 세부적인 사항을 사전에 질문지를 작성하여 구조화된 질문을 통해서 파악해내는 것이 가능하고, 면접 상황에 따라서 질문을 수정해 가면서 진행이 가능하기에 질문지법에 비해서 구체적이고 세부적인 정보를 입수하는데 용이하다. 그러나 자료수집의 시간이 오래 걸리고, 면접자의 숙련된 면접 기술과 경험이 필요하다는 제한이 있다.

이상과 같은 자료수집의 방법들 에서 어떠한 자료수집의 방법을 선택하는가에 따라 자료의 질이 결정되며, 따라서 적절한 자료수집 방법을 선택하는 것도 중요하지만 무엇보다 우선으로 중요시 되어야 할 사항은 자료의 수집과 분석 과정을 사전에 철저하게 계획하여 수행하여야 한다는 점이다.

제 2 절 요구분석 실행

1 요구분석 기본모형

그동안 많은 학자들이 요구분석이 사용되는 상황에 따라 다양한 모형을 제시하였는데 그 중 대표적인 모형들을 살펴보면 다음과 같다.[7)]

가. 울삭의 모형

인적자원개발 프로그램 설계를 위한 울삭(Ulschak)의 요구분석 모형은 〈그림 10-2〉와 같이 요구분석의 단계를 감지된 요구, 의사결정권자, 분석전 단계, 분석, 실행, 평가, 피드백 등 6단계로 구분하고 있다. 분석절차를 간단히 살펴보면, 먼저 정부의 규제 등 외부환경 요인의 변화와 조직의 개편 등 내부의 변화에 따라 요구분석의 필요성을 감지하고, 의사결정자에게 요구분석의 필요성을 설명함으로써 동의를 구한다.

이 모형에서 의사결정권자를 요구분석의 모형에 포함시키고 있는 것은 요구분석 시 조직에 있어서 의사결정자의 영향력과 판단이 중요하다는 점을 보여주고 있다. 그리고 의사결정권자의 허락을 받고 나면 분석 전 단계에서 요구분석을 하기 위한 준비를 하고, 분석단계에서 실제 분석을 실행한다. 실행 단계에서 중요한 것은 요구분석을 위해 설문을 실시했던 사람들에게 분석된 정보에 대한 피드백을 받아야 한다는 점이다.

이는 피드백을 통해 분석내용을 검토할 수 있을 뿐 아니라 의사결정권자의 지원을 확보하는데 유용하기 때문이다. 요구분석 실시결과에 따라 교육훈련 프로그램을 설계하고 교육훈련을 실시한다. 그리고 훈련이 끝나면 요구분석에 대한 평가를 실시하고, 그 결과를 요구분석 첫 단계로 피드백함으로써 지속적인 순환이 일어난다.

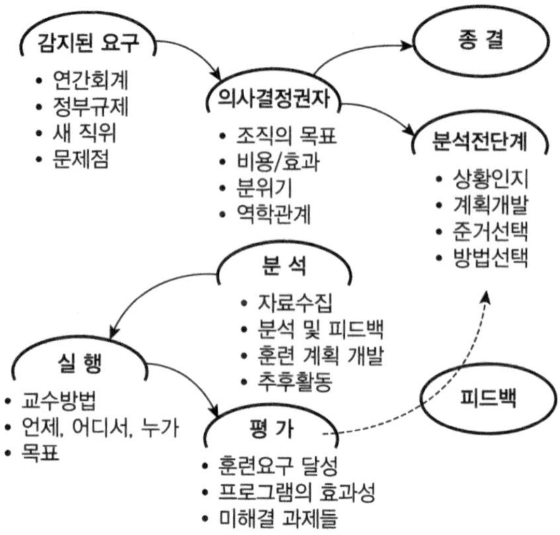

〈그림 10-2〉 울삭(Ulchack)의 요구분석 모형

자료 : 최정임(2002). 인적자원개발을 위한 요구분석 실천 가이드. 서울 : 학지사. p. 43에서 재인용

나. 로제트의 모형

로제트(Rossett)의 모형은 일반적으로 기업교육에서 가장 널리 활용되고 있는 모형 중의 하나이다. 이 모형에서는 요구분석의 단계를 〈그림 10-3〉과 같이 목적 결정, 출처 확인, 도구 선택, 단계별 요구분석 실행, 결과에 따른 의사결정 등 5단계로 나누어 제시하고 있다. 여기에서 도구선택 단계까지는 본격적인 요구분석을 실시하기 전 준비단계로 볼 수 있으며, 단계별 요구분석의 실행단계에서 본격적으로 요구분석을 실시한 후, 결과에 따라 의사결정을 하게 된다.

이 모형은 요구분석 모형이기는 하지만 요구분석 결과를 교육 프로그램 개발에만 한정시키지 않음으로써 요구분석 결과의 활용범위가 넓다고 할 수 있다. 그리고 이 모형은 요구분석의 실행과정에 중점을 둠으로써 실제로 요구분석가들이 요구분석을 실행하는데 활용하기 쉬운 장점이 있다. 그러나 분석 실행자의 입장에서 취해야 할 행동이나 결과물에 대한 구체인 지침을 제공하지 못하는 한계점을 가지고 있다.

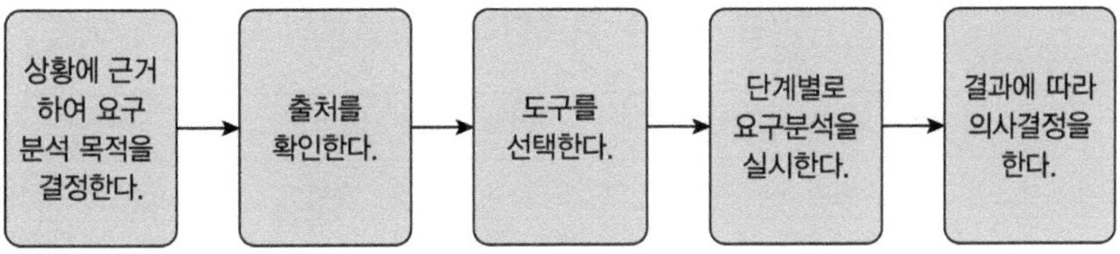

〈그림 10-3〉 로셋의 요구분석 모형

자료 : 최정인(2002), 전게서, p. 44 재인용

다. 위트킨과 알트슐트의 모형

위트킨과 알트슐트(Witkin & Altschuld)는 요구분석의 단계를 〈그림 10-4〉와 같이 사전분석 단계, 분석 단계, 사후분석 단계 등 세 단계로 나누고 각 단계에서 실행해야 하는 행동과 결과물을 구체적으로 제시하고 있다. 이 모형의 특징은 요구분석의 단계를 요구분석 수행자가 따라야 할 행동으로 나누고, 각 단계에서 만들어내야 하는 결과물을 제시함으로써 요구분석 수행에 실제적인 지침을 제공하고 있다는 점이다.

이 모형은 단순히 교육의 문제뿐만 아니라 다양한 집단의 요구를 분석하기 위해 요구분석의 대상을 세 가지 수준으로 나누고 각 수준에 따른 요구와 관련된 원인을 분석한다. 요구분석 첫째 수준은 요구분석의 기초적인 대상으로 내부 구성원이나 고객과 같이 서비스를 제공받는 집단을 포함한다. 둘째 수준은 이차적인 요구분석 대상으로 경영자, 관리자와 같이 서비스 공급사나 의사결정자를 포함한다. 마지막으로 셋째 수준은 건물, 시설, 기술과 같은 환경이나 자원을 대상으로 하여 분석한다.

〈표 10-1〉 위트킨과 알트슐트의 요구분석 모형

1단계 : 사전분석(탐색)	2단계 : 분석(정보수집)	3단계 : 사후분석(활용)
• 요구분석을 위한 관리계획 수립 • 요구분석의 일반적 목적 확인 • 주요 요구영역과 문제 확인 • 요구영역과 관련된 기존의 정보	• 요구분석의 상황, 범위, 한계 결정 • 요구에 대한 자료 수집 • 요구에 대한 예비적 우선 순위	• 모든 적용가능한 수준에서 요구에 대한 우선순위 결정 • 대안적 해결방법 모색 • 실행방법을 위한 행동 계획 개발 • 요구분석 평가
결과물 • 단계 2와 3을 위한 준비계획 • 요구분석 평가를 위한 계획	결과물 • 높은 우선순위의 요구에 기초한 행동을 위한 준거	결과물 • 행동계획, 문구와 구두를 통한 보고, 보고서

자료 : 최정임, 전게서, p. 45 재인용.

라. 브랜차드와 댁커의 모형

브랜차드와 댁커(Blanchard & Thacker)의 모형은 오늘날 수행공학의 관점에서 제시된 대표적인 요구분석 모형으로서, 요구분석의 출발은 〈그림 10-5〉와 같이 조직의 현재 수행상태와 조직이 기대하는 수행상태가 차이가 있음을 인식하고부터이다. 요구분석의 필요성이 인식이 되면 본격적인 요구분석의 실시는 투입단계, 과정단계, 산출단계 등 세단계로 나누어진다. 투입단계에서는 요구분석 수준을 조직분석, 작업분석, 개인분석 으로 나누어 분석을 하게 된다. 과정단계에서는 투입단계 분석 결과 수행격차와 수행격차의 원인을 규명한다. 마지막으로 산출단계는 과정단계에서 분석한 수행격차에 대한 해결 방법으로 교육적 요구와 비교육적 요구로 나눠 제시하게 된다.

이 모형은 요구분석을 전제로 한 모형이긴 하지만, 직무분석을 통해 기대되는 수행상태를 알아내고, 개인분석을 통해서는 실제 수행상태를 알아내어, 수행상의 격차와 그 원인을 밝히고 교육적 요구와 비교육적 요구를 끌어내는 수행공학 모형의 절차와 유사한 모형이라고 할 수 있다.

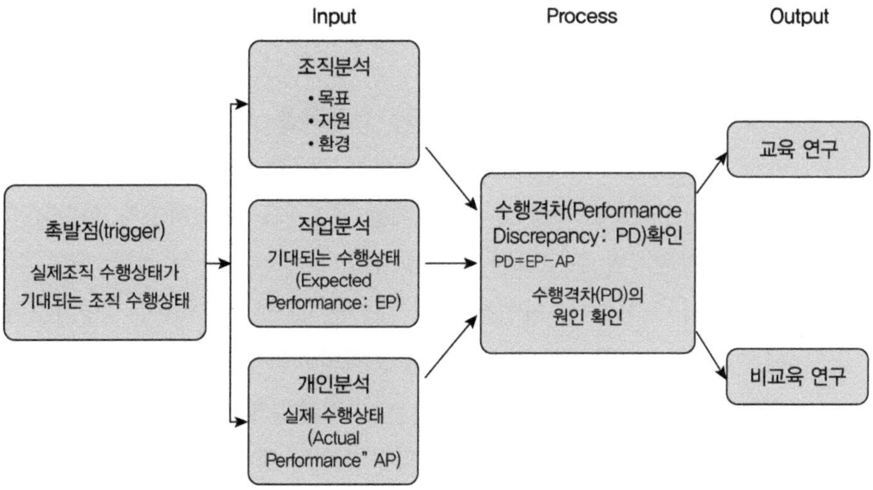

〈그림 10-4〉 브랜차드와 댁커의 요구분석 모형

이상과 같이 각 학자별 요구분석 모형을 비교해보면 〈표 10-2〉와 같이 학자별 차이점을 명확히 발견할 수 있다.

〈표 10-2〉 학자별 요구분석 모형 비교

<table>
<tr><th>모델 / 단계</th><th>울삭모형</th><th>로제트모형</th><th>위트컨과 알트슈트모형</th><th colspan="2">브랜차드와 댁커모형</th></tr>
<tr><td rowspan="2">요구분석 인식단계</td><td>감지된 요구</td><td rowspan="2">상황에 근거하여 요구분석 목적 결정</td><td rowspan="2">사전분석 (탐색)</td><td colspan="2" rowspan="2">촉발점</td></tr>
<tr><td>의사결정권자</td></tr>
<tr><td rowspan="4">요구분석 실시단계</td><td rowspan="2">분석 전단계</td><td rowspan="2">출처 확인</td><td rowspan="4">분석 (정보수집)</td><td rowspan="3">input</td><td>조직분석</td></tr>
<tr><td>작업분석</td></tr>
<tr><td rowspan="2">분석</td><td>도구 선택</td><td>개인분석</td></tr>
<tr><td>단계별 요구분석 실시</td><td>process</td><td>수행격차확인과 원인분석</td></tr>
<tr><td rowspan="6">요구분석 결정단계</td><td rowspan="2">실행</td><td rowspan="6">결과에 따라 의사결정</td><td rowspan="6">사후분석 (활용)</td><td rowspan="6">output</td><td rowspan="3">교육 요구</td></tr>
<tr></tr>
<tr><td rowspan="2">평가</td></tr>
<tr><td rowspan="3">비교육 요구</td></tr>
<tr><td rowspan="2">피드백</td></tr>
<tr></tr>
</table>

2 요구분석의 실행

앞에서 살펴본 바와 같이 인적자원개발을 위한 요구분석의 절차 및 내용은 학자마다 의견이 다른데, 본 서에서는 그 중 대표적인 이론으로서 블랜차드와 댁커(Blanchard & Thacker)의 견해를 중심으로 설명하고자 한다. 그들은 조직에서 인적자원개발 프로그램 설계를 위한 요구분석을 실시할 경우 요구분석의 수준에 따라 조직분석, 과업분석 및 개인분석으로 구분하여 설명하고 있다. 조직분석은 조직 전체차원의 분석으로서 조직의 비전 및 목표를 정하고 전략을 효과적으로 수행하기 위하여 필요로 하는 인적자원개발 요구를 분석한다. 과업분석은 직무분석을 통하여 부서나 팀의 직무별로 수행하고 있는 세부 과업을 파악한 다음 과업의 수행에 필요로 하는 인적자원개발 요건을 분석한다. 마지막으로 개인분석은 개인의 현재 업무수행상태를 평가하고, 개인의 자기개발 욕구와 업무수행성과 향상을 위해 필요로 하는 인적자원개발 요구를 분석한다. 따라서 본 절에서는 요구분석 수준별 분석방법에 대하여 구체적으로 살펴보기로 한다.

가. 조직분석

조직 분석이란 인적자원개발을 위한 교육 프로그램 개발이 조직의 목표 달성을 위하여 필요한 것인지를 평가하는 것이다. 예를 들어 기업은 기술 혁신과 같은 외부환경의 변화에 적응하기 위하여 종업원에 대한 교육이 필요할 것이고, 신사업 착수, 신제품 개발과 같은 기업 전략의 변화에 대처하기 위해서도 종업원 교육이 필요할 것이다. 이 외에 기업내부에 있어서 제품의 불량률이 높거나 산업재해율이 높은 경우, 그리고 종업원의 사기가 떨어져 있거나 동기 부여가 곤란한 경우에도 이에 대한 개선으로 종업원 교육이 필요할 것이다. 물론 종업원 교육에 의하여 모든 문제점을 해결 할 수 있는 것은 아니지만 대부분 교육에 의해서 해결가능하기 때문이다.

조직분석은 조직 내에서 인적자원개발을 위한 교육 및 훈련이 필요한 곳이 어디인가를 분석하기 위한 것이며, 이를 위해 경영성과 및 활동에 영향을 주는 환경을 분석하고 조직의 목표, 전략, 분위기 및 내부자원 등을 분석하는데 이를 좀 더 자세히 살펴보기로 한다.

첫째, 조직의 목표를 명확하게 파악해야 한다.[8] 조직의 목표나 전략을 명확히 파악하는 것은 조직의 성과를 판단하는 출발점이며, 인적자원 프로그램의 개발이나 실행에 대한 성공 여부에 대하여 평가하는 기준이 된다.

둘째, 조직의 분위기(Organizational Climate)를 파악한다. 조직의 분위기는 인적자원개발의 성공을 위한 중요한 변수이다. 예를 들어 관리자나 개별 종업원이 상호간에 신뢰하지 못하면 훈련에 자유스럽게 참여할 수 없고, 훈련 후 전이(Transfer)에도 부정적인 영향을 준다.

셋째, 조직분석을 위한 환경요인을 파악해야 한다. 환경요인은 인적자원개발 프로그램의 설계과정에 중요한 영향을 미친다. 예를 들어 정부에서 추진하는 근로기준법의 개정이나 정년연장 등은 인적자원개발 프로그램의 개발 필요성을 증대시키고, 프로그램을 설계함에 있어서 프로그램의 목표와 훈련 대상자를 선발함에 있어서 영향을 미치기 때문에 요구조사 과정에서 환경요인을 반드시 파악해야 한다.

넷째, 조직내부의 자원을 분석해야 한다. 자원분석은 재정적인 문제나 설비형태, 고용형태 등의 문제이다. 예를 들어 설비가 노후화되어 새로운 설비를 들여오는 경우 새로운 실비에 대한 교육 및 훈련이 필요한 것이다.

그리고 직원의 정년퇴직으로 인하여 특정 직무에 공백이 생긴 경우에 이에 대한 보충을 위하여 외부에서 인재를 영입할 것인가, 아니면 내부 배치전환을 통하여 해결할 것인가 중 어떤 선택을 하는가에 따라 상이한 문제해결 방법을 필요로 한다. 만일 외부에서 영입하는 경우에는 해당직무를 맡는 신규인력에 대한 교육 및 훈련이 필요할 것이고, 내부에서 직무를 잘 아는 사람을 배치하는 경우에는 교육훈련의 필요성이 없을 것이다.

나. 직무분석(Job Analysis)

요구분석의 두 번째 수준은 직무차원(job level)의 분석이다. 요구분석을 위한 직무분석에서는 본부, 팀과 같은 부서 내 존재하는 직무별 로 하위 과업들을 수행하면서 구성원이 적절한 성과를 내기 위해 필요로 하는 역량이 무엇인지에 대한 정보를 체계적으로 수집하는 것이다.[9] 직무분석의 결과물은 직무를 평균적으로 수행하기 위해 필요한 역량, 즉 지식(knowledge), 기술(skill), 능력(ability) 들로 구성된다.[10] 직무분석과 후술하는 개인분석과의 차이는 직무분석은 직무에 필요한 지식, 기술, 능력(KSAs) 등을 밝히는 것이고, 개인분석은 해당 직무를 수행하는 개인의 현재 업무수행 수준에 초점을 맞춘 것이다.

직무분석은 이미 8장에서 상세히 설명한 바와 같이, 조직 내 존재하는 업무에 구성원들이 어떻게 결합이 되어 있는지를 파악하여 단위 직무를 결정하고, 직무별 업무내용, 절차 및 수행요건에 대하여 체계적으로 정리하는 과정으로서, 직무분석을 통하여 직무기술서 및 직무명세서를 산출해낸다. 직무기술서는 직무별로 세부업무(과업), 산출물, 타직무와의 관계 등에 대하여 분석한 결과를 정리해놓은 문서이다. 그리고 직무명세서는 해당 직무를 수행하는데 필요로 하는 지식, 기술, 자격, 사전경험, 외국어 수준 등에 대하여 분석해놓은 결과를 정리해놓은 자료로서 요구분석을 위한 기본적인 정보는 직무명세서를 통해 찾아낼 수 있다. 일반적으로 요구분석을 위한 직무분석은 직무기술서 개발, 과업의 명확화, 과업수행 요건 분석, 프로그램 비용-편익 분석, 훈련요구의 우선순위 분석 등 5단계에 걸쳐 순서대로 진행된다.[11]

• 1단계 : 직무기술서 개발

요구분석을 위한 직무분석의 첫 번째 단계는 직무기술서의 개발이다. 직무기술서는 직무분석을 통하여 완성되어진다. 직무기술서는 직무조사 및 분석 과정을 통하여 직무별 수행 업무의 내용, 절차 및 요건을 파악하고, 직무 담당자 인터뷰를 통하여 직무별 세부업무내용, 절차, 산출물, 타 직무와의 관계 등을 정리함으로써 완성이 된다.

• 2단계 : 과업의 명확화

요구분석을 위한 직무부담의 두 번째 단계는 직무별 과업을 명확히 하는 일이다.

과업의 명확화는 직무 내 수행하는 행동을 규명하는데 초점을 맞추며, 직무에 중요한 과업, 과업수행의 방법, 업무수행편차 등이 대상이 된다. 과업분석에서는 수행표준(또는 성과기준 : Performance Standard)과 실제 업무수행 결과 나타난 업무수행편차(Performance Variability)를 조사하는 것이 분석의 핵심이다. 수행

표준이란 과업의 수행결과 기대되는 산출물에 대한 당위적 수준 내지 바람직한 상태를 의미하고, 업무수행편차는 실제적으로 행하고 있는 상태를 말하며 이 단계에서는 주로 업무수행편차에 집중해서 분석한다.

• 3단계 : 직무수행 요건 분석

요구분석을 위한 직무분석의 세 번째 단계는 과업수행을 위한 요건을 분석하는 일이다. 직무수행요건은 바람직한 과업을 수행하기 위해서 필요로 하는 지식, 기술, 태도 및 기타의 특성을 찾아내는 과정이다. 지식(Knowledge)은 해당 과업의 수행에 필요한 기초지식, 실무지식, 전문지식, 주변지식 등이 포함된다. 기술(Skills)은 해당 과업을 신속하고 정확하게 수행할 수 있는 역량(Capability)을 말한다. 그리고 능력(Ability)은 해당과업을 수행하는데 필요로 하는 인지적 능력(Cognitive Capability)을 말한다. 이와 같은 과업수행 요건에 대한 정보는 일반적으로 직무분석의 산출물인 직무명세서에서 찾아낼 수 있으나, 직무명세서로 불충분할 시에는 주제전문가(subject matter expert : SME)와 의 의견교환이나 자료검색, 담당자 인터뷰 등 다양한 방법으로 정교화 시켜야 한다.[12)]

• 4단계 : 프로그램비용-편익 분석

앞 단계를 통하여 직무 수행을 위한 역량요건에 대한 분석이 끝나면 인적자원개발이나 교육훈련 프로그램을 통해 얻을 수 있는 이점(Benefit)을 확인해야 한다. 요구조사에서 나타난 모든 문제점들이 교육훈련이나 인적자원개발을 통해서 달성될 수 없고 상황이나 문제에 따라 다양한 접근방식이 필요하다. 따라서 프로그램을 개발하려면 〈그림 10-5〉와 같이 사전에 지식, 기술, 능력 요건(KSAs)과 과업(tasks) 그리고 교육훈련 프로그램의 공통분모를 찾아 프로그램이 주는 편익과 개발 시 소요되는 비용을 비교, 분석하여 개발 필요성 여부를 파악하여야 한다.[13)]

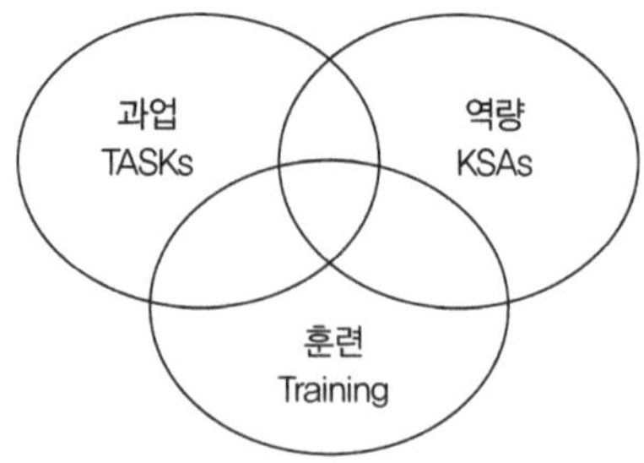

자료 : Goldstein(1993), op. cit., p. 61.

〈그림 10-5〉 교육훈련 프로그램의 심리적 적합도

• 5단계 : 훈련요구의 우선순위 결정

프로그램 비용—편익 분석을 통하여 프로그램 개발 필요성이 있는 대상 직무 및 과업 들이 결정이 되면 마지막 단계에서는 프로그램 개발 대상 직무 중 우선순위 직무를 선정하는 일이다. 조직은 한정된 예산과 시간의 범위 등을 고려하여 조직 분석 결과와 통합하여 개발 시급성 및 중요도에 따라 인적자원개발 우선 개발 직무를 결정한다. 개발 우선순위 결정 방법은 다음 절에서 상세히 설명하기로 한다.

다. 개인분석

개인 분석이란 교육 대상의 선정이 적절한 것인가를 평가하는 것으로서, 인사평가를 통하여 구성원 각자의 성과기준과 실제 능력을 대비함으로써 이루어진다. 개인분석은 직무를 수행하는 개인의 직무수행 수준에 집중하므로 직무분석과 같이 직무를 수행하는 데 필요한 역량(KSAs)이 무엇이냐를 분석하는 것이 아니라, 현재의 직무 수행 수준을 보고 보다 더 잘 수행하기 위해 필요한 역량(KSAs)이 무엇인가를 결정하는 것이다. 직무분석을 통하여 파악된 직무수행을 위한 역량(KSAs)은 각 직무의 기대치를 결정하고 이러한 기준은 성과 측정의 기준이 된다. 그리고 개별 구성원의 인적자원개발에 대한 요구를 직접 결정하는 개인분석은 정기적으로 실시하는 인사평가 결과에서 주로 나타난다.[14)]

요구분석을 위한 개인분석에서는 분석 과정에서 우수 업무 수행자와 평균 이하 업무수행자 구별뿐만 아니라 그 원인에 대해서도 분석한다. 일반적으로 개인분석을 위한 접근방법에는 〈표 10-3〉과 같이 요약적 접근방법(summary analysis)과 진단적 접근방법(diagnostic analysis)이 있다.[15)]

〈표 10-3〉 개인분석 접근방법

직능	특성
요약적 개인분석	• 개별 종업원의 직무수행능력에 대한 전반적인 특징임 • 성공적인 수행자와 비성공적인 수행자로 분류
진단적 개인분석	• 개별 구성원의 행동결과가 왜 일어났는가를 결정 • 성공적인 수행자와 비성공적인 수행자로 분류하고, 성공적 또는 비성공적으로 직무를 수행하는 이유를 파악(KSAs 요인 및 환경요인)

자료 : G. R. Herbert and D. Deverspike(1990), op. cit., p. 255 및 노남석 외(2009). 전게서, p. 95. 수정 재인용.

요약적 접근방법은 우수한 업무 수행자와 그 밖의 수행자들을 전체적으로 비교, 평가하여 양자 간의 행동 및 특성의 불일치를 찾아내는 것이다. 반면에 진단적 접근방법은 우수한 업무수행자와 열등한 업무수행자 간의 행동 및 특성의 불일치에 대한 요인으로서 단순히 역량요인(KSAs)뿐만 아니라 역량 이외의 환경요인도 분석한다. 진단적 접근방법을 통한 개인분석 절차와 방법을 설명하면 〈그림 10-6〉과 같은 단계로 진행이 된다.

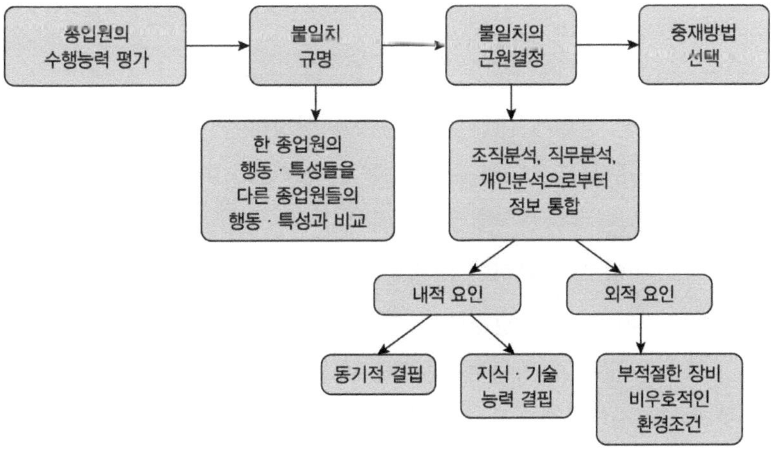

자료 : G. R. Herbert and D. Deverspike(1990), op. cit., p. 254 및 노남석 외(2009). 전게서, p. 96 재인용.

〈그림 10-6〉 개인분석 절차

(1) 인사평가를 통하여 구성원의 수행능력을 평가한다.
(2) 우수한 업무수행자와 나머지 평균적인 업무수행자 간의 행동 특성 상 불일치 여부를 파악한다.
(3) 조직분석, 직무분석 및 개인분석을 통하여 얻은 정보를 통합하여 행동 및 특성 상 불일치를 가져오는 근원이 동기적 결핍이나 직무수행 역량 부족 등과 같은 개인 내적요인 때문인지, 아니면 비우호적인 환경조건 등과 같은 외적 요인 때문인지를 파악한다.
(4) 불일치 원인이 규명이 되면 적절한 중재방법을 선택한다. 만일 개인의 내적 요인 때문인 경우 동기부여를 위한 정신교육프로그램에 반영하고, 역량(KSAs)이 부족한 경우에는 역량 강화를 위한 전문교육 프로그램에 반영한다. 반면에 불일치의 원인이 외적요인에 의한 경우에는 교육훈련 등 인적자원개발 프로그램에 반영하지 않고 시설 및 장비 교체 등 다른 방법을 통하여 해결하여야 한다.

제3절 요구분석 결과 우선순위 결정

요구분석 결과에 대한 우선순위를 결정하는 것은 요구분석의 마지막 단계이며, 인적자원개발 프로그램을 조직과 구성원들의 특성에 적합한 방향으로 개발할 수 있게 해주는 대단히 중요한 단계이다. 따라서 과제의 우선순위를 정할 때에는 보다 체계적이고 과학적인 방법을 통하여 결정하는 것이 궁극적으로 인적자원개발 프로그램의 성과를 결정하는 중요한 요인이라 하겠다.

그동안 많은 학자들에 의하여 우선순위를 결정하는 방법이 제시되었는데, 그 중 대표적인 모형으로 t 검정법, 보리치 검정법, The Locus for Focus 모형을 들 수 있으며, 본 절에서는 각 각에 대하여 간략히 살펴보고 좀더 간편하게 실무적으로 사용할 수 있는 우선순위 결정법에 대하여 제시하고자 한다.

1 우선순위 결정 기본적 모형

가. t 검정법

t 검정법(t-test method)은 설문지법을 이용해서 수집한 자료를 토대로 집단간 평균적 차이가 있는지를 판단할 때 활용한다. t 검정은 역량의 기대 수준과 현 수준 간에 의미있는 차이가 있는지를 밝히기 위해서 사용하는 통계적으로 분석하는 방법이다. 대응표본 t 검정을 활용하여 응답자들로부터 얻는 중요도와 현 수준과의 평균값을 비교하여 유의한 차이가 존재하는지를 검증하는 것으로 일반적으로 t값이 클수록 그 차이가 커지는 경향성이 있다. 하지만 이러한 차이는 단순히 평균 간의 차이만을 보여주기에 그 차이가 유의한 차이인가를 보여주는데 그치고 중요한 수준에 대해서 어떤 방향성을 가져야 하는지에 대한 판단은 어렵다는 단점이 있다

따라서 t 검정은 두 수준 평균사이의 단순차이만을 고려할 뿐 차이의 바람직한 방향성에 대한 판단하기 어렵기 때문에 우선순위를 제시하기 위하여 t 검정의 활용은 많은 제한이 있다

나. 보리치의 요구도 기법

우선순위를 결정하는 방법으로 보리치(Borich)의 우선순위 결정 공식을 활용하는 방법이다. 보리치의 우선순위 결정 공식은 다음과 같다.

$$\text{요구도} = \frac{[\Sigma(RL-PL)]\times\overline{RL}}{N}$$

RL : 필요수준
PL : 현재수준
$\overline{RL}$: 필요수준의 평균
N : 전체 사례수

보리치의 우선순위 결정 공식

RL(Require Level)은 필요 수준으로 구성원들이 역량강화의 필요성에 대하여 인식하는 정도이며, PL(Present Level)은 구성원들이 현재 보유하고 있는 역량을 인식하고 있는 정도이다. 그리고 $\overline{RL}$은 종사자들이 역량강화의 필요성에 대하여 인식하고 있는 정도의 평균값이고 N은 전체사례수를 말한다. 보리치의 우선순위 결정 공식을 분석해보면, 두 상태의 단순한 차이를 통해 요구를 비교하는 것이 아니라 현재 수준과 필요 수준의 차를 모두 합한 값{Σ(RL−PL)}에 필요 수준의 평균을 곱한 값 $\overline{RL}$을 전체 사례 수(N)로 나눈 값을 통하여 요구에 대하여 우선순위를 부여한다. 따라서 필요 수준에 대한 인식이 높을수록, 현재 수준에 대한 인식이 낮을수록 요구도의 값은 더욱 높아지게 된다.

다. The Locus for Focus 모델

The Locus for Focus 모델은 요구되는 필요수준과 현재수준에서 존재하는 차이를 규명하기 위한 방법으로 필요수준의 중요성, 현재수준과 필요수준의 불일치 정도에 기인하여 우선순위 과제를 선정한다. 이 모델은 〈그림 10-7〉에서 보는 바와 같이 필요 수준의 중요성을 가로축으로 하고, 현재수준과 필요수준의 불일치정도를 세로축으로 구분하여 4사분면으로 나누어 우선순위를 부여한다. 그림에서 볼 때 제3사분면은 필요수준의 중요도도 낮고 필요수준의 불일치 정도도 낮아서 우선순위가 가장 낮은 분면이다. 반면에 제2사분면은 필요수준의 중요성도 높고 불일치 수준도 높아 우선순위가 가장 높은 분면이다.

The Locus for Focus 모델은 t 검정법과 달리 현재수준과 바람직한 수준과의 불일치 차이와 함께 바람직한 수준의 중요도를 동시에 고려함으로써 보리치의 방법과 마찬가지로 바람직한 수준에 대하여 가중치를 부여한 효과를 보여준다. 또한 가로축과 세로축을 중심으로 전반적인 우선순위를 시각적으로 용이하게 파악할 수 있는 장점을 가지고 있다. 그러나 우선순위 결정시 보리치 법과 달리 수치화된 결과가 아니고 좌표상의 위치만 보여줌으로써 보리치 계산법보다 정확성은 떨어진다. 또한 2사분면 다음 차 순위 분면이 1사분면과 4사분면 중 어디인가에 대해서는 명확히 구분하기 어렵고, 같은 사분면 안에서도 우선순위를 결정하기 어려운 경우가 발생하는 단점을 가지고 있다

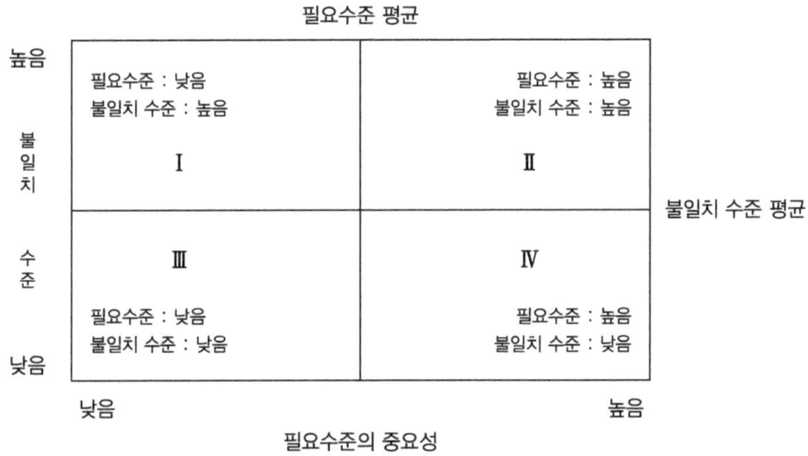

〈그림 10-7〉 The Locus for Focus 모델

앞에서 살펴본 바와 같이 3개의 우선순위 결정 모델은 각각 장단점을 가지고 있다. 따라서 설문을 통하여 요구분석의 우선순위를 결정하는 경우는 다음과 같은 다섯 단계를 거쳐서 요구분석을 실시하는 것이 바람직하다.[16)]

- 1단계 : t 검정을 통하여 바람직한 수준과 현재수준의 차이를 파악한다.
- 2단계 : 보리치 요구도 공식을 활용하여 나온 수치가 높은 것부터 낮은 순서대로 우선순위 과제를 나열한다.
- 3단계 : 2단계에서 나온 결과를 가지고 The Locus for Focus모델에 적용하여 각각의 과제의 좌표상 위치를 시각적으로 제시한다.
- 4단계 : The Locus for Focus모델 분면 중 최우선순위 분면인 2사분면에 속한 항목의 개수를 확인하고, 그 갯수 만큼 보리치 요구도 상위 순위를 결정한다.
- 5단계 : 보리치 요구도 공식의 상위순위의 항목들과 The Locus for Focus 모델의 최우선순위 분면(2사분면) 항목이 일치하는지 확인하고 항목별 요구도 값에 따라 최종적으로 최우선 순위군과 차순위군을 결정한다.

2 요구분석 우선순위 결정 방법

요구분석 과정을 통하여 인적자원개발 대상 과제 리스트가 작성이 되면 그 중 최종적인 개발대상과제로 선정하기 위한 적절한 의사결정기준을 정하여야 한다. 개발대상 과제를 선정 시에는 일정한 의사결정기준을 통하여 개발대상 과제들을 객관적으로 비교, 평가하고, 가장 높은 평가를 받은 과제를 조직의 자원적 여건(시간, 돈, 인력 등)을 고려하여 최종 개발과제로 선택하게 된다. 인적자원개발 대상 과제를 선정하기 위해서는 선정을 위한 적절한 의사결정 기준이 필요한데 여기서는 과제 선정을 위한 대표적인 의사결정 모델인 중요도-긴급도 모형 및 노력-성과모형(pay-off matrix)에 대하여 설명하고자 한다.

가. 중요도-긴급도 모형

중요도-긴급도 모델은 의사결정기준을 중요도와 긴급도로 하는 모델로서, 기업에서 핵심 전략과제를 선정하는데 사용하는 가장 많이 사용하는 모델이다. 〈그림 10-8〉과 같이 중요도와 긴급도가 높은 대안인 우선적으로 선정이 되고 낮은 대안이 우선 순위에서 밀려서 최적 대안에서 제외가 된다.

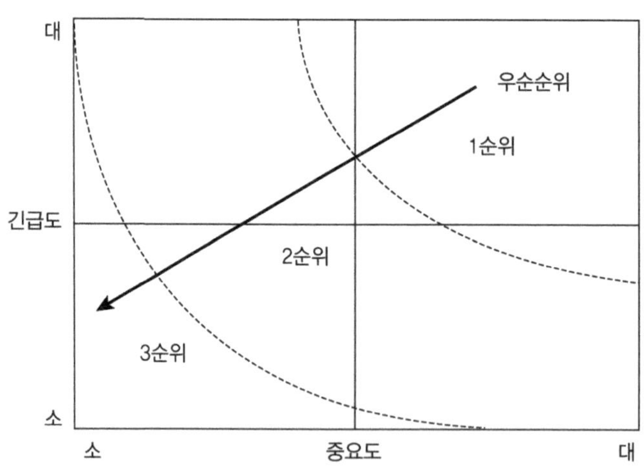

〈그림 10-8〉 중요도-긴급도 기준 의사결정 모델

나. 노력-성과 모델

노력-성과모델은 미국의 General Electric사에서 실행하던 경영혁신 기법인 Work-out에서 혁신대상 과제를 선정하는 방법으로 개발되었던 모델로서, 대안선정을 위한 의사결정 기준으로 대안을 실행하는데 필요로 하는 노력 대비 실행에 따른 성과를 비교하여 결정하는 모델이다. 〈그림 10-9〉에서와 같이 많은 대안들 중에서 작은 노력으로 큰 성과를 내는 대안(grand slam)이 최적의 대안으로 선정되며, 큰 노력에 비해 성과가 작은 대안(strike out)은 선정에서 제외가 된다.

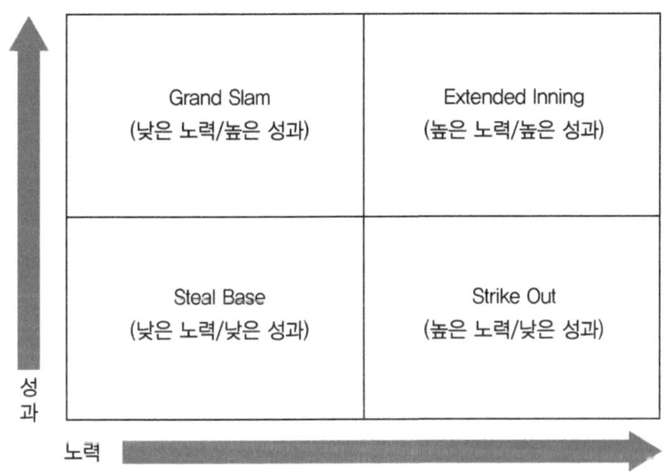

〈그림 10-9〉 노력-성과 기준 의사결정 모델

참고문헌

1) Altschuld, J. W., & Witkin, B. R. (2000). From needs assessment to action : Transforming Needs Into Solution Strategies. ThcKJsand Oaks, Calif : Sage Publications.
2) Rossett, A. (1987). Training Needs Assessment . Englewood Cliffs, NJ : Educational Technology Publications, 298.
3) 허운나 (1993). 산업교육 요구분석 : ISD 모델을 중심으로. 서울 : 배영사.
4) Rossett(1987), op. cit. pp. 25-27.
5) 최정임 (2002). 인적자원개발 을 위한 요구분석 실천 가이드. 서울 : 학지사.
6) Goldstein, I. & Ford, J. K. (2002). Training in Organizations. (4th ed.). Belmont, CA : Wadsworth.
7) 최정임(2002). 전게서, p. 43.
8) Goldstein, I. L.(1993). Training in organization : Assessment, development and evaluation (3rd. ed.). Pacific Grove, California : Brook / Cole Publishing Company. pp. 29-82.
9) Moore, D. E. (1998). Needs assessment in the new health care environmen t : combining discrepancy analysis and outcomes to create more effective CME. Journal of Continuing Education in the Health Professions, 18(3), 133-141.
10) Desimon, R. L., Werner, J. M. & Harris, D. M.(2002). Human resource development (3ed). Sea Harbor Drive, College Publishes. Orlando : TT L., p. 106
11) Ibid., pp.109-115.
12) Goldstein(1993), op. cit., pp. 61-64.
13) Ibid., p. 61
14) Desimon, R. L., Werner, J. M. & Harris, D. M.(2002), op. cit., p. 115.
15) G. R. Herbert and D. Deverspike(1990), Performance Appraisal in the training needs analysis process : A review and critique. Public Personnel Management, 19(3), p. 255.
16) 조대연 (2009). 설문조사를 통한 요구분석에서 우선순위결정 방안 탐색. 교육문제연구, 35, pp. 165-187.

11

인적자원개발 설계

Chapter

11 인적자원개발 설계

학습목표

1. 교수설계의 의미와 필요성을 이해할 수 있다.
2. 교수설계를 위한 기본 모형으로서 교수체제설계에 대하여 이해할 수 있다.
3. 교수설계를 위한 방법으로서 프로그램의 설계 및 개발에 대한 구체적인 내용을 이해할 수 있다.

최근에 들어와 기업이 보유하고 있는 인적자원이 기업경쟁력의 원천이라는 인식이 높아짐에 따라 인적자원개발 추세는 수동적이고 타성적으로 교육훈련을 실행하는 구태의연한 방식에서 벗어나 조직 내 인적자원의 잠재력을 극대화할 수 있는 적극적 방식으로 바뀌어가고 있다. 만일 조직에서 실시하고 있는 교육훈련 프로그램이 효과적이지 못하고 과정이수자의 만족도가 낮다면 교수설계에 문제가 있다고 볼 수 있다.

인적자원개발을 위한 교수설계란 요구분석 결과를 토대로 프로그램을 설계하고 개발하는 활동을 의미한다. 교수설계는 교수의 방법을 이해하고, 개선하며 , 적용을 하는 활동으로서, 교수 설계자가 학습자의 특성과 교수내용에 맞는 교수방법을 고안함으로써 최대한의 교수효과를 산출하려고 하는 전문적 활동이다.

교수설계 또는 프로그램을 설계하고 개발하는 목적은 전체적인 조직목표를 달성하는데 도움을 주고 동시에 교육훈련생의 개인적 목적에도 만족스럽게 기여하는데 있다. 무엇보다도 교수설계의 목적은 특정 과업을 수행하는데 필요한 자질과 능력을 개발할 수 있도록 하는데 있다. 본 장에서는 교수설계의 의미와 필요성을 살펴보고 교수설계 방법을 설명함에 있어서 프로그램 설계와 개발단계로 나누어 설명하고자 한다.

제 1 절 인적자원개발 설계의 이론적 기초

1 교수설계의 의의

교수설계(instructional design)의 의미를 파악하려면 먼저 교수의 의미를 명확히 이해할 필요가 있다. 교수설계에서 교수란 학습자가 달성하고자 하는 학습목표에 이르게 하기 위한 의도적인 활동을 의미하고, 설계란 학습목표에 도달하거나 문제를 해결하기 위한 효과적이고, 체계적인 단계를 수립하는 것을 의미한다. 따라서 교수설계란 학습자가 학습목표에 도달하거나 문제를 해결하기 위하여 필요한 학습내용을 효과적이고 체계적으로 수립하기 위한 의도적인 활동을 말한다. 결국 교수설계는 교수·학습활동의 전체과정을 최적의 조건으로 구성함으로써 교육의 효과를 극대화하려는 교육계획의 수립활동이라고 정의할 수 있다.

그러면 왜 조직에서 효과적인 인적자원개발을 위하여 교수설계를 필요로 하는가. 교수설계의 목적은 교육의 목적을 분명히 하고, 목적을 달성하기 위한 교육내용과 방법을 최적화함으로써 교육의 효과성을 극대화하는데 있다. 다시 말하자면 교수설계는 교육의 목표를 효과적, 효율적으로 성취시킬 수 있도록 교육관련 제반 요소를 체계적으로 조직하고 운영하기 위한 전반적인 교육계획을 수립하는 과정이다. 교육의 과성에는 두 가지 핵심요인이 있다. 하나는 '무엇을 가르칠 것이냐'이며 또 다른 하나는 '어떻게 가르칠 것이냐'이다. 교수설계는 바로 이러한 두 가지 기본적인 결정을 해결하기 위한 활동들로 다양한 학습상황에 따라 여러 교수전략 요소를 적절히 적용하여 학습결과를 최적화시키기 위한 기본적인 지식을 제공해 준다.[1] 또한 교수설계는 교수자와 학습자에게 최적의 교수 방법을 처방해주고 특정한 학습자와 학습 내용이 주어졌을 경우 그에 알맞은 수업 방법을 제시해 준다.

2 교수설계의 기본가정

성공적인 교수설계가 이루어지려면 다음과 같은 전제조건이 필요하다.[2)]

첫째, 교수설계는 학습자 간의 개인차를 고려하여 학습자의 전반적인 특성에 맞게 계획되어 학습이 효과적으로 일어날 수 있도록 해야 한다.

둘째, 교수설계는 인간학습 원리를 이해하고, 이를 바탕으로 달성하고자 하는 학습결과를 얻기 위해 필요로 하는 학습조건을 충분히 고려해야 한다.

셋째, 교수설계는 교육과정을 구성하는 모든 요소들이 학습목표의 성취를 위하여 가장 효과적이고 효율적인 방법으로 상호작용을 할 수 있도록 설계되어야 한다.

넷째, 교수설계는 조직의 목표 및 전략에 맞추어 단기적인 계획에서 중·장기 계획에 이르기까지 세밀한 일련의 학습계획을 준비해야 한다.

제2절 인적자원개발 설계 기본적 모형

1 교수설계의 기본적 모형

교수설계를 위한 기본적 모형에는 크게 체계적 접근방법(systematic approach)과 체제적 접근방법(systemic approach)가 있다. 체계적(systematic)이라는 말은 라틴어에 어원을 두고 있는 용어로서 순서(order), 절차(procedure), 간격(interval)을 의미한다. 이에 반해 체제적(systemic)이라는 말은 그리스어로서 조직화된 전체(organized whole)를 의미한다.

체계적 교수설계 모형은 교수설계 시 사전에 일련의 절차를 정하여 진행하는 접근방식 모형이다. 이 모형의 교수설계 절차는 〈그림 11-1〉과 같이 목표 확인 및 명세화, 교수개발, 결과평가 및 피드백으로 순서로 순차적으로 진행된다. 이 모형에서 추구하는 목적은 교수 또는 과정목표를 효과적, 효율적으로 달성하기 위한 수업활동의 설계에 있다. 이 모형은 적용상 매우 한정적이고, 절차적이며,

접근 방법 또한 상당히 선형적이다. 따라서 열거 된 모든 단계를 계열적으로 수행해야 되는 적용상의 비효율성으로 인하여 많은 시간적 투입이 요구되는 단점이 있다.

반면에 체제적 교수설계 모형은 〈그림 11-2〉와 같이 교수설계에 영향을 미치는 요소를 동시에 고려하는 접근방식으로서 대표적인 모형에는 ADDIE모형과 딕(Dick)과 캐리(Carey)의 모형이 있다. 이 모형은 교수설계 활동을 위해 사전에 명세화된 절차를 포함하고 있지만, 학습과정에 영향을 미칠 수 있는 모든 변인을 동시에 고려한다는 점에서 체계적 교수설계 모형과 차이점을 가지고 있다.[3] 체제적 접근은 역동적이고, 비순차적이며, 교수설계를 위한 요소들의 상호간의 영향을 유기적으로 파악하여 설계하는 방법을 사용한다. 이 모형이 추구하는 목적은 교수설계시 상황적인 특성을 고려하여 융통성 있게 설계하는데 있다.

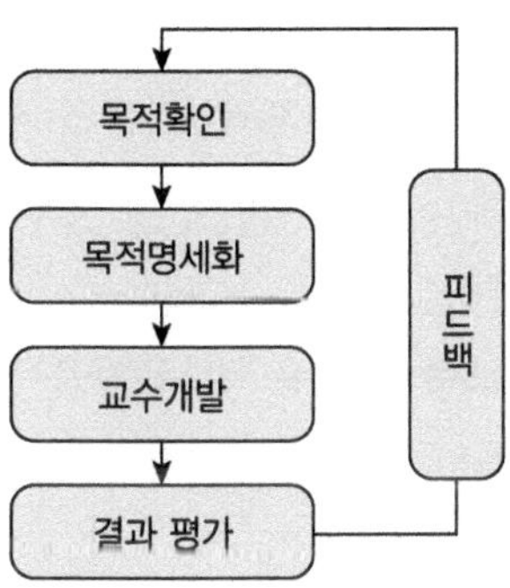

〈그림 11-1〉 체계적 접근법

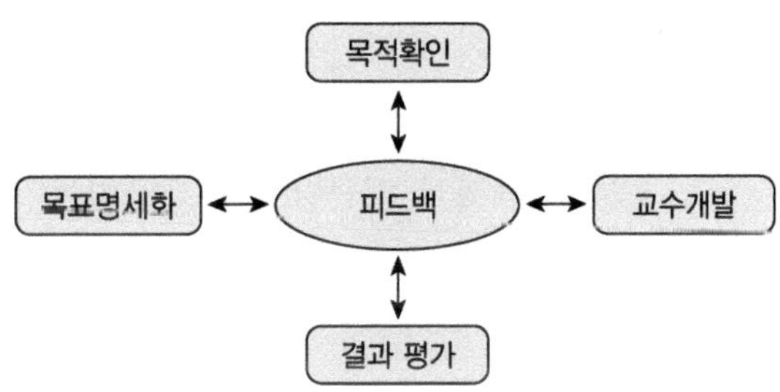

〈그림 11-2〉 체제적 접근법

체제적 접근 방법은 현장의 문제를 해결하는 데 있어서 체계적 접근 방식이 보다 효과적이다. 왜냐하면 체제적 설계 활동은 모든 설계 과정에서 발생되는 묵시적이고 즉발적인 상황변인을 동시에 고려해야하는 특성을 갖고 있기 때문에 교수설계자에게 무한대의 창의성을 요구하기 때문이다. 체계적 접근과 체제적 접근 모형의 차이점 및 장단점을 비교하면 〈표 11-1〉과 같다.

〈표 11-1〉 체계적 접근모형과 체제적 접근모형 비교

구분	체계적 접근	체제적 접근
의미	순서, 절차, 간격	조직된 총체
설계절차	단계적, 선형적 절차	역동적, 비선형적, 순환적 절차
설계방법	사전에 명세화된 절차	상황적 맥락 변인을 동시에 고려
설계목적	목표의 효과적, 효율적 달성을 위해 수업 활동을 설계	상황적인 특성을 고려하여 융통성 있게 설계
장점	전체 절차가 내적 일관성을 가진다.	상황적인 특성에 부응할 수 있다.
단점	수업 중에 일어난 예기치 못한 상황에 즉각적으로 대처할 수 없다.	전체 절차에 내적 일관성이 없다.

2 교수설계의 체제적 접근 모형

현재까지 대부분의 교수설계 이론과 모형들은 체제적 접근의 입장을 취하고 있으며, 많은 경우 교수설계는 교수체제설계(ISD)를 의미하는 것으로 받아드려져 왔다. 체제적 접근방식을 대표하는 모형에는 ADDIE 모형과 딕과 캐리(Dick & Carey)의 모형이 있는데, 본 절에서는 두 모형의 내용 및 특징을 구체적으로 살펴보고자 한다.

가. ADDIE 모형

ADDIE는 교수설계 요소의 앞머리글자를 따서 이름을 붙인 체제적 교수설계 모형이다. 즉 이 모형은 〈그림 11-3〉과 같이 분석(Analysis)－설계(Design)－개발(Development)－실행(Implementation)－평가(Evaluation)의 단계 또는 절차의 형태를 취하고 있다.[4] ADDIE 모형은 오랜 시간 동안 많은 교수설계자들에 의해 정교화된 것이며, 교수설계과정을 교수체계설계 과정의 일반적 형태를 나타낸 가장 널리 활용되고 있는 모형이다. 각 단계를 살펴보면 다음과 같다.[5]

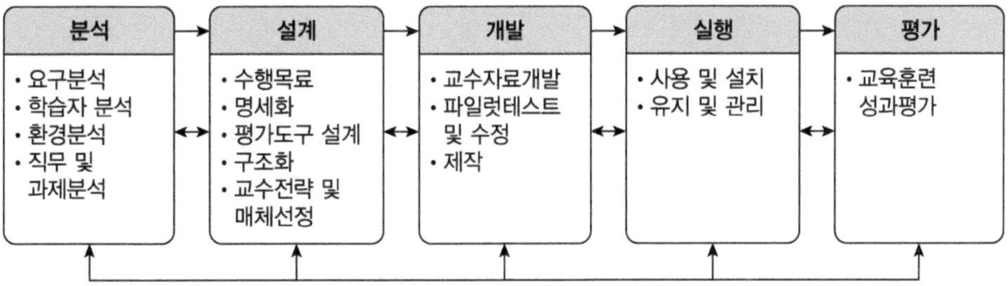

〈그림 11-3〉 ADDIE 모형

1) 분석(Anaysis)단계

분석단계는 교수설계를 위한 첫 단계로서, 분석과정에서는 학습과 관련된 요인 즉 요구분석, 학습자분석, 환경분석, 직무 및 과제분석 등의 활동이 전개된다. 요구분석이란 이미 앞장에서 설명했듯이 어떤 바람직한 상태와 현재 상태 간의 차이를 밝히는 것이다. 학습자분석이란 학습자의 지적, 정의적 특성과 사회문화적 배경·학습양식 등을 분석하는 활동을 말한다. 환경분석에서는 수업설계 과정에 참여할 인적자원과 기자재, 시설·경비 등의 물적 자원, 그리고 학습공간과 교수매체 등을 분석한다. 마지막으로 직무 및 과제분석에서는 교육의 목적을 성공적으로 수행하기 위해서 필요한 지식, 기능, 태도 등을 파악하고 이들 간 계열성을 밝힌다.

2) 설계(Design)단계

교수설계를 위한 분석이 끝나면 설계단계가 이어지는데, 이 단계에서는 분석과정에서 나온 결과를 토대로 기본적인 계획을 수립한다. 이 단계에서는 수 행목표의 명세화, 평가도구의 설계, 프로그램의 구조화 및 계열화, 교수전략과 매체의 선정 등의 활동이 전개된다.

3) 개발(Development)단계

설계단계가 끝나면 이어서 개발단계를 통하여 수업에 사용될 교수자료를 실제로 개발하고 제작한다. 개발과정에는 먼저 교수자료의 초안(draft) 또는 시제품

(prototype)을 개발하여 형성평가를 실시하고, 프로그램을 수정한 뒤에 마지막으로 최종 산출물 즉, 완제품을 제작하는 활동을 수행한다.

4) 실행(Implementation)단계

실행과정에서는 설계되고 개발된 교육훈련프로그램을 교육과정(curriculum)에 반영하여 실행하고, 이를 계속적으로 유지하고 변화 관리하는 활동을 진행한다. 이 단계에서는 교수설계에서 완성된 프로그램이 교육과정에서 효과적이고 효율적인 전달이 될 수 있도록 모니터링하여야 한다.

5) 평가(Evaluation)단계

평가는 프로그램이 실행된 후에 남은 교수설계 또는 교수체제개발의 마지막 요소이다. 평가단계에서는 설계, 개발한 교수자료와 프로그램, 교수매체의 적합성과 효율성, 그 과정을 계속 이어나가도 될지에 대한 지속성 여부, 문제점이 발생했다면 어떻게 수정해서 재적용할 것인지에 대한 수정사항 등을 평가한다. 평가의 다른 축인 형성평가 또는 파일럿테스트는 프로그램의 개발 과정에서 이미 실시된 과정이다

나. 딕과 캐리의 교수설계 모형

딕과 캐리(Dick & Carey)의 모형은 ADDIE 모형을 구체화한 가장 대표적이고 전형적인 교수설계모형이다. 이 모형은 ADDIE 모형과 마찬가지로 활동들이 진행되는 동안 지속적인 검토와 수정 작업이 이루어진다. 이 모형은 체제 접근 모형이라고 하며 다른 모델들보다 복잡하지 않으나 다른 모델에 포함되어 있는 중요한 요소들을 거의 다 포함하고 있다는 것이 그 특징이다.[6] 또한 이 모형은 교수설계 현장에서 교수설계자가 수업을 설계하고 개발하는 과정에서 필요한 모든 과정을 포함하고 있어 전 세계적으로 가장 널리 알려져 있는 모형 중의 하나로 손꼽히며 교수설계를 처음 배우는 초보자들을 위한 기본모형이기도 하다.

이 모형에서의 설계과정 및 절차는 〈그림 11-4〉와 같이 10단계로 진행되며, 각 단계에 대하여 구체적인 설명을 하고자 한다.[7]

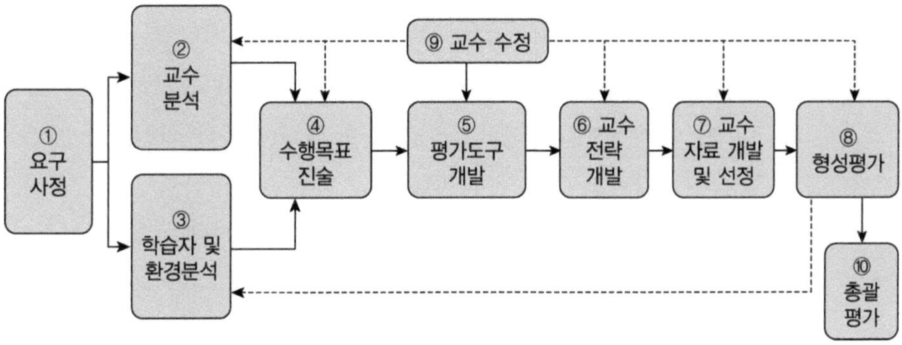

〈그림 11-4〉 딕과 캐리의 교수설계 모형

1) 목적규명을 위한 요구사정

교수설계과정에서 가장 중요한 일이 교수목적을 규명하는 것이다. 이 절차가 부적절하게 이루어지면 아무리 훌륭한 교수자라 할지라도 교수설계자의 실제 목표에 도달하기에 어려움이 많을 것이다. 여기에서 목표(goals)란 단위 수업이 끝난 후에 최종적으로 학습자가 수행할 수 있는 행동을 의미한다. 프로그램의 목표가 결정이 되면 학습자가 수행해야 하는 행동을 규명하기 위해서 요구분석을 실시한다. 요구분석이란 앞 장에서 설명한 바와 같이 조직분석, 직무 및 과업분석, 개인분석 등으로부터 도출된 요구들의 원인을 분석하여 이에 대한 해결방안을 수립하는 것을 말한다. 요구분석 시에는 원인을 파악하기 위한 다양한 방법을 활용하여 학습자가 획득해야 할 지식(knowledge), 기능(skill), 태도(attitude)가 있는 목표를 진술한다.

2) 교수분석 실시

앞 단계에서 요구분석을 통하여 프로그램 목표가 결정이 되면 다음에는 학습자들이 그 목적에 도달하기 위해 단계별로 무엇을 어떻게 수행할 것인가를 결정해야 한다. 교수분석 단계에서는 어떤 내용을 어떤 순서로 가르칠 것인지를 분석하고 학습자가 수행을 위해서 필요한 지식, 기술, 태도가 무엇인지를 도출한다.

3) 학습자 및 상황분석

앞 단계에서 학습자에게 무엇을 가르칠 것인지가 결정이 되면 학습자의 특성과 교수가 이루어지는 환경, 그리고 학습 결과 획득한 지식이나 기능이 실제적으로 사용되는 환경도 고려해야 한다.

일반적으로 학습자 분석을 위해 필요로 하는 정보에는 학습 이전의 출발점 행동, 학습주제에 대한 사전지식, 내용과 전달체제에 대한 태도, 학습동기, 교육수준과 지적능력, 일반적인 학습 선호도, 교육기관에 대한 태도, 집단특성 등이 있다. 이러한 학습자 분석을 통해 얻어지는 데이터는 다양한 방법에 의해서 수집될 수 있다. 또는 현장을 견학한 후 관리자, 학습자 등과의 면담을 통해서 정보를 얻어낼 수도 있다. 이외에도 학습자에게 학습 이전의 출발점 행동과 사전 지식, 기능 등을 파악하기 위해 사전검사를 실시할 수도 있다.

상황분석은 수행환경의 상황을 정확하게 분석함으로써 학습자의 동기, 수업의 타당성을 높이고 새로운 지식과 기능의 실제 현장으로의 전이를 촉진시키기 위해서 실시한다. 상황분석에서는 실제 현장의 물리적인 여건과 사회적인 여건을 분석하고 학습한 기능이 실제 현장에서 사용되었을 때 적절한지 여부도 파악한다. 그리고 수행환경뿐만 아니라 학습 환경에 대한 상황분석도 이루어진다. 학습환경을 분석하는 방법으로 현실적 상태와 당위적 상태를 규명하는 방법이 있는데, 현실적 상태는 수업이 이루어지는 환경에 대한 검토가 이루어지고 당위적 환경은 의도한 수업을 적절히 지원할 수 있는 시설이나 장비 또는 자원이 무엇인지를 파악한다.

4) 수행목표 기술

수행목표는 학습자가 학습프로그램을 통하여 학습을 마쳤을 때 무엇을 할 수 있는가에 대한 상세한 기술이다. 수행목표는 학습자의 성취를 기술할 때 사용하는 용어로서 행동목표 또는 수업목표라고도 한다. 수행목표를 기술할 경우는 수행상황에서 학습자가 겉으로 보여줄 수 있는 성취행동에 대하여 조건이나 판단기준 등을 명시하여 기술하여야 한다.

5) 평가도구 개발

교수설계 시 앞 단계를 통하여 수행목표가 기술이 되면 기술한 목표에 기초하여 가르치고자 했던 기능을 학습자가 성취했는가를 알아 볼 수 있는 성취도 측정 도구를 개발해야 한다. 이로써 학습자의 발전 정도와 교수의 질을 평가할 수 있다. 평가도구 개발 시에는 반드시 학습자 중심의 평가도구를 개발하여야 하며, 이를 통하여 학습자들이 자신의 작업의 질을 책임지는 입장에서 자기 평가를 할 수 있게 된다. 학습자 중심 평가는 교수 목적과 관련되고 목적으로부터 도출된 수행목표여야 한다.

6) 교수전략 개발

평가도구의 개발이 완료가 되면 앞서 분석한 다섯 단계의 정보에 근거하여 교수의 최종 목표를 성취하기 위해서 사용할 교수전략을 설정한다. 교수 전략에는 교수 전 활동, 정보 제시, 연습 및 피드백, 시험 후속 활동 등이 포함되며, 이런 전략은 현대 학습 이론, 학습 연구 결과, 교수 매체의 특성, 가르칠 내용 특성, 학습자 특성에 바탕을 두어야 한다. 이러한 특성은 자료를 개발 혹은 선정하거나, 상호 작용적 교실 수업을 위한 전략 개발에 활용된다.

7) 교수자료 개발 및 선정

교수자료 개발 및 선정은 앞 단계에서 고안한 교수전략에 따라서 교수 자료를 만든다. 교수자료에는 특히 학습자용 지침서, 교수 자료, 검사, 교사용 지도서(교수자 매뉴얼)를 포함되며, 새로운 교수자료를 개발해야 할 것인가는 학습의 유형, 기존의 관련 자료의 유무, 개발에 필요한 자원의 가용성 등을 고려해서 결정한다.

8) 교수형성평가 설계 및 실시

교수 자료의 초안이 완성되고 나면, 교수의 질을 개선하는 데 필요한 자료를 수집하기 위하여 일련의 평가를 실시한다. 형성평가는 수업의 효과를 높이기 위해 사용할 수 있도록 수업을 개발하는 동안에 데이터와 정보를 수집하는 것을 의미한다. 이 단계에서는 학습대상자 집단의 여러 구성원들로부터 수업자료의 사용과 효과에 관해 정보를 모으고, 그 정보를 사용하여 수업자료를 더욱 효과적으로 만들 것을 강조한다. 형성 평가에는 학습자 1 : 1 평가(one-to-one evaluation), 소집단 평가(small-group evaluation), 현장 평가(field evaluation) 등 세 가지 유형이 있다. 학습자 1 : 1 평가는 수업자료를 수정하기 위한 데이터를 얻기 위해 개별 학습자와 함께 작업하는 것을 말한다. 소집단 평가는 대상 집단의 대표가 되는 학습자 8명에서 20명 정도를 그룹으로 하여 교수자료를 스스로 학습하고 형성평가에 필요한 데이터 수집을 위해서 시험을 본다. 현장평가는 가능한 한 가장 비슷한 현장에서 수업한 후 평가하여야 하며, 학습자 수는 중요하지 않고 보통 30명 정도면 충분하다.

9) 교수수정

마지막 단계(반복된 주기에서는 처음 단계)는 교수를 수정하는 단계이다. 수정을 하자면 먼저 형성 평가 결과가 잘 요약되어야 할 것이고, 이 결과를 바탕으로 학생들이 어떤 목표를 이루는 데 어려움을 겪고 있는가를 파악해야 한다. 그리고 구체적으로 교수 자료의 어느 부분이 학습하는 데 어려운지 찾아야 한다. 이 형성을 검토하고 학습자의 출발점 행동과 학습자 특성을 올바르게 설정했는가를 재검토하는데 필요한 자료로도 사용된다. 그리고 형성 평가의 자료에 비추어서 수행 목표가 적절히 진술되고, 평가 문항이 적합하게 개발되고, 교수 전략이 효과적이었는가도 다시 검토해 보아야 한다. 교수 전략이 검토되면, 최종적으로 이 모든 것은 보다 더 효과적인 교수 도구가 되도록 교수 수정에 포함된다.

10) 총괄평가 설계 및 실시

총괄평가는 설계한 교수의 효과를 총체적으로 알아보는 것이긴 하지만 일반적으로 설계 과정의 한 부분은 아니다. 이 평가의 목적은 교수의 절대적 혹은 상대적 가치를 평가하는 것이다. 따라서 이 평가는 교수에 대한 형성 평가 작업이 완료되고 충분한 수정이 이루어진 뒤에야 실시된다. 총괄 평가는 교수설계자가

하지 않고 별도의 평가자에게 의뢰하는 것이 보통이다. 따라서 이 총괄 평가는 교수설계의 총체적 절차로부터 분리하여 생각해야 한다.

딕과 캐리는 교수설계를 체제 접근 방법에 입각하여 이러한 모형을 고안하 였으며, 이러한 체제 접근 방법의 장점은 프로그램 설계 및 개발과정에 관련된 모든 요소들의 주요 역할을 한눈에 파악할 수 있다. 실제로 이모형은 교수설계 시 필요한 모든 요소들을 체계적·단계적으로 제시하고 있어 실제 교수설계 시 적용 가능성이 높다. 그들은 체제적 접근 방법의 특성으로 세 가지를 꼽았는데,

첫째, 개발의 전 과정에서 학습목표에 대한 지속적 검토가 이루어진다는 점, 둘째, 각각의 요소들이 상호 연관된다는 점, 셋째, 실제 경험에 근거하여 피드백과 수정을 거친다는 점이 바로 그것이다.

제3절 인적자원개발 설계의 실천

인적자원개발을 위한 교수설계 과정은 학자마다 견해가 다르지만 일반적으로 프로그램 설계과정과 개발과정으로 나누어진다.

프로그램 설계과정은 요구분석 단계에서 도출한 인적자원개발 대상과제에 내하여 단기과제와 장기과제로 구분하고, 단기과제는 교육 및 훈련 프로그램 설계 및 개발에 반영하고 장기과제는 경력개발계획(CDP)에 반영된다. 단기 프로그램 설계 과정에서는 프로그램의 목적 및 목표 설정, 교육훈련전문가 또는 외부전문가 선정, 프로그램 내용, 그리고 프로그램 운영방법과 기법의 선정 등의 활동이 이루어진다.

프로그램의 기본 설계가 끝나면 구체적으로 프로그램을 개발하게 되는데, 이 단계에서는 앞에서 설계된 활동들을 실제로 적용할 교육훈련의 자료와 전략을 만들며, 여기에는 수업계획, 교수전략, 교수매체, 교수활동 등에 대하여 구체적인 계획을 수립하게 된다.

수업계획은 누가 무엇을 어디서 언제 왜를 규정하는 문서이고, 교수전략은 교

수방법의 활용방식에 관한 구체적 결정을 말한다. 교수전략에는 각각의 교육활동들에 적합한 방법과 매체 그리고 수업에서 교육활동의 구조와 시기를 선택하는 것을 포함한다.

교수매체는 교사가 효과적이고 효율적인 수업지도를 위하여 사용하는 시청각 기자재로서, 칠판, 모형, 실물, 차트, 게시판, 사진, 녹음테이프, 영화, TV, OHP, 슬라이드, 컴퓨터 등 다양한 유형이 있다. 교수매체를 선정 시에는 교육 목적 및 내용에 적합해야 하며 학습효과를 높일 수 있는 매체를 선정하여야 한다. 그리고 교수활동에 가장 적합한 매체의 선택을 위해서 교수설계자는 과제의 특성, 학습환경, 그리고 학습자의 특성을 고려하여야 한다. 또한 교수설계자는 참가자의 학습방식은 물론 자신의 교육방식도 고려할 필요가 있다.

그러면 교수설계를 위한 활동을 인적자원개발을 위한 교육훈련 프로그램 설계와 프로그램 개발로 나누어서 구체적인 활동내용 및 방법을 살펴보기로 한다.

1 교육훈련 프로그램 설계

가. 교육훈련의 목적

교육훈련을 실시하는 과정에서 먼저 고려해야 할 사항은 교육훈련의 목적을 명확히 하는 것이다. 조직에서 교육훈련을 실시하는 궁극적인 목적은 직원의 지식, 기술, 태도 등을 향상시킴으로서 조직을 유지・발전시키는데 있다.

일반적으로, 교육훈련은 지식, 태도, 기술의 개발과 변화를 추구한다. 이에 따라 교육훈련의 목적은 다음과 같은 형태를 취한다. 지식개발의 목적은 교육훈련생이 교육훈련을 마쳤을 때 알아야 하는 것들이며, 태도개발의 목적은 프로그램의 결과로 교육훈련생이 지녀야 할 신념이나 확신을 의미한다. 그리고 기술개발의 목적은 교육훈련생이 훈련 상황에서 행할 수 있는 행동의 종류를 의미한다.

이러한 지식, 태도, 기술 등의 개발목적은 기업의 단기적 목표에 해당한다. 기업이 교육훈련프로그램을 개발·설계할 때는 장기적 목표를 얻기 위한 것들도 있다. 교육훈련생이 훈련을 마치고 직무에 복귀하였을 때 바람직한 행동으로의 변화를 보이도록 하는 것도 있으며 또는 교육훈련 이후 생산성, 매출액, 비용, 이직률 등의 계량적 지표의 변화를 기대하는 것도 있다. 일반적으로 좋은 프로그램 목표가 되기 위해서는 다음과 같은 요건을 갖추어야 한다.

① 정밀한 요구분석을 통해 도출된 목적을 기준으로 기술되어야 한다.
② 구체적이고 명료하게 진술되어 있다.
③ 관찰 가능한 행동수준으로 기술되어야 한다.
④ 학습자를 기준으로 기술되어야 한다.

교육훈련 프로그램의 또 다른 목적은 교육훈련을 마쳤을 때 그것을 평가할 수 있는 기준이 되도록 하는 것이다. 교육훈련 프로그램의 목적은 그것이 지향하는 바는 무엇이며 어떻게 달성할 수 있는지를 알려준다. 이를 위해, 교육훈련 프로그램의 목적에는 다음의 3 가지 요소가 포함되어야 한다.[8)]

(1) 교육훈련을 통하여 기대되는 성과
(2) 기대되는 성과가 발생하는 조건
(3) 수용 가능한 성과수준에 대한 기준

나. 교육훈련의 내용

교육훈련 프로그램의 내용은 교육훈련에서 다루어야 할 사항과 전달순서를 의미한다. 이런 프로그램의 내용은 교육훈련의 목표와 해당 주제에 한 정보베이스에 의해 결정된다. 특히 교육훈련의 목표가 특정의 직무에 한정되어 있을 경우, 직무기술서나 직무명세서가 해당 주제의 정보베이스가 된다.

교육훈련 프로그램의 내용은 다음과 같은 여러 요인에 의해 영향을 받는다.[9)] 첫째, 프로그램의 내용은 직무내용의 영향을 받는다. 실무적으로 볼 때 교육훈련 프로그램의 내용과 직무의 내용이 일치하는 정도가 크면 클수록 교육훈련은 효과적이 된다. 즉 내용의 타당성이 클수록 교육훈련생이 직무에 복귀하였을 때 교육훈련의 파급효과가 크다.

둘째, 교육훈련 프로그램의 내용은 교육훈련생의 영향을 받는다. 교육훈련생의 이해력과 학습능력의 수준 등에 따라 교육훈련 프로그램의 내용은 달라질 수 있다. 따라서 요구분석을 위한 개인분석 단계에서 파악된 교육훈련 대상자의 능력

수준을 감안하여 프로그램 내용을 구성해야 한다.

마지막으로 교육훈련 프로그램의 내용은 교수설계자의 의도에 의해 영향을 받는데, 교수설계자가 부분학습과 전반학습 중 어느 학습방법을 선호하는가에 따라 프로그램 내용이 달라진다. 부분학습은 학습의 내용을 소규모 단위로 분할되어 전달되는 것을 말하고, 전반학습은 모든 학습 내용을 동시에 전달하고자 하는 것을 말한다. 일반적으로 전반학습보다는 부분학습을 선호하는 경향이 있고, 특히 교육훈련의 내용이 복잡할 경우에는 부분학습이 더욱 선호된다.

다. 교육훈련의 방법

1) 교육훈련 방법의 결정

교육훈련의 목적과 내용이 확정되면 그것을 실행하기 위한 방법을 결정하여야 한다. 교육훈련 방법은 교육의 목표에 맞추어 교육훈련 대상자에게 어떻게 교육이나 훈련을 실시할 것인가를 말한다. 그동안 국내외 교육기관 및 기업들이 실시해온 교육훈련의 방법에는 여러 가지가 있으며, 어떤 방법을 선택할 것인가는 주로 교육훈련 프로그램의 내용과 주체에 따라 달라지며, 교육훈련생의 수, 예산, 시설 및 기자재의 가용성, 그리고 교육훈련자의 경험 등에 의해서도 영향을 받는다.

지금까지 개발된 훈련의 주요 방법에는 〈표 11-2〉에서 보는 바와 같이 강의, 역할연기, 실습, 시청각 방법, 비즈니스 게임, 사례연구, 역할연기, 토의법, 감수성 훈련 등 실로 다양하며, 이들 훈련기법들은 저마다 장단점을 가지고 있어서 교육훈련의 목적 및 내용에 따라 적합한 방법을 선택하여야 한다. 교육훈련 방법에 따른 효과를 살펴보면, 지식교육에는 강의와 프로그램 교육이, 태도의 변화에는 역할연기와 T 그룹이, 그리고 문제해결 능력에는 사례연구와 시뮬레이션 등이 효과가 높은 훈련방법으로 나타나고 있다. 그리고 교육훈련의 효과를 종합적으로 살펴보면, 회의·토의, 역할연기, 사례연구, 강의, 시뮬레이션 등의 순으로 효과가 높은 교수훈련 방법임을 알 수 있다.

〈표 11-2〉 교육훈련 방법 효과 비교

	지식교육	태도변화	문제해결 능력	종합순위
강의	2	6	5	4
사례 연구	4	4	1	3
역할 연기	5	1	4	2
프로그램 교육	1	9	6	6
회의·토의	3	3	3	1
시뮬레이션	8	5	2	5
시청각교육	7	7	8	8
T-group	9	2	7	7
TV강의	6	8	9	9

자료 : Neider(1981), p. 25 ; 박주희(2008), 전게서, p. 384 재인용.

2) 교육훈련 방법 선택 시 고려요인

조직에서 교육훈련 시 어떤 교육훈련 방법을 선택할 것인가를 결정할 경우에는 사전에 훈련의 목적, 훈련의 내용, 훈련자의 요구, 훈련자의 개성, 훈련비용 등을 고려하여 판단하여야 한다.

① 교육훈련의 목적

적정한 교육훈련 방법의 선택은 교육훈련 목적을 가장 효율적, 효과적인 달성할 수 있도록 하는데 목적이 있다. 선택된 훈련방법이 유효한지를 평가하려면 우선적으로 조직에서 추구하는 인재육성의 근본 목적에 부합해야 한다. 예를 들면, 강의와 같은 주입식 교육방법은 대량의 교육훈련생을 대상으로 단순히 지식전달을 위한 교육에는 효과적이지만 기술을 전수하거나 태도를 바꾸기 위한 훈련방법으로는 적합하지 않다. 그 대신 직장내교육(OJT) 방식이나 역할연기 방법을 통하여 교육을 실시하는 경우 훈련효과가 훨씬 높다. 이와 같이 훈련의 목적을 무엇으로 하느냐에 따라 효과가 달라짐을 감안하여 적절한 교육훈련 방법을 선택하여야 한다.

② 교육훈련의 내용

교육훈련 방식을 선택하는 경우 교육하고자 하는 내용에 따라 달라진다. 예를 들어 현장에서 일어나는 안전사고를 사전에 예방하기 위한 교육은 단순한 지식 전달강의만으로는 부족하다. 강의의 효과를 좀 더 높이기 위해서는 직무훈련을 통한 직장내교육(OJT)을 실시하거나 현장의 생생한 사례를 전달하기 위하여 시청각 교육을 활용하는 것이 더 효과적이다.

③ 교수자의 개인적 특성과 욕구

조직에서 교육훈련을 실시하는 경우 교수자는 교육훈련생의 성격, 자질, 소질 등 교육훈련생의 개인적인 차이를 고려하여 교육훈련 방법을 선택하여야 하는데 이것이 바로 맞춤형 학습이다. 교육훈련 시 연령, 직종, 계층 등 교육훈련 대상자의 특성에 따라 교육훈련 방식별 효과가 다르다. 예를 들어 신입사원의 경우 직장 경험이 거의 없기 때문에 단순한 지식전달을 위한 직장외훈련(Off-JT) 방식보다는 직장내훈련(OJT) 방식이 효과적이다. 또한 최근 들어와서 조직구성원의 다양성이 증대하고 있고, 구성원들의 개성적인 차별화 욕구가 증대함에 따라 이들의 차별화 욕구에 부합하는 개인별 맞춤형 학습을 강화할 수 있는 교육훈련방법을 선택하는 것이 필요하다.

④ 교육훈련비용

기업에서 교육훈련비용은 교육훈련 방법을 선택할 때 별도의 중요한 고려요인이다. 중소기업과 같이 조직의 규모가 충분하지 않으면 교육 예산이 충분하지 않아 체계적인 교육훈련을 실행할 수 없다. 따라서 이런 경우 다양한 교육훈련도구를 사용하거나 높은 강사료나 일정한 로얄티를 지불해야 하는 프로그램 교육은 지양하고 합리적인 비용으로 적용할 수 있는 교육방법을 선택하여야 한다.

2 교육훈련 프로그램 개발

교육훈련 프로그램 설계를 마치면 프로그램을 실행하기 위한 구체적인 계획을 수립해야 한다. 교육훈련을 효과적으로 실시하기 위해서는 교육훈련의 대상자,

담당자, 시기 및 장소, 방법 등에 대한 계획을 구체적으로 수립해야 한다.

가. 교육훈련 대상자의 선정

인적자원개발을 위한 교육훈련 대상자 선발은 한정된 기업의 자원 내에서 기업의 전략적 중요도와 대상자 개인의 발전 잠재력, 개인의 자기개발의욕 등의 의사결정 기준에 의해서 선발된다. 교육훈련의 대상자는 개인일수도 있고 부서 나 팀일 수도 있다. 또한 대상자는 신입직원, 감독자, 중간관리자, 최고경영층 등 계층별로 구분할 수도 있고, 영업, 생산, 관리, 연구 등 직능별로 결정할 수도 있다. 교육훈련 대상자을 선발하는 경우 의사결정기준을 살펴보면 다음과 같다.

첫째, 기업이 추구하는 목표나 경영전략을 달성하는데 필요한 직무, 즉 전략적 중요도가 높은 직무를 담당하는 구성원부터 인적자원개발 대상자로 선발해야 한다.

둘째, 종업원의 인적자원개발 요구를 충족시키기 위한 예산이 부족할 경우 기업의 입장에서는 개발 효과를 극대화하기 위해 발전 잠재력이 많은 종업원부터 그리고 자기개발 의욕이 많은 종업원부터 인적자원개발 대상자로 선발해야 한다.

대상자 선발의 의사결정과정에서 가장 중요한 문제는 경영목표를 달성하기 위해 실제로 필요한 대상자를 정확히 선별하여 교육훈련을 실시하고 있는가 하는 문제이다. 국내의 많은 조직들이 채택하고 있는 교육대상자의 선발 전략은 교육기회 균등분배원칙에 따라 전 구성원들에게 골고루 교육훈련 혜택을 주는 전략을 취하고 있다.

그러나 이러한 전략을 취하는 경우 희소자원인 교육예산을 전략적으로 중요한 능력이 필요하거나 중요한 직무를 수행하는 구성원을 육성하는데 집중적으로 투자되지 못하고 기업에서나 구성원에게 꼭 필요하지 않은 곳에 투자될 가능성이 높다. 이에 반해 미국이나 독일의 경우 기업전체 차원의 전략적 중요도에 따라 일반 종업원과 구별되는 핵심인력(high potential)을 개별적으로 관리, 육성하여 기업의 전략적 부족분을 충족시킴으로써 승계문제나 사업의 확장 나타나는 관리자 부족 문제를 해결하고 있다.

따라서 조직에서 교육훈련 대상을 선정할 경우에는 대상선정 우선순위를 정하여야 하며, 교육훈련 투자의 효율성을 높이고 교육훈련 효과를 극대화하기 위하여 전략적 중요도가 높은 직무를 담당하는 구성원과 직무성과 향상을 위한 잠재력이 높고 자기개발 의욕이 높은 구성원을 우선적으로 선발하여야 한다.

나. 교육훈련 시기 및 장소의 선정

교육훈련의 시기와 기간은 대체로 교육훈련의 목적, 장소, 담당자, 교육훈련생의 능력이나 교육훈련비용 등에 의해 결정된다. 최적의 교육시간의 결정방법은 교육과정의 내용을 보고 교육의 목표를 달성하기 위해 필요한 최적의 시간을 정하는 것이 합리적이지만 현실적인 제약요인이 많이 발생한다.

따라서 교육시간에 영향을 주는 주요 상황요인들을 고려하여 교육시간을 결정하는 것이 현실적인 대안이다. 예를 들어 기업에서 영업사원의 경우 직무특성상 월말 및 월초에는 업무집중도가 높아서 교육훈련 시기로는 적절하지 않다. 또한 부서에 따라서는 계절적인 업무집중도 차이가 있어 교육시기를 정해야 하는 경우도 있다.

예를 들어 경리나 회계업무의 경우 예산 및 결산 업무 관계로 년초에 업무집중도가 높아서 교육훈련 시 이 시기를 피하는게 바람직하다. 한편 교육훈련 장소는 사내 또는 사외 장소를 선택하게 된다. 사내 장소를 이용하는 경우는 사내 강의장이나 회의실을 많이 이용한다. 교육내용에 따라서는 직장내훈련(OJT)와 같이 현장에서 직접 교육훈련하는 경우도 있다.

물론 조직의 규모가 큰 경우 별도의 연수원이 있어서 여기를 활용하는 경우도 있고, 중소기업은 강의실 대신 회의실을 이용하는 경우가 많다. 사내 강의장을 이용하는 경우는 타 교육장소로 이동함에 따른 시간적 손실을 줄이고 강의장 임대료를 지불하지 않아도 된다는 장점이 있다. 그러나 강의 중 교육장 이탈이 많고 강의 집중도가 떨어지는 장점이 있다. 반면 사외 강의장을 이용하는 경우는 강의 집중도가 높아지는 장점이 있으나 이동 시간 및 비용이 든다는 단점을 가지고 있다.

다. 교수매체의 개발

교수매체는 교수자가 교육내용을 학습자에게 전달하는 모든 형태의 채널 혹은 교수자가 학습자와의 의사소통을 촉진할 때 사용하는 수단이나 방법을 의미한다.

즉 교수매체는 교육목표가 효과적, 효율적으로 달성되도록 하기 위하여 교수자와 학습자 사이에 상호작용을 통한 학습에 필요한 의사소통이 발생하도록 도와주는 다양한 형태의 매개 수단, 또는 여러 가지 체제를 말한다.

교육훈련시 적절한 교수매체의 선정은 학습효과에 큰 영향을 미친다. 좋은 교수매체는 교수자와 학습자 사이에 의사소통을 촉진하고, 교육훈련에 대한 흥미유발과 더불어 학습자의 적극적인 학습활동을 유도한다. 교수매체가 가지고 있는 교육적 기능을 살펴보면 다음과 같다.

첫째 매개적 기능으로서, 교수매체는 교수(가르치는 활동)－학습(배우는 활동) 간의 연결고리 역할을 수행하는 가장 기본적인 기능이다.

둘째, 정보전달 기능으로서, 교수매체는 적절한 정보를 신속하고 정확하게 전달하는 기능을 말하며, 교수매체의 본질적인 기능이다.

셋째, 경험구성 기능으로서, 교수매체가 단순히 정보를 전달해 주는 것이 아니라 매체의 활용 그 자체가 학습경험이 되기도 한다는 것이다. 이것은 매체의 활용기술이나 기능을 배우는 것 그 자체가 학습내용이 되기 때문이다.

넷째, 교수기능으로서, 교수자가 정보를 전달하는 과정에서 그 정보를 어떻게 전달하느냐에 따라서 학습자들의 지적 기능을 개발할 수 있다.

교수매체의 효율성 및 효과성에 영향을 주는 요인에는 학습자의 특성, 수업상황, 학습목표와 내용, 매체의 물리적 속성과 기능, 수업장소의 시설 등 실로 다양한 요인이 있다. 따라서 교수매체를 개발할 시에는 교육훈련 과정에서 효율적인 학습활동이 이루어지도록 체계적인 교수설계가 요구된다.

최근 국내 산업교육에서 자주 사용되는 매체로는 빔프로젝터, OHP용 필름, 멀티미디어, 영상매체, VTR 자료 등 다양하며 첨단과학의 발달과 함께 새로운 매체들이 등장하고 있다.

교수매체의 개발은 교수자가 학습자에게 교육 프로그램의 내용을 효과적으로 전달하도록 하기 위해 교육 보조재와 각종 매체를 개발하는 과정으로, 매체개발시 다음과 같은 요구를 고려해야 한다.

(1) 학습자의 지적 수준 등 발달단계를 고려하여 시각적, 청각적 교육의 활용정도를 결정해야 한다.
(2) 학습자의 이해수준에 적합해야 한다.

(3) 현장직무 중심으로 개발되어야 한다.

(4) 학습의 내용과 시기를 고려해야 한다.

(5) 설계목표를 효과적으로 달성할 수 있는지 검토해야 한다.

참고문헌

1) 박기창, 김신자(193). Dick & Carey의 교수설계 모형을 적용한 투상도 프로그램 개발. 이화여자대학교 대학원 연구논문집, 25. pp. 1-17.

2) Gagne, R. M., Brigs, L. J. & Wager, W. W.(1998), Principles of instructional design

3) 참고자료 53) 정리

4) Gustafson K., Branch, R.(202). Survey of instructional development models.

5) 이신동 외(2012). 『알기 쉬운 교육방법 및 교육공학』. 양서원. p. 270.

6) 이칭찬, 간진숙, 김미연(2010). 최신 교육방법 및 교육공학. p. 217

7) 이신동 외(2012), 전게서, p. 273

8) Mager R.(1984). Preparing Instructional Objectives. Belmont, CA : Lake Publishing Company

9) 박주희(2008), 신인적자원개발론, 대학서림, pp. 379-380.

Human Resources Development

인적자원개발

12

인적자원개발 실행

- 제1절 인적자원개발 실행의 이론적 기초
- 제2절 인적자원개발 실행

Chapter

12 인적자원개발 실행

학습목표

1. 성공적인 프로그램 실행을 위한 학습의 원리에 대하여 이해할 수 있다.
2. 프로그램 실행 과정에서 교육생에게 동기부여하기 위한 방안에 대하여 설명할 수 있다.
3. 성공적인 프로그램 진행관리 방법에 대하여 설명할 수 있다.

교수설계에 따라 인적자원개발을 위한 교육훈련 프로그램이 완성이 되면 교육대상자를 선정하여 교육훈련 프로그램을 실행하게 된다. 교육훈련의 실시과정에서는 교육훈련의 방법, 교수자의 자질, 교육 참가자의 태도에 따라 그 효과가 크게 달라질 수 있다. 교육훈련의 효과를 높이기 위해서 실시단계에서 집중해야 할 중요한 일은 교육대상자에게 교육훈련을 받을 마음자세를 갖추게 하고 훈련동기를 높이는 일이다. 그리고 교육훈련 담당자는 교육을 실시하기 전에 학습활동에 유리한 상황을 조성하는 것 또한 중요한 일이다. 훈련사항에 대한 적절하고 적시성 있는 정보를 전달하고, 관리자들의 이해와 협조를 구해서 훈련참가에 대한 불이익조치가 없도록 하며, 성공적인 훈련수행에 대해 적절한 인센티브를 마련하는 등도 교육훈련 담당자가 집행단계에서 준비해야 할 중요한 임무이다.

교육훈련을 실시하는 교수자가 가지고 있는 능력은 저마다 다르다. 그러나 교수자가 반드시 알아야 할 것은 교육훈련 시 학습의 원리에 따라 훈련을 실시하고, 학습의 원리를 직무에서 활용하고 적용할 수 있도록 교육생의 학습을 촉진할 수 있어야 한다. 따라서 본 장에서는 기본적인 학습의 원리를 살펴보고 성공적인 프로그램의 실행을 위한 교육훈련 진행관리 및 학습전이에 대하여 알아보고자 한다.

제 1 절 인적자원개발 실행의 이론적 기초

1 인적자원개발을 위한 교육훈련 프로그램 실행의 기본원리

가. 학습의 원리

교육훈련 프로그램을 성공적으로 실행하기 위해서는 학습의 원리를 이해하는 것이 필요하다. 학습이란 경험의 결과로 인한 개인의 지식, 태도 또는 행동의 지속적인 변화를 의미한다. 교육훈련 시 교수자는 교육훈련의 효과를 높이기 위한 반드시 학습의 원리를 숙지하고 이를 교육훈련에 적용시킬 수 있어야 한다. 학습효과를 높이기 위한 일반적인 학습원칙은 다음과 같다.[1)]

1) 준비의 원칙

준비의 원칙이란 교육훈련생이 어느 정도의 지식과 경험을 갖추고 있을 때 학습내용을 쉽게 받아들이고 학습효과를 높일 수 있다는 원칙이다. 따라서 교육훈련 담당자는 이 원칙에 따라 교육훈련생에게 교육훈련을 실시하기 전에 사전적 지식을 갖출 수 있도록 학습교재나 교육용 자료를 배포하는 것이 바람직하다.

2) 자발성의 원칙

자발성의 원칙은 교육훈련생이 학습에 대한 흥미와 관심이 있고 교육훈련의 필요성을 스스로 깨닫고 참여하도록 할 때 교육훈련 효과가 높아진다는 원칙이다. 따라서 이 원인에 따라 교육훈련 대상자 결정 시 조직에서 결정하기 보다는 교육훈련 대상자 본인의 의사에 의하여 결정하도록 하거나, 교육훈련생이 스스로 배우고자 하는 적극적인 의사(의욕)를 가지고 있을 때 학습의 효과가 나타난다.

3) 경험의 원칙

경험의 원칙이란 훈련생이 학습내용을 이해하는 데에는 경험이 영향을 미치기 때문에 단순히 훈련자의 설명을 듣는 것보다 자신의 경험이 더해질 때 학습효과는 더욱 높아진다는 원칙이다.

4) 개별화의 원칙

개별화의 원칙이란 교육훈련 시 교육훈련 프로그램이 교육훈련생 개인의 조건, 상태에 알맞게 구성될 때 가장 큰 학습효과를 거둘 수 있다는 원칙이다. 교육훈련생의 조건은 개인적 차이가 있기 때문에, 교육훈련 프로그램 구성 시 개개인의 수준이나 조건, 상태에 알맞은 구성이 가장 이상적인 학습이다.

5) 사회화의 원칙

사회화의 원칙이란 사회적 촉진(social facilitation)의 원리에 따라 학습은 혼자보다는 여러 사람이 함께 이루어질 때 보다 많은 자극을 받고 학습효과가 높아진다는 원칙을 말한다.

2 학습 동기부여 원리

성공적인 학습이 이루어지기 위해서는 교육훈련생들이 스스로 학습을 하고 싶어야 한다. 다시 말하면, 교육훈련생들이 먼저 학습동기를 가져야 한다는 것이다. 그러나 실무에서는 학습동기보다는 학습능력이 중시되는 경우가 많은 것이 현실이다.

학습동기란 교육훈련생들이 학습에 한 의욕과 열의를 가지고 학습활동을 지속하도록 하는 힘을 말한다. 이것을 학습지향적 노력 또는 열의라고 표현하기도 한다. 따라서 학습동기의 유발은 교육훈련 활동의 원동력이 되며, 자발적인 훈련활동을 가능하게 한다.

학습동기는 학습행위를 활성화하고 방향을 제시하며 유지하는 힘이 된다. 훈련에 있어서 학습동기는 훈련에 한 열의에 영향을 미치며(활성화), 훈련 자체에 주의를 집중하게 하며(방향 지시성), 그리고 직무에의 복귀 시 학습내용을 폐기하라는 압력에 당면해도 학습내용을 강화하는 역할(유지기능)을 행한다.

이러한 학습동기를 유발하는 방법에는 내적 동기의 유발과 외적 동기의 유발이 있다. 내적 동기는 교육훈련생 자신의 마음에서부터 일어나는 동기를 말하고, 외적 동기는 외부의 자극에 의해 발생하는 동기를 말한다. 학습동기의 유발에서 바람직한 것은 교육훈련생의 마음에서 일어나는 내적 동기의 유발이다.

교육훈련생의 학습동기를 유발하는 방법을 살펴보면 다음과 같다.

첫째, 목적을 분명히 하는 것이다. 교육훈련의 목적이 분명할 때, 훈련을 받고자 하는 의욕이 생긴다. 이와 함께 상사가 부하를 교육훈련에 참여시키고, 그것을 통하여 바라는 바를 구체적으로 말하고 격려하여야 한다. 교육훈련생에 한 교육훈련의 동기를 유발하는 것은 훈련담당자 만의 일이 아니다.

둘째는 흥미에 호소하는 것이다. 학습효과를 높여주는 가장 큰 방편의 하나인 흥미는 교육훈련생의 자발성과 직결된다. 학습내용에 흥미가 있을 때, 학습활동은 적극적이 되고 자발성이 일어나게 된다.

셋째는 교육훈련생의 욕구를 자극하는 것이다. 교육훈련생이 지닌 욕구를 자극하는 것은 학습을 촉진시키는 동기유발이 된다.

넷째는 상벌을 올바르게 하는 일이다. 칭찬과 처벌은 교육훈련의 효과를 촉진시키는 중요한 수단이다. 칭찬과 처벌의 효과는 학자들마다 견해가 다르지만, 일반적으로 처벌보다는 칭찬이 교육훈련의 효과에 보다 효과적이다.

학습동기는 훈련의 과정을 거치면서 목표설정에 의해 더욱 강화된다. 교육목표의 설정은 훈련 이외에 다양한 상황에서도 학습동기를 강화한다. 교육훈련생이 교육목표를 자신이 것으로 받아들이게 되면, 조직의 교육목표는 곧 교육훈련생의 교육목표가 된다. 교육목표는 구체적이고 도전적이어야 하며, 그럴 때 교육은 성과를 강화시킬 수 있다. 만일 교육목표가 일반적이고 추상적이라면, 훈련자는 보다 구체적으로 하위목표를 설정할 필요가 있다. 하위목표는 훈련의 시간과 교육훈련생의 능력을 위주로 구체적으로 설정하여야 한다.

제 2 절 인적자원개발 실행

1 인적자원개발 프로그램 진행절차

조직에서 구성원들에게 인적자원개발을 위한 교육프로그램을 실시하는 경우 조직마다 약간의 차이가 있지만 일반적인 진행과정을 살펴보면 다음과 같다.

(1) 교육이 시작되기 전 교육 운영에 대한 세부 계획을 수립한다.
(2) 교육 품의서를 작성하여 의사결정자에게 결재를 받는다.
(3) 교육과정에서 강의 또는 지도를 담당할 강사를 위촉한다.
(4) 교육 대상자에게 교육주제, 교육목표, 교육일시 및 교육장소, 사전 준비사항 등 강의관련 정보를 제공한다.
(5) 교육 실행을 위한 진행계획서를 작성한다.
(6) 교육이 시작되기 전에 교육환경 및 기자재 등의 점검을 통하여 교육준비가 되었는지 미리 확인한다.
(7) 교육을 진행한다.
(8) 교육이 종료되면 교육훈련생에게 설문을 통하여 교육성과 및 만족도를 조사한다.
(9) 교육 완료보고서를 제출한다.

2 프로그램 진행관리

조직에서 교육훈련 프로그램을 진행하는 경우 교육 시작 전 강의장 점검부터 출발하여 교육훈련 진행, 그리고 교육훈련을 마무리할 때까지 체계적인 진행관리가 필요하다.

가. 강사 관리

교육프로그램에 어느 강사를 초청할 것인가는 프로그램의 질을 결정하는 중요한 요인이다. 따라서 인적자원개발 담당자는 프로그램 운영시 우수한 강사를 초청하기 위해서 평소에 충분한 강사 pool을 확보하고 있어야 한다. 특히 강사를 섭외할 때 우선적으로 고려해야 할 사항은 교육의 목적 및 내용에 부합하는 강사를 섭외하는 일이다. 이를 위해서는 강사별 전문분야, 핵심역량, 강약점을 파악해놓아야 한다.2)

교육프로그램에 어느 강사를 초청할 것인가가 결정이 되면, 결정된 강사에게 해당 교과목의 학습 목표와 학습 대상자의 특성, 학습자 명단, 교육 시간표, 교육 과정의 전체 일정 등을 사전에 설명한다. 그리고 강의 중에는 가급적 강의를 직접 참관하여 학습자들의 반응을 살피고 강의 내용의 적절성을 판단한다.

나. 강의장 관리

강의장 시설 및 강의장 환경은 교육프로그램에 대한 직원들의 만족도와 프로그램 성과에 영향을 주는 중요한 요인 중의 하나이다. 그러므로 인적자원개발 담당자는 교육 프로그램을 실시하기 전에 다음과 같은 사항에 유의하여야 한다.

첫째, 교육프로그램 담당자는 프로그램의 특성에 맞는 적절한 크기의 강의장을 예약한다. 강의장의 크기는 주로 교육참가생의 수에 의해 결정이 되지만 교육방식이 강의식인지 아니면 토의식인지에 따라 달라진다.

둘째, 교육프로그램 진행자는 교육이 시작되기 전에 강의장의 책걸상 및 교육 기자재(플립차트, 화이트 보드, 매직 펜, 컴퓨터, OHP, 마이크와 오디오 시설 등)를 교육 목적에 맞게 배열하고 준비하여야 한다. 또한 강의실의 냉난방 시설, 조명 시설, 소음 정도 등을 사전에 확인해서 문제가 있다고 판단 시 적절한 조치를 취해야 한다.

셋째, 인적자원개발 담당자는 강의장 이외에 부대 활동이 필요한 경우 이를 위해 필요한 장소와 장비(운동장, 강사 대기실, 교육 준비실, 숙소, 식당, 이동 차량, 간식과 음료대)를 사전에 예약하여야 한다.

넷째, 교육 프로그램 진행자는 교육이 시작되기 전에 사전에 교육에서 사용할 프리젠테이션 자료와 영상 자료, 그리고 마이크 상태 등을 시연을 통하여 확인하여야 한다.

다. 학습자 관리

학습자란 교육훈련을 받는 사람을 말한다. 교육 프로그램을 실시할 경우 교육의 성과를 높이기 위해서 체계적인 학습자 관리가 필요하다. 따라서 교육 프로그램 담당자는 다음과 같은 실무적인 사항을 점검하여야 한다.

① 학습자가 확정이 되면 교육이 시작되기 전 해당자에게 과정에 대한 소개자료 및 사전 준비사항을 통보한다.
② 필요한 경우 사전 진단지 설문을 통해 교육을 받기 전의 교육생들의 지식과 역량 정도를 확인한다.
③ 교육이 시작되면 교육담당자나 교육진행자는 오리엔테이션을 통해 교육 목적 및 개요, 행동 수칙 등을 소개한다.
④ 학습자 간에 교육 분위기가 어색한 경우 본격적인 교육이 시작되기 전에 개인 소개를 하도록 하거나 간단한 아이스브레이킹 등을 통해서 학습자 간에 서먹서먹한 감정을 깨뜨리도록 한다.
⑤ 교강사의 강의가 시작되기 전에 강사 프로필 소개와 교과목의 학습 목표를 명확히 전달한다.
⑥ 교육생들이 교육 시간에 늦지 않도록 시간 관리를 하여야 하고, 결시한 경우 결시의 원인을 찾아서 적절한 조치를 취하여야 하며, 교육 중 고성방가나 음주 등의 행동이 발생하지 않도록 교육생들의 행동을 관리하여야 한다.

3 학습전이

가. 학습전이의 개념

조직에서 실시하는 교육훈련의 궁극적인 목적은 교육훈련을 통해 근로자의 직무능력을 향상하고 개인과 조직의 성과향상을 도모하기 위한 것이다.

이러한 교육훈련과 관련하여 학습자들이 교육훈련을 통해 얻은 지식, 기술, 태도 등을 자신의 업무에 적용하고 특정기간에 걸쳐 계속 유지(maintenance)하는 것을 학습전이라고 한다.[3] 발드윈과 포드(Baldwin & Ford)는 학습전이를 두 가지로 분류하였다. 그들은 교육훈련에서 습득한 기술과 행동을 직무상황에 적용하는 정도를 일반화(generalization)한 개념과 습득한 기술과 행동을 직무에 활용하는 기간에 해당하는 유지(maintenance)의 개념으로 구분하였다.

일반화란 학습한 내용을 현실 생활이나 직무수행 상황에서 적용하여 변화를 가져오는 것을 의미하고, 유지란 이러한 행동 또는 적용을 지속적으로 하는 것을 의미한다.

나. 학습전이 과정

학습전이 연구의 대표적인 학자인 홀톤과 발드윈(Holton & Baldwin)은 학습전이의 통합적 모형으로서 〈그림 12-1〉과 같이 5단계로 나누어 설명하고 있다.[4]

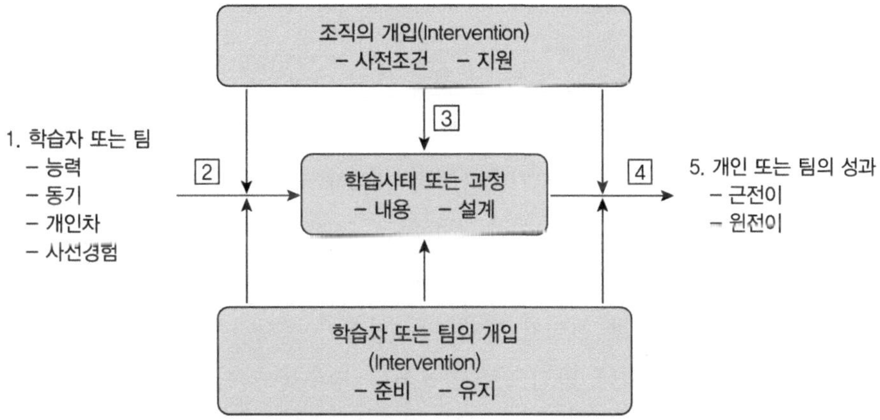

〈그림 12-1〉 홀톤과 발드윈의 학습전이 과정

• 제1단계 : 교육실시 이전 단계

1단계는 훈련 실시 전 학습자 또는 팀이 보유하고 있는 특성으로서 능력, 동기, 개인차, 사전경험이며, 이러한 특성들은 교육프로그램을 통한 학습과 학습전이에 영향을 주는 개인차원의 변수이다.

• 제2단계 : 교육실시 직전 단계

2단계는 학습자가 학습에 참가하기 직전으로 학습에 참가할 것을 이미 알고 있고 무엇을 학습할 것인가에 대해서도 알고 있는 상태이다. 이 상태에서 조직이나 학습자는 나름대로의 준비나 지원을 하게 된다.

• 제3단계 : 교육 진행 단계

3단계는 학습이 진행되는 단계이다. 이 단계에서는 교육 프로그램의 중요한 요소로서 내용과 설계가 학습 사태에서 중요한 역할을 수행한다. 조직에서의 개입과 학습자의 개입이 이루어지면서 학습이 발생하고 학습전 이를 발생시킬 수 있는 각종 지원과 학습이 실시된다.

• 제4단계 : 교육 종료 및 현업복귀 단계

4단계는 교육 프로그램이 종료된 후 학습자가 자신의 업무현장으로 돌아온 상태를 말한다. 이 단계에서는 학습전이가 발생하기 시작하는 단계로서 학습전이의 발생을 위해서는 조직과 개인이 다양한 조치와 실천을 수행해야 한다.

• 제5단계 : 학습전이 정착 및 성과 증진 단계

마지막 단계는 교육 종료 후 시간이 흘러서 학습전이가 정착되고 학습으로부터 성과가 발생하는 시기이다. 이 단계에서는 전이가 지속적으로 유지되면서 학습한 내용을 단기간 동안에 사용하는 근전이(near transfer)와 학습한 내용을 광범위하게 사용하는 원전이(far transfer)의 2가지 형태의 전이로 전개된다. 근전이는 학습상황과 전이가 발생하는 상황이 유사하여 학습한 내용이 변형되지 않고 동일한 절차나 방법으로 활용되는 경우를 말한다. 이에 비해 달리 원전이는 학습상황과 전이상황이 상이한 경우로 학습한 내용의 원리나 개념을 응용하여 광범위한 상황에 일반화하여 적용하는 것을 말한다.

홀톤과 볼드윈은 위의 5단계 과정에서 보는 바와 같이 단계별로 전이에 영향을 미치는 요인이 달라지는 것을 개념적으로 설명하고 있다. 많은 연구결과에 의하면 자기 효능감은 근전이를 유지하기 위한 요인이고, 전이동기(학습을 전이하려는 동기, 전이수행-성과기대)와 조직적 지원은 원전이를 유지하기 위한 요인이다.[5] 따라서 전이를 촉발시키기 위해서는 전이설계와 상사의 지원이 중요한 반면, 전이를 지속시키기 위해서는 전이설계와 상사의 지원만으로는 부족하고, 자기 효능감의 증대나 전이동기의 자극과 같은 조치와 조직차원에서의 공식적인 제도와 시스템 구축을 통한 학습자의 전이유지를 체계적 관리하는 것이 필요하다.

참고문헌

1) 박주희(2008), 신인적자원개발론, 대학서림, pp. 392-393.
2) 행정자치부(2007), 교수체제설계(ISD) 매뉴얼, p. 47.
3) Baldwin, T. T., & Ford, J. K.(1988). Transfer of training : A review and directions for future research. Personnel Psychology, 41, p. 61
4) Holton, E. F. Ⅲ., & Baldwin, T. T. (2003). Improving learning transfer in organizations . San Francisco : Jossey-Bass.
5) 이동배(2007), 성과지향 교육을 위한 학습전이(Learning Transfer) 전략, 월간 HRD

Human Resources Development

인적자원개발

13

인적자원개발 성과평가

Chapter

13 인적자원개발 성과평가

학습목표

1. 인적자원개발 성과평가의 의의 및 제 방법을 이해할 수 있다.
2. 인적자원개발 성과평가에 대한 기본적인 모형을 제시할 수 있다.
3. 인적자원개발 평가단계별 핵심 평가포인트에 대하여 설명할 수 있다.

조직에서 인적자원개발을 위해 실시하고 있는 많은 교육훈련 프로그램은 조직의 경쟁력 확보에 가장 중요한 요소로서, 이를 위하여 많은 조직들이 교육훈련에 대한 기대와 더불어 상당한 예산투자를 하고 있다. 그럼에도 불구하고 많은 조직들은 현재 실시하고 있는 교육훈련에 대하여 성과평가 방법을 알지 못함으로써 조직에서 실시하는 교육훈련이 과연 어느 정도 효과가 있는지에 대하여 정확히 판단을 하지 못하고 있다. 조직이 실시하는 교육훈련에 대한 정확한 효과 평가 수반되지 않고서는 교육훈련과 경영성과 간 관계에 대한 구체적 증거를 제시할 수 없기 때문에 교육훈련의 효과에 대한 평가는 반드시 필요하다.

조직에서 교육훈련 효과 평가에서 중요한 것은 조직에서 실시하고 있는 교육훈련 과정에 대한 효과 평가를 어떻게 할 것인가 하는 방법적인 문제와 평가결과를 토대로 과정의 개선에 반영하거나 과정을 지속할 것인지 아니면 중단할 것인지를 결정하는 문제이다. 그러나 많은 경우 교육훈련 투자에 대한 경영성과의 정확한 평가가 어렵고, 교육훈련 참가자의 반응을 측정하는 것에 그치기 때문에 그 평가의 정확성에 대한 의문이 생긴다. 이와 더불어 교육훈련 참가자의 행동변화나 태도 및 의식변화가 쉽게 드러나지 않기 때문에 그런 부분에 대한 증명이 어려우며, 조직의 성과가 교육훈련 이외의 여러 요인에 의하여 복합적으로 결정되므로 투입된 교육훈련비에 대한 결과를 금전적으로 환산하기 쉽지 않다.

그동안 인적자원개발을 위한 교육훈련 프로그램의 효과를 측정하기 위해 많은 평가모형들이 제시되었고, 실제 교육훈련 프로그램을 평가하는데 수 십 년간 검증작업을 해오며 그 유용성을 검증받아왔다. 본 장에서는 인적자원개발 평가의 의의를 살펴보고 그동안 학자들에 의하여 연구되어 왔던 성과평가 제 방법에 대하여 살펴보도록 한다.

제 1 절 인적자원개발 성과평가 개요

1 인적자원개발 성과평가의 의의

인적자원개발을 위한 성과평가는 조직에서 인적자원개발을 위하여 실시한 교육훈련 프로그램이 효과적인지, 그렇지 않으면 효과적인지 못한지에 대한 정보를 체계적으로 수집하는 과정으로서, 교육훈련 효과를 측정하여 교육훈련을 개선하거나 교육훈련 프로그램을 지속할지 여부에 대한 의사결정을 위하여 지원해준다. 교육훈련 프로그램 성과평가는 교육운영 및 기본계획에 필요한 기초 정보(인원, 장비, 비용, 만족도, 학습성취도 등)를 수집하고 분석하는 활동이다. 이를 통하여 교육과정의 유용성 및 타당성을 검토하고 교육과정의 개선(학습 환경, 강사, 교육행정요원의 서비스 등)이나 폐기 등이 의사결정을 위한 지료로 활용된다. 교육훈련 평가의 의의를 살펴보면 다음과 같다.

첫째, 교육훈련을 실행하는 과정에서 일어난 사실이나 사건에 대한 정보를 얻을 수 있다.

둘째, 교육훈련에 대한 피교육자의 반응을 확인함으로써 훈련에 대한 만족도나 개선해야 할 사항을 파악할 수 있다.

셋째, 테스트나 실습 등을 통하여 피교육자들이 교육훈련 내용을 잘 숙지하였는지를 파악함으로써 교육훈련 결과 발생된 학습의 양을 알 수 있다.

넷째, 교육훈련에서 목표로 하는 교육생의 태도 및 행동의 변화가 실제로 이루어지고 있는지 여부를 파악할 수 있다.

다섯째, 교육훈련이 궁극적으로 목표로 하는 직무성과 향상이나 조직의 성과에 영향을 주고 있는지를 파악할 수 있다.

2 평가의 유형

인적자원개발을 위한 교육훈련 평가의 유형으로는 평가의 시기와 목적에 따른 진단평가, 형성평가, 총괄평가 등으로 구분된다.

가. 진단평가(Diagnostic Evaluation)

진단평가는 요구분석과 교수설계 과정에서 실시되는 평가를 말한다.

진단평가는 교육을 실시하기 전에 학습자의 지식이나 배경을 사전에 조사 및 분석을 함으로써 학습자의 요구나 기대에 부응할 수 있도록 학습을 구조화 할 수 있게 해준다.

나. 형성평가(Formative Evaluation)

형성평가는 교육훈련 실행단계에서 하는 평가를 말한다. 형성평가의 주요기능은 학습목표의 점검에 있는데 학습자가 학습목표 및 내용을 의도대로 따라오고 있는지 점검·교정하여 학습목표를 달성하도록 도와주는데 기능이 있다. 형성평가는 교수설계 및 실행과정이 잘 진행이 되었는지에 대한 피드백을 제공하여 활동을 수정(조정)할 수 있게 하며 향후 교육프로그램의 개선을 위한 의사결정을 위한 기초자료로 활용된다.

다. 총괄평가(Summative Evaluation)

총괄평가는 설문지, 조사, 면담, 관찰 및 시험 등 다양한 도구의 사용을 통해 자료를 수집하고 프로그램의 질적, 양적 성과를 평가하는 것을 말한다. 총괄평가는 교육훈련의 종료 후에 실시하며, 교육훈련에 따른 조직의 성과를 평가하여 그 과정의 지속 여부를 결정한다.

3 교육훈련 평가의 방법

인적자원개발을 위한 교육훈련의 평가는 교육훈련 실행한 결과가 어느 정도 교육훈련 목적에 부합하는지를 분석하는 것이다. 훈련목적의 부합 정도를 정확히 평가하기 위해서는 효과적인 교육훈련의 평가방법을 사용하여야 한다. 교육훈련 시 훈련의 성과를 측정하는 방법은 〈표 13-1〉과 같이 여러 방법이 있는데, 조직에서 교육훈련 평가를 실시하는 경우 표와 같은 여러 방법을 병행하여 실시함으로써 평가의 타당성 및 신뢰성을 높이는 것이 바람직하다.

〈표 13-1〉 교육훈련 평가의 방법

전후비교법	동일한 평가기준으로 훈련 전과 후에 나타난 변화를 비교함으로써 교육훈련의 효과를 평가하는 방법이다
표준비교법	동질의 2개 집단을 선정하여 한 집단은 훈련을 시키지 않고, 다른 한 집단을 훈련을 시킨 다음 두 집단의 차이를 비교하는 방법이다.
테스트법	특정한 기술이나 지식의 습득을 목적으로 하는 교육훈련의 경우, 훈련 후 그것에 대한 검정시험을 실시하여 성과를 측정하고, 정해진 교육훈련의 목적달성의 여부를 판정하는 방법이다
평균비교법	동일한 훈련을 여러 차례 반복하는 경우, 지금까지의 훈련을 받은 집단들에 나타난 훈련효과의 평균치와 어떤 특정 집단의 훈련효과를 비교함으로써 각 집단의 질적 차이가 훈련효과에 미치는 영향을 알아보는 방법이다

자료 : 박주희 저(2008), 신인적자원개발론, 대희시림, p. 400.

제 2 절 인적자원개발 평가를 위한 기본적 모형

인적자원개발을 위한 교육훈련의 효과를 측정하기 위한 성과평가 모형은 크게 과정 지향적 모형과 결과 지향적 모형으로 나누어 볼 수 있다. 과정 지향적 평가모형은 교육의 모든 과정을 평가하는 모형으로서 CIPP 모형과 CIRO 모형이 대표적이다. 결과 지향적 평가 모형은 교육의 실행 성과를 평가하는 모형으로서 커크패트릭(Kirkpatrick)의 4단계 평가모형, 필립스의 5단계 평가모형 등이 있다.

과정 지향적 접근은 효과 평가의 본질을 교육훈련 경험이나 활동 자체에 가치에 두고 있는 평가방법이다. 이 접근법은 효과 평가에 있어 교육훈련의 목표를 지나치게 강조하게 되면 목표 이외의 전반적 활동에 대해 과소평가 할 수 있게 된다는 문제점을 해결할 수 있는 접근법으로서 결과지향적 평가 모형들과는 달리 교육훈련 성과에 영향을 미치는 다양한 요인들 간의 인과적인 관계를 파악할 수 있다는 장점을 가지고 있다.

반면에 결과 지향적 접근은 훈련 과정보다는 결과에 가치를 두고 있는 접근법으로서 훈련결과 그 자체를 측정하는데 중점을 둔다. 이 접근법은 과정 지향적 접근과 달리 교육훈련이 교육훈련 목표를 잘 달성하고 있는지를 측정하는데 초점을 맞추고 있기 때문에 교육훈련으로 인한 성과를 중시하는 일반 조직에서 과정 지향적 접근법보다 더 선호하는 교육훈련 성과 평가모형이다. 그리고 이 접근법은 교육훈련의 개선이나 지속여부에 대한 의사결정에 필요한 정보를 과정지향 접근법보다 더 풍부하고 다양하게 제공한다는 장점을 갖고 있다.

조직에서 교육훈련 성과를 정확히 평가하기 위해서는 다소 복잡하고 어려울지라도 평가모형에 대한 기본적인 이해가 필요하다. 따라서 본 절에서는 여러 가지 평가모형 중 과정평가 모형의 대표인 CIPP모형과 결과평가 모형의 대표인 커크패트릭의 4단계 평가모형을 중심으로 설명하고자 한다.

1 과정 지향적 평가 모형

가. CIPP 모형

CIPP(Context-Input-Process-Product)는 갈빈(Galvin)이 개발한 평가모형으로서, 이 평가 모형은 결과평가 모형이 프로그램의 결과에만 초점을 두고 평가를 실시하는데 따른 문제점을 보완하기 위하여 제시한 모형이다. 즉 결과평가 모형의 경우 교육성과 평가 결과를 명확히 알려줌으로써 교육의 성과여부를 판단할 수 있는 정보는 제공해주고 있으나, 결과에 대한 원인을 파악하기 위한 정보는 제공해주지 못하기 때문에 프로그램의 수정 및 보완을 위해서는 한계를 가지고 있다. 따라서 과정 지향적 평가모형은 이러한 한계를 극복하기 위하여 프로그램의 개발과정부터 평가를 해야 할 필요가 있다는 생각에서 출발한 모형이다. 이 모형은 다음과 같이 C(Context evaluation : 상황평가), I(Input evaluation : 투입평가), P(Process evaluation : 과정평가), P(Product evaluation : 결과평가) 등 4가지 요소를 평가준거를 포함하고 있다.

① **상황평가**(Context evaluation) : 개인이나 조직이 직면한 상황과 같이 교육프로그램을 개발하여 실행해야 하는 상황적 요소를 평가한 준거이다.
② **투입평가**(Input evaluation) : 교육과정을 개발하기 위해 동원되는 자원 또는 자원체제에 활용방법에 대한 평가이다.
③ **과정평가** : 교육훈련 과정상에서 발생하는 제반 사실에 대한 정보를 수집, 제공하기 위한 평가이며, 교육과정의 운영방법 및 절차를 수정하고 보완하는 데 필요한 정보를 수집하기 위해 ISD(Instructional System Design)과정을 평가하는 것이다.
④ **결과평가**(Product evaluation) : 학습종료후 커크패트릭의 결과 평가모형을 그대로 수용하여 성과를 측정하는 평가로 반응, 학습평가, 행동평가, 결과평가를 포함하고 있다.

CIPP 평가모형은 순환적 의사결정이 강조되는데, 문제를 진단하기 위한 상황평가를 토대로 문제해결을 위한 대안을 찾기 위한 투입평가를 실시한다. 투입평가 결과를 토대로 프로그램이 계획대로 수립되고 진행되었는지를 보기위한 과정평가를 실시하며, 최종적으로는 교육의 성과측정을 위한 산출평가를 실시하게 된다.[1)]

CIPP 평가모형은 네 가지 차원인 상황, 투입, 과정, 산출 평가를 통해 의사결정자들에게 유용한 정보를 제공하며 필요한 수단을 구체화하기 위한 구조적 결정에 관한 방향을 제시하는데 유용한 모형이다. 또한 CIPP 평가모형은 전체적인 체계 안에서 프로그램에 관련된 모든 요소를 평가대상으로 해서 부단히 시스템 개선을 추구한다. 결과적으로 평가와 관련된 다양한 상황적 요인을 고려하여 프로그램 각 단계에 대한 평가와 그 결과를 적절히 재투입함으로써 프로그램을 효과적으로 개선, 관리할 수 있게 한다.

나. CIRO 모형

CIRO 모형은 버드(Bird) 등에 의해 제안된 모형으로서, 교육과정이 도입된 상황과 투입 및 후속되는 교육과정을 포함한 전 과정을 포괄적으로 평가하는데 모형의 특징이 있다.

① **상황평가**(Context evaluation) : 교육과정의 도입 상황과 개발의 필요성에 대한 자료를 수집하는데 중점을 두며, 이것을 기초로 하여 교육과정의 목표 설정 및 필요성 등을 확인하는 활동이 이루어진다.
② **투입평가**(Input evaluation) : 여러 대안적인 투입요소들 중에 목표에 부합하는 요소들을 선택하고 구체화하는 것이다.
③ **반응평가**(Reaction evaluation) : 차후 교육과정을 개선하기 위해 피교육자의 반응을 습득하고 활용하기 위해 실시된다.
④ **산출평가**(Outcome evaluation) : 교육과정을 운영한 결과가 교육훈련 목표 얼마나 부합 하는지를 평가한다.

2 결과 지향적 평가 모형

교육훈련평가에 있어서 결과 지향적 평가모형에는 커크패트릭(Kirkpatrick)의 4단계평가 모형과 필립스(Phillips)의 ROI 모형 등이 있는데 각각을 자세히 살펴보기로 한다.

가. 커크패트릭의 4단계 평가모형[2)]

커크패트릭의 4단계 평가모형은 현재까지 교육훈련 평가에 가장 널리 사용되고 있는 모형으로서, 많은 기업과 조직에서 교육과정의 결과를 평가하고 이를 바탕으로 교육과정을 개선하기 위해 사용한다. 그는 교육 프로그램의 성과를 평가의 수준에 따라 〈그림 13-1〉과 같이 반응(Reaction), 학습(Learning), 행동(Behavior), 결과(Result)의 4단계에서 구분하여 제시하였다.

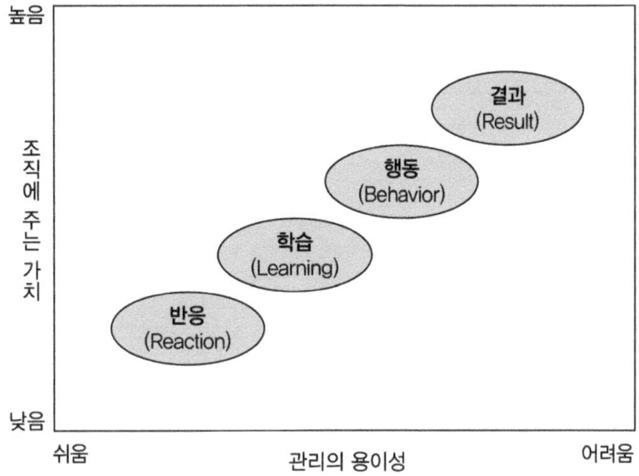

〈그림 13-1〉 커크패트릭의 교육훈련 성과평가의 수준

자료 : Kirkpatrick(1974), in 배종석(2006), p. 167에서 재인용

여기서 반응, 학습, 행동에 대한 평가는 개인 평가이고, 4단계인 결과에 대한 평가는 개인과 조직평가를 의미한다. 훈련평가의 수준을 살펴볼 때, 반응평가는 관리의 용이성이 가장 높지만 조직에 주는 가치는 가장 낮다. 반면에 결과평가는 관리의 용이성은 가장 낮지만 조직에 주는 가치는 가장 높다. 그러면 각 단계별 내용을 구체적으로 살펴보기로 한다.

① 반응평가(Reaction evaluation)

반응평가(Reaction evaluation)는 교육과정에 참여한 학습자의 만족도의 정도를 측정하는 것이다. 반응평가는 학습 참가자가 교육과정을 통하여 느낀 감정을 측정하는 것으로, 고객의 만족을 측정하는 것과 같다고 하여 기업교육이나 공무원교육훈련에 있어서'학습자 만족도 평가'로 널리 알려져 있다. 반응평가는 강사의 능력이나 태도에 대한 만족도, 강의실 시설, 기숙사, 식당, 교직원에 대한 친절도 등이 측정이 가능하여 교육의 과정과 운영상의 전반적인 문제점을 개선하고 보완하여 교육과정의 품질을 향상시킬 목적으로 많은 교육훈련기관이 사용하고 있다. 〈그림 13-2〉는 성과평가를 위한 반응평가 양식의 예이다.

교육수료 의견 설문조사

과정명 : OOOO　　　　교육일 : ' OO. O.OO - OO

이 설문은 본 교육과정에 대해 교육상 여러분의 귀중한 의견을 듣기 위한 자료입니다. 설문 결과는 본 교육의 개선과 발전을 위한 자료로만 이용되오니 귀하의 진솔한 응답을 부탁드립니다. 감사합니다.

※ 다음 귀하의 소속에 해당되는 곳에 ✓ 표시 바랍니다.

소속1 :
소속2 :
직 무 :

※ 다음은 본 교육과정 전반에 대한 질문입니다.
평가항목과 보기를 읽어 보시고 해당 란에 자신의 의견과 같은 번호에 ✓표시 바랍니다.

보기: 매우 그렇다 ⑤　그렇다 ④　보통이다 ③　그렇지않다 ②　전혀 그렇지않다 ①

평가항목	접수번호	'그렇지 않다'와 '전혀 그렇지 않다'라고 응답하신 이유 및 기타의견을 자유롭게 적어주시기 바랍니다.
1. 교육내용은 업무수행이나 능력개발 측면에서 도움이 되었다.	⑤④③②①	
2. 교육내용에 대한 이해가 교육을 받기 전보다 높아졌다.	⑤④③②①	
3. 전체 교육시간은 교육내용을 이해하기에 적당하였다.	⑤④③②①	
4. 교과목들은 교육목표에 적합하게 편성되었다.	⑤④③②①	
5. 교재는 교육내용을 이해하는데 적절하게 구성되었다.	⑤④③②①	
6. 교육방법(강의,토론 등)은 교육내용을 배우기 위해 효과적이었다.	⑤④③②①	
7. 담당자의 교육진행(학습안내,분위기 조성 등)은 전반적으로 좋다.	⑤④③②①	

8. 다음은 각 교과목과 강사에 대한 질문입니다. 보기와 질문을 읽어보시고 해당 칸에 자신의 의견과 같은 번호에 ✓표시 하시기 바랍니다.

보기: 매우 그렇다 ⑤　그렇다 ④　보통이다 ③　그렇지않다 ②　전혀 그렇지않다 ①

과목	과목명	강사	교육내용은 업무수행이나 능력개발측면에서 도움이 되었다	강사는 교육목적에 적합한 내용으로 강의하였다.	강사의 강의스킬이 우수했다.
1	재무회계 기초	OOO	⑤ ④ ③ ② ①	⑤ ④ ③ ② ①	⑤ ④ ③ ② ①
2	원가계산 및 손익분기점 분석	OOO	⑤ ④ ③ ② ①	⑤ ④ ③ ② ①	
3	CASE STUDY	△△△	⑤ ④ ③ ② ①	⑤ ④ ③ ② ①	⑤ ④ ③ ② ①
4	경제성 분석	◇◇◇	⑤ ④ ③ ② ①	⑤ ④ ③ ② ①	⑤ ④ ③ ② ①
5	경제적 부가가치(EVA)제도	◇◇◇	⑤ ④ ③ ② ①	⑤ ④ ③ ② ①	
6	도로공사 EVA 제도	□□□	⑤ ④ ③ ② ①	⑤ ④ ③ ② ①	⑤ ④ ③ ② ①

9. 다음 질문을 읽고 위 표의 과목번호(과목#)를 골라 해당 칸에 적어주시기 바랍니다.

강의의 흥미에 비해 유익성이 낮은 과목	과목번호(, , , ,)
교육내용이 너무 쉬웠던 과목	과목번호(, , ,)
교육내용이 너무 어려웠던 과목	과목번호(, , ,)

위 8-9번 대답에 관련된 이유나 과목별 개선의견이 있다면 기재해 주십시오
과 목 # ( ) :
과 목 # ( ) :
기타

10. 교육을 받고 나신 후 가장 유익했던 부분은 무엇입니까?(업무활용이나 능력개발측면)

11. 기타 본 교육에서 특히 개선해야 할 점이 있다면 아래 보기에서 2개를 골라 그 번호와 의견을 적어주시기 바랍니다.

보기: ①교육내용 ②강사 ③교육시기 ④교육시간 ⑤교육장 ⑥교육기자재 ⑦교재 ⑧사례연구 ⑨비디오학습 ⑩역할극 ⑪토론활동 ⑫숙소 ⑬식사

- 개선할 부분 ( )번, ( )번
이유 및 의견

〈그림 13-2〉 반응평가 양식(예)

② 학습평가(learning evaluation)

학습평가는 교육훈련 참여자의 교육훈련내용에 대한 학습 정도를 평가하는 것이다. 학습평가는 습득한 지식의 기억의 정도, 습득한 기술의 숙련도, 의도했던 태도변화 등을 평가하며, 필답시험이나 문답시험 또는 실기시험 등 다양한 검사의 방법을 활용할 수 있어 교육을 시작하기 전에 수립한 학습 목표의 달성정도를 확인할 수 있다,

③ 행동평가(behavior evaluation)

행동평가는 교육과정을 통하여 학습한 지식, 기술, 태도 등을 현업에 얼마나 행동으로 옮기는지를 평가하는 것이다. 행동평가는 학습한 내용을 행동으로 옮긴다는 차원에서 전이평가(transfer evaluation)라고도 한다.

④ 결과평가(result evaluation)

결과평가는 교육훈련과정의 결과로 발생되는 효과에 대한 평가단계를 말한다. 결과평가는 교육과정에 투입된 비용이 경영성과에 긍정적인 가치를 부여했는지를 평가하는 것으로서, 교육과정에 참가한 학습자로 인해 발생되는 생산성의 증가, 개선된 질, 비용의 감소, 증가된 판매와 이익 등을 마지막 결과(final result)로 보고 있다.

이상과 같이 살펴본 커크패트릭의 성과평가 4단계 모형의 평가단계별 내용 및 방법을 살펴보면 〈표 13-2〉와 같다.

〈표 13-2〉 커크패트릭의 4단계 평가단계별 내용 및 방법

평가단계	평가목적	평가시기	평가내용	평가방법
1단계	반응 (Reaction)	교육 후	교육내용, 강사, 환경 및 시설 등	설문지, 인터뷰 등
2단계	학습내용 (Learning)	교육 전/중/후	교육목표 달성도	사전/사후 검사비교, 통제 연수집단 비교, 지필검사, 체크리스트 등
3단계	행동 (Behavior)	교육종료 2주-6개월 후	학습내용의 현업작용도	통제 연수집단 비교, 인터뷰, 설문지 실행, 계획관찰 등
4단계	결과 (Result)	교육종료 6-12개월 후	교육으로부터 얻은 기업의 이익	통제 연수집단 비교, 사전/사후 검사 비교, 비용 효과 고려

커크패트릭 모형은 기업이나 공공조직에서 일반적으로 쉽게 활용할 수 있으며 각 평가단계별 평가목적이 논리적이어서 실제로 적용 가능하도록 제시되었다는 점에서 가장 일반적으로 널리 사용되고 있다. 그러나 결과평가 모형에 해당되기 때문에 교육과정을 개발하고 실행하는 평가한 과정에 대한 정보를 얻는 것에 한계가 존재하고, 단계별 평가에 있어서 선형적 관계 또는 영향관계가 명확하지 않은 점이 있다. 특히 학습과 행동 간의 선형적 관계가 불확실하다는 점에서 비판을 받고 있다.[3)]

나. 필립스의 ROI 모형

필립스의 평가모형은 커크패트릭의 4단계 평가모형에 대한 대안적 모형으로 개발되었다. 그의 평가모형은 5단계로 발전된 모형으로 ROI(Return On Investment) 즉 투자수익율에 초점을 두고 있으며, 그의 ROI모형은 커크패트릭의 4단계 평가인 결과평가(Result evaluation)를 교육의 사업성과에 대한 기여도(Business Impact)와 ROI(Return On Investment)로 나누어서 제시하였다.[4)]

1) 반응평가

반응평가는 교육훈련생들에게 훈련의 성과나 훈련의 만족도에 대하여 평가하는 것으로서 반응을 평가할 때는 교육훈련 과정 및 결과에 대하여 설문지 방법을 많이 활용한다. 반응평가는 교육훈련 성과를 교육훈련자 참가자들에게 직접 확인하기 때문에 평가의 타당성은 있지만 일반적으로 참가자들이 점수를 관대하게 주는 경향이 있기 때문에 반응평가만을 보고 참가자들이 새로이 습득한 지식이나 스킬 내지 태도에 대한 변화가 있을 것이라고 기대하기는 어렵다는 한계를 가지고 있다.

2) 학습평가

학습평가는 교육훈련 참가자들이 교육훈련을 통하여 무엇을 배웠는가를 측정하며, 교육훈련을 통하여 배운 지식이나 기능의 습득 여부를 확인한다. 그러나 학습평가는 반응평가와 마찬가지로 평가가 긍정적이더라도 이 결과로 현업에 실제적으로 적용하리라는 보장이 없다는 한계를 가지고 있다.

3) 현업적용도 평가

현업적용도 평가는 교육훈련 참가자들이 교육훈련으로부터 습득한 내용을 현업에서 얼마나 적용하고 이행하는가를 측정하는 것으로 다양한 방법을 활용하여 측정한다. 특히 현업적용도 평가에서는 습득한 기능이나 기술에 대한 활용빈도를 측정하고, 교육훈련의 목적을 달성하는데 필요한 추진 절차나 조치방법대로 업무가 추진되는지가 측정 대상이 된다. 현업적용도 평가는 교육훈련이 궁극적으로 교육목적에 부합하여 현업에 적용되었는가가 측정대상이라는 점에서 중요성을 가지고 있지만 이 단계 평가 역시 경영성과에 긍정적인 영향을 끼치는지에 대하여는 명확히 제시하지 못한다.

4) 경영성과 평가

경영성과 평가는 교육훈련이 조직차원에서 어느 정도의 영향을 끼쳤는지를 측정하며, 일반적으로 이 단계의 평가 측정요소는 경영실적, 고객만족도, 품질, 비용, 시간 등이다. 하지만 이 단계의 평가는 단순히 교육훈련의 효과만 측정하기 때문에 효율성을 판단하기 어렵다. 즉 교육훈련 성과가 비록 높다고 하더라도 교육훈련의 위하여 지나친 비용을 투입한 경우 교육훈련이 경영성과에 긍정적인 영향을 끼쳤을지라도 경제적인 측면에서는 경영성과에 기여했다고 보기는 어렵다는 한계가 있다.

5) 투자수익율(ROI)평가

투자이익률(ROI)은 투자액에 대한 이익의 비율을 나타내는 수익성 지표로서 일반적으로 순이익을 총자산으로 나눈 값이다. 교육훈련 투자수익율 평가는 교육훈련에 들어간 비용과 교육훈련의 순이익을 비교하여 교육훈련의 성과를 평가하는 것으로서 경영자가 가장 많은 관심을 가지고 있는 평가이다. 투자수익율 평가는 성과평가 결과를 퍼센트나 비율로 표현할 수 있으며, 교육훈련 성과를 평가하는 경우 궁극적으로 훈련의 투자수익율까지 평가해야 비로소 평가를 완료했다고 할 수 있다.

그러나 경영성과평가나 투자수익율 평가도 중요하지만 반응, 학습, 현업적용도 등의 전 단계 평가도 중요한데, 그 이유는 습득한 기술이나 지식을 통하여 이를 현업에 활용하고 현업에 활용함에 따라 이로 인한 경영성과가 도출되기 때문이다. 만일 각 단계별로 자료 수집과 분석 내지 평가를 하지 않고 경영성과 결과나 투자수익율만 평가하는 경우 그 성과가 오직 교육훈련의 효과라고 판단하기 어렵기 때문이다. 따라서 교육훈련 성과평가를 하는 경우 반드시 각 단계별 자료를 수집하고 분석하는 과정을 반드시 거쳐야 한다. 필립스는 ROI 산출방법을 〈그림 13-3〉과 같이 설명하고 있으며, 그는 교육훈련 성과평가 단계를 개별적으로 보지 말아야 하고, 교육효과가 일어나기 위해서는 일련의 단계를 순차적으로 거쳐야 하는 것으로 설명하고 있다.

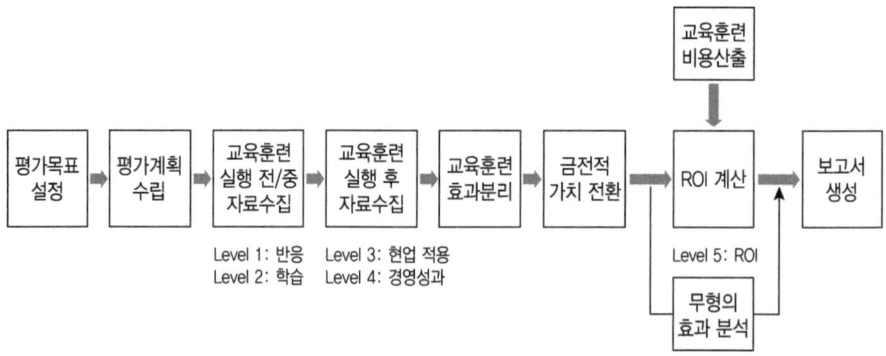

〈그림 13-3〉 필립스의 5단계 모형을 통한 ROI 산출 방법

출처 : Phillips J. J. 등(2013), ROI 방법론 : Overview and Objectives Practice, Birmingham, AL : ROI Institute, pp. 2-3.

필립스의 ROI 평가단계는 자료수집, 프로그램 효과분리, 금전적 가치로 전환, 프로그램 비용산출, 투자수익율 및 무형의 효과분석 등 5단계로 진행이 되는데 이를 구체적으로 설명하면 〈표 13-3〉과 같다.

〈표 13-3〉 필립스의 ROI 평가단계별 내용

1) 자료 수집 단계 • 비용, 시간, 산출물, 품질과 같은 경성자료(Hard Data)뿐만 아니라, 작업습관이나 근무풍토, 태도 등과 같은 연성자료(Soft Data)들도 수집 • 시간과 비용의 제약조건을 고려하여 근무상황과 프로그램 특성에 적합한 자료수집방법을 선정 2) 프로그램 효과 분리 단계 • 프로그램의 결과로 확보된 성취에는 다양한 요인들의 효과가 혼동되어 있기 때문에 그 중에서 특별히 프로그램의 직접적인 영향만을 추출하는 일이 중요 3) 금전적 가치로의 전환 단계 • 4단계 평가에서 수집된 산출 자료들은 프로그램 비용과의 비교를 위해 금전적 가치로 전환 • 프로그램을 통해 수집된 개개 데이터에 타당한 금전적 가치를 부과하는 것으로 데이터의 유형이나 상황에 따라 결정 4) 프로그램비용 산출 단계 • 투자수익률을 산정하기 위해 프로그램과 관련된 모든 비용을 점검하고 계산 • 프로그램 설계/개발비, 학습자에게 제공된 자료비, 강사/퍼실리테이터 비용, 운영관련 시설비

숙식/출장비, 프로그램진행중 교육생의 봉급/수당, 교육관련 행정비 및 간접비 등
5) 투자회수율 계산
• 수익/비용 비율 : 프로그램 수익/프로그램 비용
• ROI(%) : 순수프로그램수익/프로그램비용)×100
6) 추상적 가치 확인 단계
• 금전적 효과를 밝히기 어려운 추상적인 효과를 산출하기도 하는데, 투자수익률 계산은 경성자료와 연성자료 모두의 금전적 가치를 확인해 보려는 의도에 근거
• 업무만족도 증가, 조직기여도 증가, 팀웍향상, 고객서비스의 개선, 불평불만의 감소, 갈등사례 감소 등

지금까지 인적자원개발 성과평가 모형인 커크패트릭 모형과 필립스 모형을 살펴보았다. 두 모형 간의 유사점 및 차이점을 비교해보면 〈표 13-4〉와 같다.

〈표 13-4〉 필립의 모형과 커크패트릭 모형간의 비교

단계	Kirkpatrick	Phillips
1단계	반응(Reaction)	반응 및 실천계획(Reaction & Planed Action)
2단계	학습(Learning)	학습(Learning)
3단계	행동(Behavior)	현업적용도(Job Application)
4단계	결과(Result)	사업결과(Business Impact)
5단계	–	투자수익률(Return On Investment)

제 3 절 평가결과의 피드백

인적자원개발을 위한 성과평가의 마지막 단계는 평가의 결과를 차기 인적자원개발에 피드백하는 일이다. 피드백이란 교육 프로그램의 효과성 여부에 대하여 직접적이고 명확한 정보를 제공해주는 과정이다. 피드백은 성과평가를 하는 중요한 목적 중의 하나이며, 평가 결과를 토대로 프로그램의 지속성 여부를 판단하거

나 차기 프로그램 개선에 반영하기 위하여 실시한다. 조직에서 아무리 체계적인 요구분석 및 교수설계를 통하여 일관성 있는 교육훈련을 실시하였다 하더라고 교육훈련 성과를 평가하지도 않고 피드백도 이루어지지 않는다면 교육훈련 프로그램의 발전을 기대하기 어렵다. 현재 많은 조직들이 수많은 교육훈련을 실시하면서도, 그것의 성과를 평가하고 피드백 하는 기업은 상대적으로 적은 편이다.

교육훈련 성과평가 결과는 개인에게도 피드백이 되어야 하는데, 개인에 대한 바람직한 피드백 방향을 살펴보면 다음과 같다.[5)]

첫째, 피드백 목적을 분명히 한다. 피드백을 통해 얻고자 하는 진정한 목적이 무엇인지를 살펴보고 그 목적이 만약 상대방에 생각하기에 유용하거나 가치 있다고 생각하지 않는다면 피드백하지 않는다.

둘째, 교육훈련 실행 후 피드백은 즉시 이루어져야 한다. 또한 교수자는 교육훈련생이 실행하는 동안 피드백 하는 것을 가급적 피해야 한다. 도중에 피드백을 줄 경우 실행을 방해할 수 있고 교육훈련생의 성취 욕구를 약화시킨다.

셋째, 피드백 시 강화 피드백과 개선 피드백을 구분하여 제공하여야 한다. 훈련 성과를 피드백을 할 때 먼저 칭찬이나 격려를 통하여 잘한 점을 강화하도록 하고 이후 개선을 위한 피드백으로 넘어가는 것이 바람직하다.

넷째, 피드백 시 피드백 시점, 주변 환경, 개인의 성향 등을 고려하여야 한다. 피드백 내용이 얼마나 민감한 이슈냐에 따라 언제, 어디서 피드백을 제공할 것인지가 달라져야 하며, 상대방이 피드백을 받아들이는 태도나 성향에 따라 피드백 제공의 방법도 달라져야 한다. 개인적인 성향에 따라 동료들 앞에서 칭찬받기를 자랑스러워하고 좋아하는 사람에게는 타인에게 공개적으로 피드백하는 것이 좋지만 있지만 정 반대의 성향을 가진 사람에게는 개별적으로 피드백하는 것이 낫다.

다섯째, 적절한 피드백이 이루어지려면 평가결과를 정확히 관찰하고 판단하기 위한 스킬이 필요하다. 정확한 평가가 이루어지지 않는 한 절대로 가치 있는 피드백을 적절하게 제공할 수 없다. 성과평가 결과 기대치에 미치지 못하는 모습은 결과에 명확하게 드러나기 때문에 발견하기가 쉽다. 반면에 기대치에 부응하거나 그 이상의 성과를 내었을 때 이를 곧바로 인식하여 바로 강화 피드백을 제공하는 것은 의외로 어렵다. 정확한 피드백 스킬은 상대방과의 관계를 강화하고 신뢰를 쌓으며, 개방적인 의사소통 분위기를 조성하기 위한 필수적인 요인이다.

〈부록〉

교육훈련 ROI 성과평가 사례

미국 내 주요 도시를 중심으로 음식점 체인을 운영하고 있는 Cracker Box에서는, 매장의 신입 매니저들을 교육하기 위한 일주일간의 스킬 중심 교육을 한 후, 액션플랜을 활용하여 교육이 성과에 이바지한 정도를 평가하였다. 본 사례에서는, 교육 참가자들의 현업 적용도를 높이기 위한 액션플랜을 ROI 평가의 도구로써 활용할 수 있었던 방법을 살펴보고, Phillips 박사의 5단계 평가 모형인 The ROI MethodologyTM를 통해 신뢰도 높은 ROI 평가를 진행할 수 있었던 구체적인 방법에 대해서 자세히 알아본다.

Cracker Box는 미국 내에서 홈 스타일의 음식점 체인을 운영하는 기업이다. 본 기업은 지난 10년간 지속적인 혁신과 성장을 통해 소비자서비스를 내 주요 도시를 중심으로 400여 개의 체인점을 운영하고 있다. 이러한 지속적인 성장은 각 매장의 모든 업무를 총괄하고 있는 매니저들의 헌신적인 노력과 뛰어난 업무 수행 능력이 있었기에 가능한 것이었다. 그러나 매니저들의 퇴직률이 25%로 높았으며, 매장의 지속적인 확대 때문에 매년 150명의 매니저를 새롭게 채용하고 교육해야 했다. 이에 본 기업에서는 지속적인 성장과 높은 수준의 소비자서비스를 유지하기 위하여, 새롭게 채용된 매니저들을 빨리 매니저의 업무를 수행할 수 있도록 하기 위한 현업 중심의 교육 과정을 개발하게 되었다.

• 니즈 조사

교육 과정의 개발에 앞서서 두 가지 형태의 니즈 조사를 실시하였다. 먼저, 거시적인 니즈 조사를 통하여 회사의 정책, 업무수행 스킬, 그리고 리더십의 영역 중에서 교육 참가자들에게 교육이 필요한 영역이 무엇인지 파악하였다. 니즈 조사 결과, '문제해결 스킬', '업무 수행스킬' 그리고 '상담 스킬'을 중심으로 하는 현업 중심 교육과정 개발의 필요성이 대두하였다. 그리고 미시적인 니즈 조사로서, 교육 참가자들로 하여금 본인이 소속된 매장의 다양한 성과지표 중에서 교육을 통해 향상해야 하는 지표 세 가지를 매장의 매니저와 함께 선정하도록 하였다. 성과지표는 교육 내용과 관련성이 높으며, 신입 매니저의 리드와 팀의 공동 노력으로 향상되어야 하는 지표들로 선정하도록 하였다. 교육 참가자들이 실제로 선정한 성과지표들에는, '생산성의 향상', '결근율의 감소', '퇴직률의 감소', '고객 불만의 감소', '수익성의 향상', 그리고 '매장 내 사고발생 건수의 감소' 등 각 매장의 상황에 따라 다양한 지표들이 포함되었다.

• 교육 과정

신입 매니저들을 위한 교육은 9개월간의 현장 실습 교육 형태로 진행되었으며, 이 기간에, 신입 매니저들은 각 매장에 배치되어 실제 매니저의 업무를 수행하였고, 매장의 기존 매니저는 멘토의 역할을 수행하였다. 그리고 집중적인 스킬 연습을 위한 'Performance Management Program'이라는 일주일간의 집합교육에도 참여하였다. 'Performance Management Program'의 교육 내용은, '직원 업무 목표 수립', '피드백 제공 및 동기부여', '직원 업무 성과 측정', '문제 해결' 및 '직원 상담' 등의 모듈들로 구성되었으며, 스킬연습 중심의 교육과 과제를 통한 실제 현업에서의 문제 해결 학습을 포함하였다.

• 액션플랜의 작성

교육 참가자들은 일주일간의 집합교육이 종료된 후, 교육을 통해 습득한 스킬을 현업에서 체계적이고 효과적으로 적용하기 위한 액션플랜을 작성하고 실천하였다. 교육 참가자들이 작성한 액션플랜은 현업적용 도구로써 활용되었을 뿐만 아니라, Level 3 현업적용도 평가와 Level 4 경영성과 기여도 평가를 위한 자료 수집의 도구로도 활용되었다. 액션플랜은 '성과지표의 달성 목표', '구체적인 행동계획', '성과지표의 변화에 대한 교육의 기여도', 그리고 '성과지표의 변화에 대한 금전적인 가치' 등의 항목으로 구성되었으며, 교육 참가자들은 사전에 매니저와 협의로 선정한 지표들의 성과목표를 달성하기 위한 구체적인 행동계획을 액션플랜에 작성하였고, 성과 향상에 대한 금전적인 가치를 계산하고, 향상된 성과의 가치에서 교육의 효과를 분리하였다. 교육 참가자들이 액션플랜을 효과적으로 작성하고 실천하게 하려고 액션플랜의 작성방법을 교육 전부터 교육이 종료되는 시점까지 여러 차례에 걸쳐 설명해 주었으며, 매장의 매니저로부터 액션플랜의 작성 및 수행에 대한 지속적인 코칭을 받으며 현업적용 활동을 수행하였다.

• 평가 데이터의 수집과정 및 결과

〈Level 1 학습자 만족도〉

교육 종료 직후, 설문지를 활용하여 학습자 만족도를 측정하였다. 설문의 결과는 [표 1]과 같으며, '새로운 정보'와 '교육 과정 콘텐츠 만족도'를 제외한 나머지 항목에서 모두 목표 점수인 4.0점을 달성하였다.

〈표 1〉 학습자 만족도 설문 결과

항목	점수
학습자료의 관련성	4.3점
새로운 정보	3.8점
현업적용 의향	4.6점
교육 과정 콘텐츠 만족도	3.7점
교육내용 전달 능력	4.1점
강사 만족도	4.2점

〈Level 2 학습 목표 성취도〉

교육 참가자들의 지식과 스킬의 변화를 측정하기 위하여 교육 종료 직후, 교육 참가자들 스스로 자신의 지식과 스킬의 변화를 평가하는 '자기평가설문'과 강사가 교육 참가자들의 지식과 스킬의 변화를 평가하는 '강사 평가'를 실시하였다. 주요 학습 목표였던 '직원 업무 목표 수립', '피드백 제공 및 동기부여', '직원 업무성과 측정', '문제 해결', 그리고 '상담 스킬'이 모든 영역에서 모든 참가자가 높은 수준의 스킬 수행을 보였다. 하지만 자기평가와 강사평가 모두 객관적인 평가 지표 없이 주관적인 평가만 이루어짐에 따라 스킬 수행의 점수를 수치화하여 평가하지는 않았다.

〈Level 3 현업 적용도〉

교육 참가자들이 얼마나 자주, 그리고 효과적으로 교육 내용을 현업에 적용하였는가를 평가하고, 학습 전이의 장애요인과 촉진요인을 확인하기 위하여 교육 종료 3개월 후, 교육 참가자 대상 설문을 하였다. 설문 결과, 많은 교육 참가자들이 액션플랜에 기재한 성과지표의 달성 목표를 초과 달성하였다고 응답하여, 높은 현업 적용도를 확인할 수 있었다. 또한, 교육 참가자들은 '매장 매니저의 적극적인 협력'과 '액션플랜의 사용에 대한 자세한 교육'을 가장 도움이 많이 되었던 촉진요인으로 선정하였으며, 학습 전이의 장애요인으로는 '시간부족', '교육 내용의 이해 부족', '문화의 변화', 그리고 '팀원들의 협력 부족' 등을 지적하였다.

〈Level 4 경영 성과 기여도〉

교육의 경영성과에 대한 기여도는, 교육 종료 6개월 후, 매장별로 목표로 하였던 세 가지 성과지표의 변화를 교육 참가자들이 매장의 매니저와 함께 액션플랜에 기록한 내용을 통해 평가하였다. 교육을 통해 향상된 성과지표는 '인건비 감소', '결근율 감소', '퇴사율 감소', '재고비용감소' 및 '생산비용의 감소' 등 다양하였으며, 교육 참가자들은 매장의 매니저와 함께 액션플랜을 이용하여 교육 후 향상된 성과지표의 총 변화를 금전적인 가치로 전환하였고, '참가자 추정'의 방법을 이용하여, 금전적인 가치로 전환된 성과지표의 총 가치 중에서 교육의 효과만을 분리하였다. 또한, 추정치의 잠재적 오류를 조정하기 위하여 추정치에 대한 신뢰도를 함께 조사하여 반영하였다. 다음은 한 교육 참가자가 교육의 결과로 결근율이 2.5% 감소하였음을 보고한 액션플랜의 내용 중에서 결근율 감소의 효과를 금전적인 가치로 전환하고 교육의 효과를 분리한 과정을 정리한 것이다.

① 직원 1인당 연간 평균 근무일 수 220일 중에서 결근율이 2.5%감소하였으므로 220일에 2.5%를 곱하여 직원 1인당 연간 감소한 결근 일수를 산출하였다.

② 매장 전체 직원의 연간 감소한 결근 일수를 산출하기 위하여 직원 1인당 연간 감소한 결근 일수에 매장의 직원 수 40(명)을 곱하였다.

③ 1일 결근 감소의 금전적인 가치를 직원 1인당 1일의 급여인 $41.00으로 보고, 매장 전체 직원의 연간 감소한 결근 일수에 $41.00를 곱하여 결근율 감소의 효과를 금전적인 가치로 전환하였다.

④ 교육의 효과만을 분리하기 위하여, 교육 참가자가 액션플랜에 기재한 교육 효과 추정치 65%를 곱하였다.

⑤ 교육 효과 추정치의 잠재적 오류를 조정하기 위하여 추정치에 대한 신뢰도 80%를 곱하였다.

⇒ ① 금전적 가치로의 전환 : 220일×2.5%×40명×$41.00 = $9,020.00

⇒ ② 교육 효과의 분리 : $9,020.00×65%×80% = $4,690.00

• 교육의 금전적인 총 가치

액션플랜을 이용하여 교육 참가자들이 개별적으로 세 가지씩 선정한 성과지표의 향상된 가치를 모두 금전적인 가치로 전환하고교육의 효과를 분리하였다. [표2]는 성과지표별로 집계한 교육 효과의 총 금전적 가치이다.

〈표 2〉 성과지표별 교육의 금전적인 효과

항목	금전적 가치
교육 참가자가 선정한 성과지표 1의 금전적 가치 총합	$ 68,240
교육 참가자가 선정한 성과지표 2의 금전적 가치 총합	$ 61,525
교육 참가자가 선정한 성과지표 3의 금전적 가치 총합	$ 58,713
총합	$ 188,478

• 비용의 집계

ROI를 산출하기 위하여 교육 과정의 개발, 실행 및 평가 과정에서 소요된 모든 직접 및 간접비용을 집계하였다. 니즈분석 비용과 프로그램 개발비용은 본 교육 과정이 지속하는 동안 균등하게 분배되어야 하기에 본 교육 과정의 지속기간인 3년에 연간 교육시간인 10을 곱한 값인 30(시간)으로 나누어서 집계하였다. 구체적인 비용 항목은 다음과 같다.

〈표 3〉 비용의 집계

비용의 항목	금액
니즈 분석 비용	$ 1,500
교육과정 개발 비용	$ 1,700
교육 자료 비용	560
여비, 숙박비	12,600
강사와 진행자 급여	8,000
시설 대관비 및 간식비	1,750
교육 참가자 급여 및 복지	9,482
간접비	900
ROI 평가 비용	10,750
합계	$ 47,242

ROI의 계산

$$ROI = \frac{\text{Total Benefit} - \text{Total Cost}}{\text{Cost}} = \frac{\$188,478 - \$47,242}{\$47,242} = 298\%$$

- **무형의 효과**

금전적 가치로 전환하지 않았지만, 교육 참가자들이 설문지와 액션플랜을 통해 교육의 효과로 향상되었다고 밝힌 무형의 효과는 다음과 같다.

- 성취감의 향상
- 자신감의 증대
- 직무 만족도의 증가
- 스트레스 감소
- 팀워크의 향상

- **평가 결과의 보고**

본 교육 과정의 가치와 중요성을 조직 내에서 공유하기 위하여임원, 매장 매니저, 교육 참가자, 그리고 향후 교육 참가자에게도 본 교육의 평가 결과를 보고하였다. 향후 교육 참가자들에게 본 교육의 평가 결과를 보고한 이유는, 평가 결과를 참고하여 매장에서 향상해야 하는 성과지표를 미리 파악하게 하기 위함이었다.

각 이해관계자 별로 평가 결과를 보고한 방법과 시기는 다음과 같다.

- **결론 및 시사점**

본 사례에서는 액션플랜이 교육참가자들의 현업적용을 도와주는 도구로써 중요한 역할을 했을 뿐 아니라, Level 3 현업적용도 평가와 Level 4 경영 성과 기여도 평가를 위한 자료 수집의 도구로써 활용된 예를 보여주었다. 교육 참가자들은 액션플랜을 활용하여 스스로 행동 계획을 수립하고, 평가에 필요한 데이터를 제공함으로써 더 많은 책임감을 가지고, 교육과 현업적용 활동을 수행할 수 있었다. 또한, 액션플랜을 통해 수집된 데이터를 활용하여 향상된 성과 중에서 교육의 효과만을 분리하고 분리된 교육의 효과를 금전적인 가치로 전환할 수 있었다. 더불어, 평가 결과를 조직 내의 다양한 이해관계자들과 소통함으로써 본 교육의 성과를 전 조직적으로 공유할 수 있었다.

액션플랜은 교육 참가자로 하여금 현업적용 활동을 주도해 나가는 책임감을 갖게 함으로써 교육의 효과가 현업에서 계속 연결될 수 있도록 하는데 매우 효과적인 도구로 활용될 수 있다. Phillips 박사의 5단계 평가모형인 The Phillips ROI Methodology TM에서는 평가의 모든 단계에서 액션플랜을 데이터의 수집을 위한 도구로써 적극 활용하며, 교육 참가자들이 액션플랜을 성과목표 달성에 효과적으로 사용할 수 있도록 도와주기 위한 체계적인 가이드라인을 제공한다. 이처럼 액션플랜의 활용이 단순히 학습자들의 행동을 계획하기 위한 도구에서 그치지 않고, 성과지표와 연계되어 구체적인 성과목표를 달성하기 위한 전략적인 도구로 활용될 수 있을 때 액션플랜의 활용 가치는 더 높아질 것이다.

자료 : 안정훈, 월간 HRD, 2012. 10월호에서 발췌

참고문헌

1) Stufflebeam, D. L. (2000). The CIPP model for evaluation. In Evaluation models, 279–317. Springer Netherlands

2) Kirkpatrick, D. L.(1994), Evaluating training programs : The four levels, San Francisco, CA : Berrett–Koehler Publishers.

3) Holton, E. F. Ⅲ., Bates, R. A. & Leimbach, M., Development and validation of a generalized learning transfer climate questionnaire : A preliminary report. In R. Torraco (ed.), Proceedings of the 1997 Academy of Human Resource Development Annual Conference. Baton Rouge, LA : Academy of Human Resource Development, 1997.

4) Phillips J. J & Phillips P.P., Show me the money. San Francisco : Berrett–Koehler Publishers. Inc, 2007.

5) Joe Espana(2013), Forum blog, 5 Ways to Ensure your Feedback is not Misunderstood, 일부 수정.

찾아보기

A~Z

▮ 신 형 재

[경 력]

- 서강대학교 영문학과졸업
- 경희대학교 대학원 경영학과 졸업(경영학박사)
- Arthur Andersen Korea 컨설턴트
- Leaders & Company 대표이사
- 한국인적자원개발학회 부회장
- 중앙인사위원회 자문위원
- 숭실대학교 경영학부 조교수
- 현, 숭실대학교 평생교육센터 경영학과 주임교수/학과장

[저 서]

- 인적자원관리론 공저(무역경영사)
- 인간관계론 공저(삼영사)
- 문화와커뮤니케이션 공저(북코리아)
- 조직행동론 공저(삼영사)
- 경영학원론 공저(무역경영사)
- 조직개발론 공저(북넷)

4차 산업혁명시대를 위한 경영학 신서

인적자원개발론

저자와의
협의하에
인지생략

2018년 2월 28일 1판 1쇄 발행
2022년 2월 22일 1판 2쇄 발행

저 자 신 형 재
발행인 고 성 익
조 판 플 러 스

05027
발행처 서울특별시 광진구 아차산로 335 삼영빌딩
도서출판 三 英 社
등 록 1972년 4월 27일 제2013-21호
전 화 737-1052 · 734-8979 FAX 739-2386

정가 23,000원

ISBN 978-89-445-0459-4-93320